La enseñanza de la lectura y la escritura en español en el aula bilingüe

Yvonne S. Freeman y David E. Freeman

Traducción al español realizada por:
Marisela B. Serra

HEINEMANN
Portsmouth, NH

HEINEMANN
A division of Reed Elsevier Inc.
361 Hanover Street
Portsmouth, NH 03801-3912
Offices and agents throughout the world

Cataloging-in-Publication Data on file at the Library of Congress

ISBN: 0-325-00013-1

Printed in the United States of America on acid-free paper.
00 99 98 ML 1 2 3 4 5 6

Dedicamos este libro a todos los maestros bilingües,
quienes ofrecen diariamente a sus estudiantes
el apoyo suficiente en el uso de la lectura y la escritura
en su lengua materna, indispensable para su éxito
en la escuela y en la vida. Esperamos que las ideas y los ejemplos que
aquí compartimos puedan estimular su enseñanza en el aula.

Queremos extender esta dedicatoria especialmente a nuestras hijas,
Mary y Ann, quienes ahora son maestras bilingües. ❦

Contenidos

RECONOCIMIENTOS

Queremos reconocer el apoyo que nos ha brindado el Dr. Alan Crawford en la escritura de este libro. Él nos ha proporcionado estímulo, recursos e invalorables orientaciones para todas las secciones de este manuscrito. Además, nos gustaría agradecer a dos colegas y amigos venezolanos muy especiales: La Profesora Marisela Serra y el Profesor Jesús Serra. Marisela ha leído cuidadosamente las secciones en español de este libro y nos ha dado valiosas sugerencias para el texto en inglés y en español. Jesús es un poeta cuya fe en nosotros y cuyas reflexiones acerca de nuestro trabajo nos han estimulado contínuamente.

También otros colegas han colaborado de manera determinante mientras realizábamos este trabajo. La Dra. Sabrina Mimms leyó todo el manuscrito y ofreció su apoyo y nos hizo sus valiosos comentarios. Jim Chapman y Della Verdugo también leyeron el manuscrito, y nos animaron en nuestra lucha por hacer más comprensible la compleja teoría que abordamos en el libro. Los comentarios que hizo de diversas secciones del manuscrito la estudiante de Posgrado Margarita Fuentes y los que hicieron los estudiantes de la clase de *Teoría bilingüe, métodos y materiales* de Yvonne nos han ayudado a perfeccionar algunas de las secciones. Finalmente, la Dra. Jean Fennacy merece nuestro reconocimiento por haber plantado la semilla que originó este libro. Un día ella se encontró con Yvonne en uno de los pasillos de la universidad y le dijo: "Debes escribir un libro sobre la lectura en español. Los maestros bilingües lo necesitan!"

Queremos reconocer las contribuciones de todos los maestros talentosos quienes han compartido con nosotros sus prácticas de aula y las muestras de los trabajos de sus estudiantes. Ellos son: Jeff Morris, Sue Piper, Blanca Aguirre, Sue Scott, Carolina Cervantes–Ruiz, Rhonda Dutton y Carol Fincham. Además, queremos agradecer a los nuevos maestros bilingües que han compartido sus historias con nosotros: Francisco Soto, Janie Aranda y Ann Freeman. Todas estas personas nos han inspirado con su dedicación y el propósito de ayudar a sus estudiantes bilingües.

De igual manera, agradecemos a aquellos estudiantes cuyos trabajos hemos utilizado, con el fin de demostrar de qué manera se desarrolla la escritura en forma natural, tanto en inglés como en español, en aulas donde los maestros aplican prácticas efectivas para enseñar la lectura y la escritura.

Finalmente, queremos dar nuestras más expresivas gracias a Scott Mahler, cuyo estímulo y sugerencias prácticas nos han ayudado a darle forma a este trabajo. Nos sentimos especialmente agradecidos por haber contado con un editor que aprecia la riqueza del idioma español y su cultura y quien nos ofreció oportunos consejos que ningún otro editor monolingüe hubiese podido proporcionar.

Sobre la traductora principal
Marisela B. Serra es profesora e investigadora del Departamento de Idiomas Modernos de la Universidad de Los Andes en Mérida, Venezuela. Sus experiencia académica abarca áreas relacionadas con la enseñanza del Inglés como Lengua Extranjera, la lectoescritura y fundamentalmente con la preparación de futuros docentes dentro de este mismo campo. Ha publicado artículos académicos en Latinoamérica y en los Estados Unidos. Asiste permanentemente a diversoso congresos y conferencias nacionales e internacionales para exponer trabajos que contienen resultados de sus experiencias docentes y de investigación.

Comentarios sobre la traducción
El idioma español es tan rico y diverso como las diferentes regiones donde se habla. Estamos conscientes de que una traducción no puede comprender perfectamente la diversidad del mundo hispanoparlante. Hemos consultado a muchos educadores bilingües de varios países de Latinoamérica y los Estados Unidos, con el propósito de que el texto en español llegue al mayor número de lectores hispanos como sea posible, y que al mismo tiempo, podamos mantener el tono de nuestro discurso.

Muchas personas han colaborado en la traducción de este libro. Queremos agradecer especialmente a Marisela Serra, la traductora principal y su esposo, Jesús. Estamos conscientes de que hicieron este trabajo con amor y con mucho cuidado y estamos muy agradecidos por su dedicación a nuestro trabajo y en particular a este libro.

Otra persona a la que queremos agradecer es Juan Carlos Guerra, estudiante de Medellín, Colombia, quien actualmente realiza sus estudios de posgrado en Fresno Pacific University. Juan Carlos leyó y editó completamente el manuscrito y dedicó muchas horas consultándonos sobre algunas sutilezas semánticas y palabras apropiadas que representaran nuestras ideas de la manera más clara posible.

1

¿Cómo enseñamos
la lectura y la escritura
en español?

¿Cómo enseñamos la lectura y la escritura en español? Tanto los nuevos maestros como los que ya tienen una vasta experiencia a menudo se hacen esta pregunta. Indudablemente, la respuesta no es fácil. Entre los factores que pueden influir en la decisión de estos maestros para escoger un programa para enseñar a leer, podemos mencionar las experiencias previas que hayan tenido sus estudiantes con la lectura y las experiencias de los mismos maestros, no sólo en cuanto a la manera cómo se les enseñó a leer, sino también en su propia forma de enseñar la lectura. Además, son muy importantes los requisitos de la escuela, del estado y del distrito, los materiales didácticos disponibles para la enseñanza de la lectura y el conocimiento de los maestros con relación a los diversos métodos de enseñanza de la lectura y a sus respectivos materiales.

En este libro queremos proporcionar a los maestros, directores de programas, administradores escolares y a los padres, ideas concretas que pueden apoyar el desarrollo de programas para enseñar la lectura y la escritura en español. A través de los diversos escenarios que presentamos en el libro intentamos darle vida a enfoques que resultan efectivos y que motivan a los niños hispanohablantes de nuestras escuelas. Ofrecemos descripciones de actividades que pueden desarrollarse dentro del aula, así como también numerosas referencias de libros de literatura infantil en español que apoyan la filosofía que defendemos. Además, incluimos ideas y listas de preguntas que pueden ayudar a los maestros a organizar y evaluar sus programas de lectura y escritura.

La investigación y la teoría demuestran que es necesario ofrecer a los estudiantes bilingües programas de lectura y escritura en la lengua materna ya que el apoyo que ésta ofrece es esencial para el desarrollo de la lectoescritura tanto en la lengua materna como en una segunda lengua, así como también para el desarrollo académico y cognitivo. Este libro no

Berman, Paul. *Meeting the challenge of language diversity: An evaluation of programs for pupils with limited proficiency in English.* BW Associates, 1992.

Collier, Virginia. How long? A synthesis of research on academic achievement in a second language. *TESOL Quarterly* 23, no. 3 (1989): 509–532.

Collier, V. A synthesis of studies examining long-term language-minority student data on academic achievement. *Bilingual Research Journal* 16, no. 1 & 2 (1992): 187–212.

Collier, Virgina P. Acquiring a second language for school. *Directions in Language and Education.* 1.4 (1995). Washington, D.C.: National Clearinghouse for Bilingual Education.

Crawford, James. *Bilingual Education: History, Politics, Theory and Practice.* Los Angeles: Bilingual Education Services, 1995.

Cummins, Jim. The Acquisition of English as a Second Language. In *Kids Come in All Languages: Reading Instruction for ESL Students*, edited by Karen Spangenberg-Urbschat and Robert Pritchard, 36–62. Newark, DE: International Reading Association, 1994.

Cummins, Jim. *Empowering Minority Students.* Sacramento: CABE, 1989.

Cummins, Jim. The sanitized curriculum: Educational disempowerment in a nation at risk. In *Richness in Writing: Empowering ESL students*, edited by D. Johnson and D. Roen, 19–38. New York: Longman, 1989.

Daniels, H., ed. *Not only English: Affirming America's Multilingual Heritage.* Urbana, IL: National Council of Teachers of English, 1990.

TABLA 1–1: Referencias relacionadas con la educación bilingüe

intenta discutir este punto de vista: la teoría y la investigación que apoyan el desarrollo de la lengua materna pueden encontrarse en otra parte. Para una lectura más amplia en esta área, proporcionamos una corta bibliografía de estudios considerados claves, los cuales describen de manera más detallada las teorías que apoyan el uso de la lengua materna en la enseñanza del inglés como segunda lengua (ver Tabla 1–1).

Nuestro interés en este libro es precisar de qué manera las teorías del desarrollo de la lectura y la escritura, para los lectores y escritores hispano–hablantes, se pueden trasladar a la práctica en las clases bilingües en español e inglés. Con el fin de ayudar a los maestros a evaluar sus programas de lenguaje, presentamos tres listas de preguntas en este capítulo. Haremos referencia a estas listas a lo largo de todo el libro ya que las mismas

Dolson, David, and Jan Mayer. Longitudinal study of three program models for language minority students: A critical examination of reported findings. *Bilingual Research Journal* 16, no. 1–2 (1992): 105–157.

Freeman, David E., and Yvonne S. Freeman. *Between Worlds: Access to Second Language Acquisition*. Portsmouth, NH: Heinemann, 1994.

Freeman, David E., and Yvonne S. Freeman. Strategies for promoting the primary languages of all students. *The Reading Teacher* 46, no. 7 (1993): 552–558.

Freeman, Yvonne S., and David E. Freeman. *Whole language for second language learners*. Portsmouth, NH: Heinemann, 1992.

Krashen, Stephen. Bilingual education: A focus on current research. 3. Washington, D.C.: National Clearinghouse for Bilingual Education, 1991.

Krashen, S., and D. Biber. *On Course: Bilingual Education's Success in California*. Sacramento, CA: California Association of Bilingual Education, 1988.

Ramírez, J. David. *Final Report: Longitudinal study of structured English immersion strategy, early-exit and late-exit bilingual education programs*. U.S. Department of Education, 1991.

Skutnabb-Kangas, Tove. *Bilingualism or Not: The Education of Minorities*. Clevedon, England: Multilingual Matters, 1983.

TABLA 1–1: (continuación)

proporcionan una base para poder evaluar todas las clases de lectura y escritura que describimos. Para ayudar a los lectores a visualizar desde el comienzo cómo se relacionan estas listas de preguntas con la práctica en el aula, también incluimos en este capítulo algunos ejemplos de lecciones de la clase de lenguaje en las aulas bilingües.

En el capítulo dos explicamos dos puntos de vista diferentes del proceso de la lectura y presentamos evidencia que apoya una visión psico-sociolingüística. En los capítulos tres y cuatro describimos los métodos que se han utilizado para enseñar a leer en español, y luego los evaluamos utilizando las listas de preguntas y finalmente, ofrecemos alternativas positivas para aquellos métodos que no reflejan prácticas efectivas. En los capítulos cinco y seis discutimos el desarrollo de la escritura, estableciendo una comparación entre el inglés y el español. En la medida en que los maestros entiendan cómo se desarrolla la escritura estarán en mayor capacidad para evaluar de qué manera ocurre el progreso de la escritura en sus estudiantes.

A pesar de que en todo el libro presentamos ejemplos de prácticas de aula, el capítulo siete recoge la teoría y las metodologías que se discutieron en capítulos anteriores por medio de la descripción de prácticas positivas que incluyen el uso de estudios de literatura y las unidades temáticas. De igual manera, sugerimos los materiales que pueden apoyar un efectivo programa de lectura y escritura en español. Los ejemplos que damos en este capítulo final también incluyen ideas para ayudar a los estudiantes a avanzar o a veces retroceder en forma natural en la lectura y la escritura en español y en inglés, a medida que dominan las dos lenguas en su forma oral y escrita.

La enseñanza de la lectura

Queremos comenzar nuestra discusión acerca de la lectura describiendo la manera cómo dos maestros hicieron la introducción de unidades temáticas basadas en los animales. La primera unidad fue desarrollada por una maestra de kindergarten y la segunda, por un maestro de 4º grado. Ambos tienen aulas bilingües con estudiantes que hablan español como su lengua materna y estudiantes que sólo hablan inglés. Aunque la lectura y la escritura nunca se presentan separadas en estas dos clases, en los primeros ejemplos hacemos énfasis en la lectura.

Con el fin de evaluar cómo se enseña la lectura, ofrecemos dos listas de preguntas: una para evaluar la enseñanza efectiva de la lectura y la otra, para la selección efectiva de los materiales de lectura. Los maestros cuyas unidades temáticas describimos más adelante usan estas listas durante todo el año escolar ya que ellos saben que el desarrollo de la lectoescritura toma tiempo. Esto implica que ellos permanentemente realizan la revisión del currículo y al mismo tiempo observan el progreso de los estudiantes en la lectura mediante la utilización de las listas de preguntas arriba mencionadas (véase Figura 1–1). Invitamos a ustedes a usar las listas con este mismo propósito.

El desarrollo de un programa de lectura efectivo depende de la variedad de cuentos y textos de contenido informativo que se tengan a la disposición dentro del aula, de acuerdo con los diferentes niveles de los estudiantes. Por esta razón, la cuarta pregunta de la lista está enfocada hacia la necesidad de proporcionar a los estudiantes materiales de lectura apropiados que contribuyan a facilitarles la lectura y su aprendizaje.

La siguiente lista de preguntas (véase la Figura 1–2) puede ayudar a los maestros a determinar si están proporcionando buenos materiales de lectura a sus estudiantes.

1. ¿Valoran los estudiantes la lectura y se valoran a sí mismos como lectores?
2. ¿Leen frecuentmente los maestros a sus estudiantes materiales de diversos géneros literarios?
3. ¿Ven los estudiantes a sus maestros leyendo bien sea por placer o para obtener información?
4. ¿Disponen los estudiantes de una amplia variedad de materiales de lectura para escoger lo que quieren leer? ¿Disponen de tiempo para leer?
5. ¿Se les ofrece a los estudiantes oportunidades para escoger los materiales. ¿Leen con fines verdaderamente auténticos diversos materiales de lectura correspondientes a diversos géneros literarios?
6. ¿Al leer, consideran los estudiantes que la lectura es en todo momento una construcción de significados?
7. ¿Se considera que los estudiantes son lectores efectivos? Es decir, ¿utilizan en forma balanceada todos los tres sistemas de claves (grafofónico, sintáctico y semántico)?
8. ¿Se considera que los estudiantes son lectores eficientes? Es decir, ¿hacen uso mínimo de las claves para la construcción de significado?
9. ¿Se les ofrecen oportunidades a los estudiantes para hablar acerca de lo que han leído, pudiendo de esta manera relacionar la lectura con sus propias experiencias?
10. ¿Revisan y comparan los estudiantes su propia comprensión de los textos teniendo en cuenta los comentarios de sus compañeros de clase?
11. ¿Se nota la influencia de la lectura en las escritura de los estudiantes?
12. ¿Cuando los estudiantes tienen dificultades en la lectura, reciben ayuda de sus maestros mediantes estrateegias apropiadas?

FIGURA 1–1: Lista de preguntas para la lectura

1. ¿Son los materiales de lectura que se utilizan predecibles? Los materiales que permiten la predicción son aquellos que contienen patrones repetitivos, acumulativos, rima, aliteración y ritmo. También son predecibles aquellos libros que presentan conceptos sobre los cuales los estudiantes ya tienen conocimientos previos.
2. En el caso de los libros ilustrados, ¿proporcionan las ilustraciones apoyo al texto? ¿Están el texto y las ilustraciones organizados de tal manera que sean predecibles y fáciles de seguir?
3. ¿Son los materiales de lectura interesantes y/o imaginativos?
4. ¿Es natural el lenguaje de los textos que se utilizan? Para los materiales escritos en español, ¿fueron los textos escritos originalmente en este idioma, o fueron traducidos del inglés? Si fueron traducidos, ¿está bien hecha la traducción?
5. ¿Representan las situaciones y los personajes que aparecen en los libros las experiencias de los estudiantes en la clase?

FIGURA 1–2: Características de los textos que apoyan la lecutra

Cuando los maestros contribuyen a que sus estudiantes se involucren en la lectura de una amplia variedad de textos que la apoyan, los estudiantes terminan valorando la lectura y valorándose a sí mismos como lectores (Goodman, 1986b). La mejor enseñanza de la lectura ocurre en forma natural en el contexto que brinda la enseñanza por medio de unidades temáticas. Los dos maestros que describiremos a continuación involucraron a sus estudiantes en actividades auténticas de lectura y escritura mientras exploraban un tema basado en los animales. Ilustraremos la manera cómo estos maestros presentaron el tema y la lista de materiales que utilizaron para ello. Con el propósito de evaluar cada unidad utilizamos la lista de preguntas.

Unidad sobre los animales enfocada hacia la lectura—kindergarten

"Todas las cosas cambian al crecer" (Allen y Rotner, 1991, pp.4–5). Este es el texto que aparece en las primeras dos páginas del libro grande Cambios, que la maestra Teresa lee a sus estudiantes de kindergarten en su salón bilingüe para comenzar su unidad sobre los animales. Ella, primero, les pide que hagan una lista de todas las cosas que ellos saben que cambian y crecen.

Una vez que los niños han mencionado cosas como *las flores, mi perro* y *mi hermanito*, Teresa les lee a los niños el resto del libro de manera que puedan confirmar que muchas de las cosas sobre las cuales ellos pensaron aparecen también incluidas en el libro. El libro termina con varios ejemplos de animales bebés y un bebé humano creciendo. Teresa pasa después a leer la primera página de otro libro grande que dice:

> ¿Has visto alguna vez perritos chiquititos? Son preciosos, ¿no es verdad?
> Los animales nacen chiquitos. Pero todos crecen hasta llegar a ser
> igualitos a sus padres (Kratky, 1991, p. 3).

Para Teresa, este libro, *Los animales y sus crías*, es importante porque introduce temas tales como: de qué manera las madres cuidan a sus pequeños, cuáles animales son incubados por huevos y cuáles nacen vivos. Los temas en este libro fascinan a los pequeños estudiantes, y las llamativas ilustraciones les atraen muchísimo. A medida que escuchan a la maestra leer la primera página observan cómo ella va siguiendo con sus dedos en el texto las palabras que lee. Varios de los niños enfocan su atención en las palabras y otros atienden más a las ilustraciones. Muchas manos se levantan, todos están ansiosos de contar sus experiencias con sus cachorros, gatitos o conejitos. La escogencia de este tema que ha escogido Teresa ha cautivado a los jovencitos. Para complementar la lectura de este libro de contenido informativo, Teresa les leerá más tarde el hermoso cuento *Oli, el pequeño elefante* (Bos y De Beer, 1989) que refuerza los conceptos claves acerca de los animales que investigarán los niños durante la unidad.

Teresa tiene en su aula otros libros pequeños para leérselos a los niños también para que ellos los lean por su cuenta o con otros compañeros. Los libros pequeños van a fortalecer los conceptos introducidos previamente por medio de los libros grandes y el libro de cuentos. Estos libros incluyen la serie *Libros del rincón* (1993), cuatro llamativos libros de pasta dura que hablan de cómo las mamás cuidan a sus bebés, *Un cariñito, mi bebé* (Paqueforet, 1993), cómo y dónde se mueven los animales, *A pasear, mi bebé* (Paqueforet, 1993), dónde y cómo duermen los animales, *A dormir, mi bebé* (Paqueforet, 1993), y qué comen los animales y de dónde sacan su comida, *A comer, mi bebé* (Paqueforet, 1993).

Otro libro, *¿Cómo son los animales bebés?* (Kuchalla, 1987), de la serie *¿Cómo son?*, es particularmente bueno para los nuevos lectores. Las ilustraciones apoyan el texto de tal manera que bien sea trabajando en parejas o en forma individual, los estudiantes pueden ir construyendo significados a medida que leen. A estos pequeños estudiantes les fascina identificar las diferentes partes del cuerpo de los animales; así, todos en la clase leen juntos *¿De quién es este rabo?* (Barberis, 1974). También leen en pequeños grupos con la maestra o con la asistente, libros como *Pistas de animales* (Drew, 1993), *Veo, veo colas* (Kratky, 1995), *Orejas* (Kratky, 1995), *Patas* (Beck, 1994), y *¿Quién está en la choza?* (Parkes, 1990). Estos libros ilustrados y con muy poco texto, son altamente predecibles ya que los patrones repetitivos ayudan a que los estudiantes comiencen a construir significados a partir de las relaciones entre el texto y las ilustraciones.

Teresa incluye tanto la lectura como la escritura en otras actividades que ella usa para introducir su unidad. Por ejemplo, pide que los niños le digan lo que conocen sobre diferentes animales; para esta actividad coloca dibujos en la cartelera y los niños le señalan lo que observan en los animales que aparecen en los dibujos basándose en sus conocimientos previos, experiencias e ideas que han obtenido durante la lectura. Todo lo que los niños van diciendo es escrito por Teresa debajo de los dibujos, de tal manera que ellos, en el momento de realizar la actividad de escritura pueden volver a leer lo que la maestra escribió para que esto les sirva de guía en su trabajo.

La introducción que Teresa hace a la unidad permite que sus estudiantes se relacionen con una serie de textos cuyas características apoyan la lectura. Ella les lee todos los días, y les ayuda a escoger bien lo que van a leer mientras se van convirtiendo en lectores independientes. De igual manera, se asegura de incluir una variedad de géneros literarios cuando lee para que así los estudiantes, en su estudio sobre los animales, se familiaricen con textos de ficción y de no ficción. El enfoque de estos estudiantes está siempre dirigido hacia el significado. Cuando leen, Teresa observa la manera cómo ellos usan los tres sistemas de claves y en vista de que se trata de lectores principiantes, se preocupa más por mantenerlos ocupados leyendo en lugar de darles clases de estrategias de lectura. Ella se da cuenta de que algunos de sus estudiantes simplemente necesitan más tiempo y no más instrucción. Todos disfrutan cuando comentan lo que su maestra les lee o lo que ellos han leído, y Teresa considera que estos comentarios son fundamentales para la construcción y el desarrollo de los conceptos introducidos a través de la lectura. Otro aspecto importante en esta clase es que los niños siempre están rodeados de textos interesantes e imaginativos que han sido escritos en un lenguaje natural y a la vez llamativo. Todos estos elementos son claves para el desarrollo inicial de la lectoescritura. La Tabla 1–2 ofrece una lista de los libros que pueden utilizarse en el kindergarten para desarrollar unidades de lectura y escritura sobre los animales.

Allen, Majorie N. and Shelley Rotner. *Cambios.* Carmel, CA: Hampton-Brown, 1991.

Barberis. *¿De quién es este rabo?*, *Colección Duende.* Valladolid, Spain: Miñon, 1974.

Beck, Jennifer. *Patas, Litercy 2000, Nivel 3.* Crystal Lake, IL: Ribgy, 1994.

Bos, Burny, and Hans De Beer. *Oli, el pequeño elefante.* Barcelona, Spain: Editorial Lumen, 1989.

Drew, David. *Pistas de animales, Informazing!* Crystal Lake, Il: Rigby, 1993.

Ediciones Litexsa Venezolana (Eds.). *Aprender a contar.* Caracas, Venezuela: Cromotip, 1987.

Kratky, Lada Josefa. *Los animales y sus crías, ¡Qué maravilla!* Carmel: Hampton-Brown, 1991.

Kratky, Lada Josefa. *Orejas, Pan y Canela, Colección B.* Carmel: Hampton-Brown, 1995.

Kuchalla, Susan. *¿Cómo son los animales bebés?*, *¿Cómo son?* México, D.F.: Sitesa, 1987.

Paqueforet, Marcus. *A comer, mi bebé, Libros del Rincón.* México, D.F.: Hachette Latinoamérica/SEP, 1993.

Paqueforet, Marcus. *A dormir, mi bebé, Libros del Rincón.* México, D.F.: Hachette Latinoamérica/SEP, 1993.

Paqueforet, Marcus. *A pasear, mi bebé, Libros del Rincón.* México, D.F.: Hachette Latinoamérica/SEP, 1993.

Paqueforet, Marcus. *Un cariñito, mi bebé, Libros del Rincón.* México, D.F.: Hachette Latinoamérica/SEP, 1993.

Parkes, Brenda. *¿Quién está en la choza?* Translated by Flores, Barbara. Crystal Lake, Il: Rigby, 1990.

Sempere, Vicky. *ABC.* Caracas, Venezuela: Ediciones Ekaré-Banco del Libro, 1987.

TABLA 1–2: Literatura para la unidad de animales en el kindergarten

Unidad sobre los animales enfocada hacia la lectura—cuarto grado

Al comienzo del año escolar, Roberto, un maestro bilingüe de cuarto grado desarrolla una actividad a través de la cual sus estudiantes manifiestan en forma de preguntas algunas inquietudes que sienten en relación con el mundo. Como la preocupación fundamental que aflora en los estudiantes es la protección de nuestro planeta, Roberto les lee el libro *Conservación* (Ingpen y Dunkle, 1991), traducción al español de un libro ganador de un premio que trata sobre la importancia del cuidado y conservación de la tierra por todos sus habitantes.

La discusión general de los estudiantes conduce a una pregunta en particular que les interesa: "¿Cuál es la relación entre la gente y los animales?" Para comenzar la discusión Roberto lee el libro *Zoológico* (Browne, 1993), una traducción al español de un libro en inglés que se refiere a una familia que va de visita al zoológico. Este libro de coloridas ilustraciones da lugar a preguntas sobre la relación de las personas con los animales y las consecuencias de encerrar en jaulas a algunos animales. Después de leer el libro, Roberto comienza la discusión formulando dos preguntas muy simples: "¿Qué recuerdan de lo que leí?" y "¿Qué más les gustaría conocer?" Los estudiantes comparten lo que recuerdan de las escenas que suceden en el libro, las respuestas de los personajes a los animales, la falta de respeto del padre hacia los animales, y las preguntas acerca de lo que pudiera suceder en el cuento. La discusión también conduce a la pregunta sobre si los animales deben mantenerse enjaulados en los zoológicos.

A continuación, Roberto lee otro libro del mismo autor, *Gorila* (Browne, 1991). Después, dibuja en el pizarrón dos círculos que se interceptan para formar un Diagrama de Venn; arriba de uno de los círculos escribe, *DIFERENCIAS ZOOLÓGICO*, sobre el segundo círculo, *DIFERENCIAS GORILA* y sobre el área donde se interceptan los dos círculos escribe, *SEMEJANZAS*. Los estudiantes usan el diagrama como un modelo y trabajan en grupos haciendo una lista de los aspectos en los cuales los libros difieren y en los que se parecen (véase la Figura 1–3).

Una vez que los estudiantes han completado sus diagramas y los comparan, Roberto escribe otra pregunta en el pizarrón, "¿Qué sabemos acerca de la relación entre el hombre y los animales?", con el fin de que la discutan en grupos y posteriormente elaboren una lista de las ideas que surgieron en la discusión. Estas ideas incluyen la preocupación de los estudiantes por la extinción de muchos animales y por el peligro de desaparición de otros. Roberto llama la atención sobre este punto y pregunta, "¿Qué queremos saber sobre los animales en extinción y las especies en peligro de extinción?" Así, los estudiantes y su maestro deciden llevar a cabo una investigación más exhaustiva al respecto por medio de la lectura de libros adicionales.

Para ayudar a los estudiantes en esta búsqueda de información, Roberto trae al aula diversos libros que contienen ilustraciones y amplia información

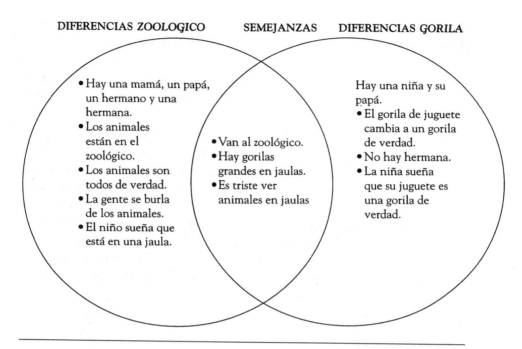

DIFERENCIAS ZOOLOGICO   **SEMEJANZAS**   **DIFERENCIAS GORILA**

- Hay una mamá, un papá, un hermano y una hermana.
- Los animales están en el zoológico.
- Los animales son todos de verdad.
- La gente se burla de los animales.
- El niño sueña que está en una jaula.

- Van al zoológico.
- Hay gorilas grandes en jaulas.
- Es triste ver animales en jaulas

Hay una niña y su papá.
- El gorila de juguete cambia a un gorila de verdad.
- No hay hermana.
- La niña sueña que su juguete es una gorila de verdad.

FIGURA 1–3: Diagrama de Venn para los dos cuentos

sobre animales que deben protegerse: *¿Les echaremos de menos?* (Wright, 1993), *La familia del chimpancé* (Goodall, 1991), *La familia del león* (Hofer y Ziesler, 1992), *Cocodrilos y Caimanes* (Barrett, 1991), *Monos y simios* (Barrett, 1991) y revistas de animales y zoológicos que incluyen, por ejemplo, *Los animales en extinción* (Wexo, 1981). Para aquellos estudiantes con menos experiencia en la lectura en español, Roberto les proporciona cuentos y libros con menos texto y acompañados de ilustraciones que parecieran ser para niños mayores. Entre estos libros se mencionan: *Los animales del mundo* (Granowsky, 1986), *El bosque tropical* (Cowcher, 1992), *Podría ser un mamífero* (Fowler, 1991), y *La culebra verde* (Urbina).

Para concluir esta unidad de estudio, Roberto y sus estudiantes deciden hacer entre todos un libro grande. Para esto, trabajan en grupos y cada grupo elabora una página del libro que contiene un dibujo de un animal en peligro de extinción junto con información acerca del mismo. Luego planifican un día para presentar sus hallazgos a otros grados en la escuela. Cada grupo elabora en gran escala el animal que le correspondió estudiar; entre todos decoran el salón con dibujos de los animales en sus respectivos habitats, diseñan centros donde agrupan a los animales de acuerdo a los ambientes en donde viven y traen grabaciones de los sonidos de los animales salvajes.

Cuando los estudiantes de los otros grados entran, los anfitriones los dividen en grupos y los van llevando a los diferentes ambientes para que en la visita puedan escuchar a los "expertos" hablar sobre los diferentes animales que fueron estudiados.

Este evento final, sin duda constituye para los estudiantes de Roberto una manera natural e interesante de presentar los conocimientos adquiridos a través de la unidad. En todo momento estuvieron inmersos en la lectura de textos significativos con el objeto de responder a sus preguntas sin dejar de aumentar su vocabulario y desarrollar importantes conceptos. En vista de que se trata de lectores más avanzados, Roberto pudo observar la manera cómo ellos utilizaron los diferentes sistemas de claves. Para aquéllos que no estaban haciendo un uso balanceado de las claves grafofónicas, sintácticas y semánticas, planificó clases con el propósito de considerar estrategias específicas de lectura. De estas clases hablaremos en el capítulo dos. (La Tabla 13 sugiere una lista de libros para las unidades del cuarto grado.)

La enseñanza de la escritura

Los estudiantes deben ser al mismo tiempo lectores y escritores eficentes. Roberto y Teresa, como otros buenos maestros, siempre combinan las actividades de lectura y escritura. A continuación, presentamos dos ejemplos adicionales de clases donde los maestros introducen unidades temáticas sobre los animales y donde también combinan la lectura y la escritura. En nuestra descripción, sin embargo, enfocamos la atención hacia la escritura. Con el fin de poder contrastar lectores principiantes con lectores más eficientes, de nuevo proporcionamos un ejemplo de kindergarten y uno de cuarto grado. Para evaluar sus programas de escritura los maestros en estas clases utilizan *La lista de preguntas para verificar si la enseñanza de la escritura es efectiva* (véase la Figura 1–4). Invitamos a ustedes a utilizar esta lista para evaluar sus propias clases.

Los escritores pasan por una serie de etapas cuando escriben. Estas etapas incluyen: la selección de un tema, la recolección de información acerca del tema, la escritura de un primer borrador, la revisión de ese borrador, la edición, la presentación a otras personas de lo que escribieron (lo que puede conducir a una mayor revisión) y por último, la publicación. Cuando los niños escriben, quizás hacen menos revisión que los adultos, sin embargo, siguen siendo éstas las mismas etapas. Los libros que los maestros leen a sus

Barrett, Norman. *Cocodrilos y caimanes, Biblioteca Gráfica.* New York: Franklin Watts, 1991.

Barrett, Norman. *Monos y simios, Bilioteca Gráfica.* New York: Franklin Watts, 1991.

Browne, Anthony. *Gorila.* Translated by Carmen Esteva, *A la orilla del viento.* México, D.F.: Fondo de Cultura Económica, 1991.

Browne, Anthony. *Zoológico.* Translated by Carmen Esteva, *A la orilla del viento.* Méxcio, D.F.: Fondo de Cultura Económica, 1993.

Cherry, Lynne. *La ceiba majestuosa: Un cuento del bosque lluvioso.* Boston: Houghton Mifflin, 1996.

Comerlati, Mara. *Conoce nuestros mamíferos.* Caracas, Venezuela: Ediciones Ekaré Banco del Libro, 1983.

Cowcher, Helen. *El bosque tropical.* New York: Scholastic, 1992.

Fowler, Allan. *Podría ser un mamífero.* Translated by Aída E. Marcuse, *Mis primeros libros de ciencia.* Chicago: Children's Press, 1991.

Goodall, Jane. *La familia del chimpancé.* México, D.F.: SITESA, 1991.

Granowsky, Alvin. *Los animales del mundo.* Edited by Cindy Johnson, *Especies del mundo en peligro de extinción.* Lexington, MA: Schoolhouse Press, 1986.

Hofer, Angelika, and Günter Ziesler. *La familia del león.* México, D.F.: SITESA, 1992.

Ingpen, Robert, and Margaret Dunkle. *Conservación.* México, D.F.: Editorial Origen S.A., 1991.

Pratt, Kristin Joy. *Un paseo por el bosque lluvioso.* Nevada City, CA: Dawn Publications, 1993.

Urbina, Joaquín. *La culebra verde.* Caracas, Venezuela: Gráficas Armitano.

Wexo, John Bonnett. Los animales en extinción. *Zoobooks* 1981.

Willow, Diane, and Laura Jacques. *Dentro de la selva tropical.* Watertown, MA: Charlesbridge Publisher, 1993.

Wright, Alexandra. *¿Les echaremos de menos?* Watertown, MA: Charlesbridge Publishing, 1993.

Zak, Monica. *Salvan mi selva.* México, D. F.: Sistemas Técnicos de Edición, 1989.

Zawisza, Tita. *Conoce a nuestros insectos.* Caracas, Venezuela: Ediciones Ekaré-Banco del Libro, 1982.

TABLA 1–3: Literatura para las unidades de 4º grado

1. ¿Ejemplifican los maestros los pasos que ellos siguen para escoger los temas? ¿Ayudan ellos a sus estudiantes a seguir estos mismos pasos cuando escogen los temas sobre los que quieren escribir?
2. ¿Se estimula a los estudiantes escritores a tomar en cuenta sus propias experiencias cuando escogen los temas acerca de los cuales van a escribir? ¿Escriben ellos con fines verdaderamente auténticos y comunicativos?
3. ¿Establecen los estudiantes relaciones entre lo que leen y lo que escriben? ¿Pueden percibir que la lectura les proporciona ideas para la escritura?
4 ¿Mantienen los estudiantes una lista actualizada cuando escogen los temas acerca de los cuales desean escribir?
5. ¿Perciben los estudiantes que la escritura es un proceso? ¿Entienden ellos que deben desarrollar una serie de actividades antes de poder llegar a la escritura final de un texto?
6. ¿Disponen los estudiantes en el aula de una amplia variedad de libros de literatura y otros materiales de consulta que les puedan servir de referencia cuando van a escribir?
7. ¿Cuando los estudiantes escriben, ¿se les permite "inventar" su propia ortografía partiendo de sus hipótesis fónicas internas y de las "imágenes" que se han formado de las palabras a partir de sus experiencias previas con la lectura?
8. ¿Tienen los estudiantes oportunidades de compartir con otras personas lo que escriben? ¿Reciben de estas personas respuestas auténticas que les sirven de apoyo a su sensibilidad y necesidades como escritores?

FIGURA 1–4: Lista de preguntas para la escritura

estudiantes, o bien los que ellos leen por su cuenta, les proporcionan ideas para escribir y modelos para la elaboración del producto final. A medida que escriben, van leyendo y releyendo lo que han escrito. Las clases que vamos a describir demuestran el importante rol que desempeñan los maestros como catalizadores en el proceso de la escritura.

Unidad sobre los animales enfocada hacia la escritura—kindergarten

Jeff enseña kindergarten en una comunidad rural que tiene una alta población de hispanos. En su clase tiene niños hispanos y niños angloparlantes. En su programa bilingüe enseña los contenidos tanto en español como en inglés y permanentemente involucra a sus estudiantes en una serie de actividades que les permiten avanzar gradualmente en su proceso de escritura.

Al comenzar el año escolar, los niños de Jeff estudian los animales y aunque su interés abarca toda la fauna, se sienten particularmente intrigados por los animales salvajes africanos. Una manera de introducir los conceptos y la escritura en torno a los animales salvajes es a través de una canción sobre un león. Para esto, usa unas láminas grandes con los dibujos de los animales que aparecen en la canción: el león, el elefante, el mono, la cebra y la jirafa. Luego va señalando las palabras en las láminas a medida que los niños van cantando con él.

¿Dónde está el león?
¿Está bañándose en el río?
No, el elefante está bañándose en el río.

¿Está jugando en el árbol?
No, el mono está jugando en el árbol.

¿Está pastando en el prado?
No, la cebra está pastando en el prado.

¿Está comiendo hojas de los árboles?
No, la jirafa está comiendo hojas de los árboles.

¿Está deslizándose hacia arriba en el árbol?
No, la boa constrictora está deslizándose hacia arriba en el árbol.

¿Está cazando animales para comer?
Sí, está cazando animales para comer. . . Sh . . . sh . . . sh. . . .

Además de hacer que los estudiantes canten la letra de la canción, Jeff escribe las expresiones básicas de ésta en tiras de cartulina que coloca en dos láminas con bolsillos. Por ejemplo, una tira puede decir "un elefante bañándose" o "un león cazando". En uno de los cuadros las palabras están en orden y en el otro están mezcladas. Los estudiantes trabajan en pares o en pequeños grupos y siguen el modelo de la primera lámina para poner en orden las palabras que están mezcladas en la segunda.

Jeff también utiliza la canción del león como modelo para la elaboración de pequeños libros que los niños se llevan a la casa para ser leídos con sus familias. Pero antes, elabora e ilustra su propio libro basado en la canción. La primera página tiene la pregunta, "¿Dónde está el león?" Debajo, aparece el dibujo de un león y cada una de las páginas siguientes representa a un animal de los de la canción con un patrón repetitivo. Por ejemplo, la segunda página (véase la Figura 1–5) contiene el dibujo de un elefante y la pregunta, referida al león: "¿Está bañándose en el río?", con la respuesta "No, el elefante está bañándose en el río".

¿Dónde está el léon?
¿Está bañándose en el río?
No, el elefante está bañándose en el río.

FIGURA 1–5: Página del elefante tomada del libro *La canción de la cacería del león*

Los libros de los estudiantes siguen exactamente el modelo de Jeff. Él les ayuda a pegar y engrapar los libros de antemano ya que a los pequeñitos les resulta difícil hacer esto sin la supervisión de un adulto. Para elaborar los libros, Jeff trabaja con grupos de seis a nueve estudiantes y a veces les ayuda a dibujar en cada una de las páginas. Así por ejemplo, cuando trabajan en la página donde se pregunta "¿Dónde está el león?" "¿Está bañándose en el río?" "No, el elefante está bañándose en el río", les escribe la pregunta de manera que todos los estudiantes en el grupo puedan verla fácilmente. Basándose en el dibujo que representa al elefante, los niños escriben la palabra *elefante* al pie de la página. Al propio tiempo que les muestra la formación correcta de las letras, Jeff va pronunciando y escribiendo el nombre de cada una de las letras que forman la palabra *elefante*. De esta manera, les enseña la mecánica de la formación de las letras y sus nombres dentro de un contexto significativo.

Los estudiantes después leen en forma coral con el maestro la página del elefante y van siguiendo con sus dedos las palabras de izquierda a derecha y de arriba hacia abajo. A pesar de que Jeff les señala con exactitud dónde va leyendo, los niños de kindergarten a menudo hacen saltos, especialmente al comienzo del año, lo cual es comprensible porque apenas están comenzando a obtener la idea general de cómo deben hacerlo. A medida que el año avanza lo van realizando con mayor precisión.

Jeff también trabaja con los estudiantes en la elaboración de un segundo libro para llevar a la casa. Este libro es creado en un centro de escritura que tienen en la escuela donde pueden hacer sus propios libros. Allí ellos pueden utilizar hojas fotocopiadas, cartulinas de colores, marcadores, crayones, lápices regulares y de colores para escribirlos e ilustrarlos, y después leérselos a sus compañeros en la actividad de clase denominada *la silla del autor*. (Esta actividad consiste en que cada estudiante se sienta frente al resto de la clase para leer lo que ha escrito.) En la pared cerca del centro de escritura está colocado un banco de palabras que se relacionan con el tema que se está estudiando. Este banco es una lámina de cartulina con pequeños bolsillos que contienen dibujos con las palabras de objetos sobre los cuales es posible que quieran escribir los estudiantes. Estas palabras aparecen escritas en dos colores. Por ejemplo, al lado del dibujo de un león aparece la palabra en inglés *lion* escrita en color anaranjado y la palabra *león* en color verde. De esta manera, los niños saben que las palabras anaranjadas son en inglés y las verdes en español. A medida que escriben sus libros, pueden escoger, copiar palabras del banco, o bien pueden escribir garabatos, letras al azar, letras iniciales o utilizar escritura inventada, dependiendo de la etapa del desarrollo de la escritura en la que se encuentren.

Los estudiantes pasan gran parte de la clase hablando y leyendo sobre los animales. Libros como *ABC* (Sempere, 1987), que contiene el alfabeto con nombres de animales, ayudan a los estudiantes a enfocar su atención en los sonidos y las letras, con rimas que no tienen mucho sentido. Por ejemplo, la letra c es enfatizada con un dibujo de cuatro cochinos (puercos) que comen ciruelas, coco, casabe (un pan a base de yuca que se come en Venezuela), cazón (un tipo de tiburón) y caraotas (frijoles negros). La rima dice:

Cuatro cochinos comían
cinco ciruelas grandotas,
con coco, cazón y casabe
y cuarenta caraotas. (pp. 8–9)

El libro *Aprender a contar* (Lavie, 1987) también refuerza tanto los números del uno al diez, como los nombres de los diferentes animales. En este libro un niñito que se queda solo en su casa decide invitar a muchos animales. Cuando su madre regresa y encuentra la casa llena, el niño, lamentando el fin de su diversión, vuelve nombrar a todos los animales para explicar lo que ocurrió:

Nos estábamos divirtiendo mucho
riendo y alborotando todos juntos,
cuando mi mamá regresó y encontró
la ranita, el conejo, el tucán, el gato,
el mono, el perro, el cocodrilo,
el tigrito, el burrito y el elefantito.
Al ver que habíamos revuelto toda la casa,
echó a todos los animales.
Ahora tengo cero animales y vuelvo a estar aburrido.
Otro día habrá que portarse mejor.

Con estas actividades, los estudiantes de Jeff están desarrollando conceptos académicos y, al mismo tiempo, su lectura. Usando un proyector opaco, Jeff refleja las imágenes de animales como elefantes y leones, en grandes pedazos de papel blanco para periódico (butcher paper). El proyector le permite a Jeff jugar con el tamaño de los animales, así que usa la proyección para que los niños tracen los animales en el papel y luego dibujen o pinten los correspondientes habitats. Estos murales permanecen en las paredes del aula durante todo el proyecto. Además, cuando los estudiantes están trabajando con sus proyectos, se pone una grabación con los sonidos de los animales salvajes para sensibilizar y promover otras discusiones entre los estudiantes.

Otra actividad interesante consiste en dividir a los estudiantes en pequeños grupos para que separen los dibujos de los animales en diferentes categorías tales como, "los que viven en la selva", "los que viven en el prado", "los que comen pasto", o "los que comen carne". Juntos, todos en la clase hacen cuadros donde escriben lo que han aprendido. Por ejemplo, después que clasifican a los animales de acuerdo a lo que los recubre externamente, Jeff les pone un cuadro que tiene varias columnas, y arriba de cada columna les pega un pedazo de tela o cualquier otro material que se asemeje a la pelambre, al cuero, a las escamas o a las plumas. Los niños van a colocar sus dibujos de animales debajo de la columna que les pertenece y después van a ponerles los nombres de cada animal.

Como actividad final, los niños trabajan otra vez en grupos con el objeto de crear un libro grande titulado *Animales salvajes* que va a ser utilizado por toda la clase. Para su elaboración, se guían por el modelo de la canción del león. El libro representa los mismos animales y está enfocado hacia los lugares donde ellos viven. Cada página contiene una de las dos oraciones

tucanes viven en selvas.

FIGURA 1–6: Página de los animales salvajes

que siguen el mismo patrón con un espacio en blanco: "————————viven en la selva", ó "———————— viven en los prados". Usando las formas de los animales en cartón, los estudiantes trazan los dibujos en papel de construcción (cartulina suave de diferentes colores), los recortan del libro de la canción del león, y luego deciden en cuál ambiente los van a colocar. Si el animal es uno que vive en los prados, lo empastan en papel amarillo, si es un animal que vive en la selva, lo empastan color verde claro, y para los árboles y el pasto se usa el verde oscuro. Los estudiantes recortan los animales, los árboles, el pasto, los ríos, el sol, etc., y los pegan en un cartón grande (amarillo o verde dependiendo del habitat del animal), y esto se convierte en una de las páginas del libro, la que precisamente lleva la oración con el patrón escrito en ella.

Una vez que todas las páginas del libro se ensamblan, los niños escriben los nombres de los animales en la página y para hacer esto, se ayudan con los libros, los cuadros, y los dibujos ya rotulados que tienen alrededor de toda el aula. Cada estudiante de un grupo que crea una página, la firma y al estar terminado el libro, se lamina y luego permanece en el aula para que los estudiantes lo miren y lo lean juntos cada vez que así lo deseen (véase Figura 1–6).

Algunos maestros pudieran considerar que estas actividades que hemos descrito hasta ahora no son verdaderas actividades de escritura en el sentido usual que se conoce. Sin embargo, todas ellas representan las primeras etapas en el desarrollo de la escritura de los niños. Estos están comenzando a asociar las palabras con los dibujos; están empezando a poner las palabras juntas dentro de patrones y a la vez, aprendiendo a ensamblar las páginas para formar un libro; los libros de alfabeto les ayudan a reconocer las letras y las palabras. Con todo esto, además de desarrollar los conceptos académicos, los estudiantes desarrollan la lectoescritura ya que están construyendo significados a través del uso de lo impreso. Estas experiencias constituyen los primeros pasos importantes hacia la escritura independiente.

En la clase de Jeff sus estudiantes comienzan a escribir desde el inicio del año escolar y el desarrollo de la escritura continúa a medida que éste avanza. Lo que es más importante aún, comienzan a establecer las importantes relaciones entre la lectura y la escritura porque las palabras que quieren escribir se encuentran siempre disponibles en las paredes del salón de clases y en los libros grandes y pequeños que tienen dentro del aula para leerlas cuando las necesiten. También es significativo que en todas las etapas se les estimula a compartir lo que escriben con sus compañeros y a expresar sus ideas utilizando dibujos y escrituras inventadas.

Unidad sobre los animales enfocada hacia la escritura—Cuarto grado

la bosque es verde con muchos animales bien bonitos ai serpientes con muchos flores en los árboles los arboles son verdes unos son grandes y unos pequeños ai unos ríos con muchos pescados pirañas muchos pajaros volan por los arboles porque los arboles son bien bonitos.

Esto aparece en el diario de clase de Ricardo, un estudiante hispano de cuarto grado en una comunidad rural del valle central de California. Aunque su ortografía y puntuación no son convencionales, su escritura demuestra que ha comenzado a desarrollar imágenes del bosque tropical a través del estudio que él y sus compañeros han estado haciendo en la clase bilingüe de Sue.

Sue involucra a sus estudiantes en muchas actividades diferentes durante el estudio de la unidad temática *el bosque lluvioso*. Ella comienza su clase pidiendo a los estudiantes que respondan a la pregunta "¿Qué sabemos acerca del bosque lluvioso ó la selva tropical?" o "¿Qué nos podemos preguntar sobre el bosque lluvioso?" Usando un terrarium, los estudiantes crean un bosque lluvioso para observarlo y escribir acerca de él. En el diario de Ricardo podemos ver que una de sus anotaciones sobre el bosque lluvioso del salón expresa: "El bosque que vimos está creciendo porque tiene agwa antes las plantas estabn mas pequeñas ora estan creciendo mas y mas".

Los estudiantes son involucrados en varias actividades diferentes relacionadas con el bosque lluvioso como: la elaboración de una cartelera que contiene fotografías de las plantas, los pájaros, insectos y otros animales que viven en el bosque lluvioso; la ubicación de los bosques lluviosos en los mapas del mundo; y la lectura o discusión sobre los animales del bosque lluvioso que se encuentran en peligro de extinción.

También participan en el juego *La red de la vida*. Los estudiantes entonces se colocan en círculo y a cada estudiante se le da para que sostenga un dibujo de una planta, insecto, o animal del bosque lluvioso. Un estudiante representa el sol. Ese estudiante sostiene una punta de un rollo de lana de tejer y para comenzar la actividad lanza el rollo de lana a cualquier planta, animal o insecto que reciba beneficios del sol. Cada estudiante sostiene una parte del hilo con el objeto de ir tejiendo la red. Los estudiantes deben decidir si cada animal, insecto o planta que tiene cada uno, sería capaz de comérselos, de protegerlos, o de proporcionarles alimentos y/o refugio para vivir. Por ejemplo, el sol podría lanzarle el rollo de lana a un estudiante que tenga el dibujo de un árbol de ceiba. Este árbol a su vez puede lanzar el rollo a una boa y ésta a una rana que es una de sus presas. La rana entonces podría lanzar el rollo a una planta bromelia cuyo centro profundo y lleno de agua la protege junto con sus crías de los depredadores. Esta actividad les brinda a los estudiantes un ejemplo físico que ilustra de qué manera todo lo que vive en el bosque lluvioso está interrelacionado en una red de la vida. Cuando todos los estudiantes en el círculo se han enlazado, discuten la tala de los árboles que están en el bosque lluvioso y como consecuencia de esto, el árbol de ceiba deja caer su parte de lana y cada estudiante que esté unido a él deja caer su porción de lana también. La reacción en cadena que sigue a medida que cada animal, insecto y planta deja caer la porción de la lana que ha estado sosteniendo, muestra en una forma vívida de qué manera toda la naturaleza se encuentra interrelacionada y afectada por la deforestación. Esta actividad promueve una excelente discusión y puede ser seguida de otra actividad donde los estudiantes tengan que escribir y explicar lo que aprendieron.

Además de involucrar a los estudiantes en estas actividades para impulsar la escritura, Sue siempre vincula ésta con la lectura por cuanto sabe que las lecturas que hagan sus estudiantes constituyen una importante fuente para su escritura. Los libros en español y en inglés que se encuentran por toda el aula, proporcionan la base para la construcción del vocabulario y los conceptos que los estudiantes necesitan para el estudio del tema de los bosques tropicales. Entre estos libros podemos mencionar los siguientes: *El bosque tropical* (Cowcher, 1992), *La ceiba majestuosa: Un cuento del bosque lluvioso de las Amazonas* (Cherry, 1996), *Dentro de la selva tropical* (Willow y Jacques, 1993), *Un paseo por el bosque lluvioso* (Pratt, 1993), *Conoce nuestros mamíferos* (Comerlatti, 1983), y *Conoce nuestros insectos* (Zawisza, 1982). Un libro clave para dar comienzo a la unidad es *Salven mi selva* (Zak, 1989), un cuento de un niño mexicano y su padre quienes caminan por todo México para protestar las destrucción de los bosques lluviosos tropicales en ese país. En vista de que en la clase hay estudiantes que hablan inglés y otros español, Sue primero presenta el cuento en inglés y luego, para el momento de la discusión, junta en parejas a los niños que son menos proficientes leyendo en español con aquellos lectores que sirven como ayudantes en este idioma.

Aparte de la escritura informal que se desarrolla en la clase como por ejemplo, las respuestas escritas a las diversas actividades que se realizan dentro del aula o bien los ejercicios de escritura rápida sobre un tema (*quick writes*) que a veces se les piden, Sue involucra a los estudiantes en la realización de dos tipos de escritura formal que tienen que ver con el tema que se está estudiando: la poesía y los reportes de entrevistas.

Durante el estudio de una unidad de lenguaje y de poesía, los estudiantes escriben diferentes tipos de poemas y acrósticos referidos a los colores. Estos poemas reflejan de manera natural la forma en que los niños se involucraron en el tema del bosque tropical. Así por ejemplo, cuando la clase realizó un juego con sonidos y palabras donde usaron la onomatopeya, algunos estudiantes escribieron lo siguiente:

> Indígena igual a iguana
> Pescado pequeño puede pescar pescaditos pequeñitos

Magdalena escribió un poema acerca de uno de sus insectos favoritos del bosque tropical: las mariposas.

> Hay diferentes tipos de mariposas.
> Hay mariposas pequeñas y mariposas gigantes.
> Como de color amarillo, azul, y color de rosas.
> Las mariposas tienen alas y tienen como antenitas
> Y buscan polen dentro de las flores.

Para la elaboración de su proyecto final, los estudiantes trabajan en pares y escogen un animal o planta del bosque tropical, investigan sobre ellos y luego, preparan una presentación poco usual que consiste en: primero escribir la información en formato de entrevista y después hacer una máscara que representa la planta o animal. Uno de los estudiantes se pone la máscara y el otro conduce la entrevista. Mientras los demás compañeros de la clase observan, el entrevistador y el entrevistado plantean y responden preguntas que reflejan todo lo que han descubierto a través de la investigación. Por medio de este proceso, aprenden que es posible utilizar diversos géneros de la escritura para presentar diferentes tipos de información.

Esta unidad no solamente compromete a los estudiantes en auténticas actividades de lectura y escritura y en el aprendizaje acerca del bosque lluvioso, sino también los ayuda a tomar conciencia sobre importantes asuntos ambientales. En lo último que escribió Felipe en su diario explicaba lo que había aprendido durante la unidad:

> yo aprendi que la gente vive en la selva tambien que cuando los ombres cortan los arboles estan destruyendo las casas de los pajaros y que unas veces cuando cortan los arboles los animales se pueden murir y que en la selva no ay tods los tipos de animales

En el salón de Sue los estudiantes son estimulados a escribir informalmente para expresar sus ideas y sentimientos sin temor a que su ortografía o escritura inventadas sean criticadas. Al mismo tiempo, cuando escriben para *publicar* igual que lo hicieron con su poesía, su trabajo es revisado después de haber conversado con la maestra y cuidadosamente editado por los compañeros y por ella.

Todas las actividades que realizan los estudiantes de Sue son interesantes, pertinentes y en consecuencia, conducen a una escritura auténtica. Ella se asegura de demostrar los pasos que ella misma sigue para seleccionar un tema y luego ayuda a los estudiantes en el seguimiento de esos mismos pasos. También los anima a utilizar sus conocimientos previos e intereses cuando escriben y se asegura de disponer de una gran parte del tiempo de la clase para que los estudiantes conversen y lean sobre temas que van a conducirlos hacia una escritura efectiva. Los estudiantes de Sue ven la escritura como un proceso. Ellos entienden que las diversas formas de la escritura son tratadas diferentemente. Asi, los poemas son editados cuidadosamente, pero en cambio, gran parte de la escritura informal que ellos hacen se deja en forma de borrador. El hecho de que los estudiantes dispongan en su aula de numerosos, variados e interesantes recursos para leer, propicia que ellos lean todos los días y que toda la información que obtienen al leer sea utilizada para la escritura. También Sue aparta tiempo en las clases para que compartan lo que escriben con sus compañeros. Como puede notarse, esta clase dispone de todos los elementos importantes que necesitan los estudiantes para crecer como escritores.

En los siguientes capítulos ofreceremos otros ejemplos de prácticas de lectoescritura en las aulas bilingües. Además, presentaremos la teoría y la investigación que apoya el tipo de enseñanza que describimos en los cuatro ejemplos presentados. El uso de una buena literatura, los estudios de unidades temáticas, las actividades interactivas, las oportunidades para escoger los materiales, y las experiencias significativas de lectura y escritura van a permitir que todos los estudiantes puedan convertirse en lectores competentes tanto en inglés como en español.

2
Dos enfoques para la enseñanza de la lectura

La enseñanza de la lectura puede parecer muy diferente en varias aulas de clase aún cuando éstas se encuentren dentro de la misma escuela. Si nos asomamos a la clase bilingüe de 2º grado de Alicia en el momento en que los niños leen, podemos ver lo siguiente: en la cartelera está pegado un afiche con fotografías de huevos de varios tamaños y de animales que salen de los huevos. Debajo de éste dice: "Los animales que ponen huevos". En una de las paredes del salón hay huevos hechos de cartulina que han sido decorados con pedacitos de papel de color; en otra hay dibujos del interior de un huevo que los niños han coloreado y rotulado cuidadosamente; en un rincón del salón hay algunos libros y antologías y en el otro hay varias terminales de computadora.

Los veintisiete niños que forman la clase han sido divididos en cinco grupos, tres para leer en español y dos para leer en inglés. En estos momentos, cuatro de los grupos se encuentran ocupados en centros de trabajo realizando diferentes actividades. En uno de los centros los estudiantes están terminando las páginas de un libro que van a llevar a la casa, el cual consiste de una serie de dibujos de animales que nacen de huevos con el nombre del animal debajo del dibujo. Ellos colorean el dibujo de cada animal y copian los rótulos con su propia letra en una línea que está debajo del texto impreso. Un grupo trabaja haciendo la versión del libro en inglés, y otro, la versión en español con la ayuda de una asistente bilingüe. Otros niños están en las computadoras trabajando en un programa que les ayuda a practicar el vocabulario básico en inglés y en español, usando el programa de CD-ROM llamado *Lyric Language* (Knowles and Morse, 1992). Otros trabajan en un proyecto de arte usando los huevos plásticos en los que empacan las medias de nylon. Con un modelo, los niños tratan de hacer un pato de arcilla para introducirlo dentro de uno de los huevos.

Mientras tanto, Alicia está sentada en un pequeño círculo con los cuatro niños que forman su grupo de lectura de español intermedio. Primero ella les muestra una lista de palabras que ha escrito sobre un papel: *pato, huevo, tiempo, pronto, cinco, nido,* y *dijo,* y les lee las palabras para luego formularles algunas preguntas acerca de éstas:

ALICIA: ¿Qué notan ustedes en estas palabras?

FELICIANA: Un pato pone huevos.

ALICIA: Sí, pero no estamos hablando de las palabras. Estamos viendo las letras de las palabras. ¿Tienen algo en común las letras dentro de las palabras?

MARCO: Todas las palabras terminan en la letra *o*.

ALICIA: Muy bien, Marco. ¿Cuántas sílabas hay en cada palabra?

TODOS: Dos

ALICIA: Muy bien. Ahora, ¿Quién me puede decir lo que quieren decir las palabras? ¿Qué es un pato?

Una vez que los niños han identificado las palabras, Alicia toma el libro grande *El patito feo* (Parkes y Smith, 1989) y lo lee siguiendo con sus dedos las palabras. Después le ofrece a los niños versiones del cuento en libros pequeños y ellos esperan su turno para leer el cuento en voz alta. Si el pequeño lector tiene dificultades con una palabra, Alicia lo anima para que la diga en voz alta; si esta estrategia falla, ella o uno de los otros niños pronuncia la palabra para que la oiga el pequeño lector. Después que han leído el cuento otra vez, Alicia hace preguntas sobre el mismo:

ALICIA: Estamos estudiando los animales que vienen de huevos.
¿Cuáles animales nacen de huevos en este cuento?

PEPE: los patos

ALICIA: Sí, ¿y cuál otro animal?

RENÉ: el patito feo

ALICIA: ¿Y qué otro nombre tiene este animal?

Alicia ha organizado su currículo alrededor de diversos temas, posee un buen manejo de aula de clases y todos los estudiantes se encuentran animadamente leyendo, escribiendo y hablando acerca de los patos y otros animales ovíparos. A los niños les cae bién su maestra y es evidente que a ella también le gustan sus estudiantes. Se puede observar que todos realizan sus tareas sin problemas; mientras un grupo lee, los niños de otros grupos conservan una excelente disciplina, a pesar de que se trata de niños de segundo grado. Muchos de estos estudiantes llegarán a ser exitosos lectores y escritores como resultado de las experiencias que han tenido en esta clase.

En el mismo pasillo también está la clase bilingüe de 2º grado de Celia. Allí los estudiantes igualmente están leyendo y escribiendo, pero podemos observar algunas diferencias significativas en comparación con la clase de Alicia. La clase de Celia también está estudiando los animales ovíparos. Los dibujos que han hecho los estudiantes para representar los huevos y los nombres de sus diferentes partes cubren casi toda la cartelera; las notas provenientes de los diarios de ciencia de los estudiantes están colgadas encima de una pequeña incubadora; y tanto los libros elaborados por los estudiantes como los otros que se encuentran dispersos por todo el salón de clases, reflejan este tema. Aunque en ambos grupos Alicia y Celia estén estudiando el mismo tema, el enfoque es diferente. En el aula de Celia el trabajo de los estudiantes es mucho más visible; los dibujos de los huevos reflejan una mayor individualidad ya que no siguen estrictamente un modelo y los reportes en los diarios incluyen una variedad de observaciones y no, el seguimiento de un patrón uniforme. En una de las carteleras aparecen las preguntas: "¿Qué sabemos de los animales ovíparos?" y "¿Qué nos preguntamos sobre los animales ovíparos?" Allí aparecen escritas por los mismos estudiantes, las diferentes preguntas que ellos han formulado. Alrededor del salón hay variedad de libros en español y en inglés que tratan sobre el tema y, además, podemos ver libros grandes sobre los animales ovíparos que han sido diseñados por otros niños en años anteriores.

Igual que Alicia, Celia está sentada con un pequeño grupo de estudiantes en el mismo momento en que los otros niños trabajan independientemente. Sin embargo, mientras los niños de Alicia estaban trabajando en proyectos asignados específicamente por ella en los diversos centros de trabajo, algunos de los niños de Celia se han puesto en parejas a leer y a conversar sobre los libros en uno de los rincones del salón que ha sido destinado para la lectura. Todos los libros de cuentos y de contenido informativo que se encuentran desplegados por todo el salón giran alrededor del tema de los animales e insectos que ponen huevos. Entre estos libros encontramos: *El patito feo* (Parkes y Smith, 1989), que también estaban leyendo los niños en el salón de Alicia, *Los animales y sus crías* (Kratky, 1991), *¿Cuál es el mío?* (Long, 1995), *Patitos* (Watts, 1992), *Ranitas* (Taylor y Burton, 1992), *El huevo* (Jeunesse y de Bourgoing, 1992), *La oruga muy hambrienta* (Carl, 1989), *La familia del pingüino* (Somme y Kalas, 1991), *Serpientes* (Barret, 1990) y *Cocodrilos y caimanes* (Barrett, 1991).

Otros estudiantes en la clase de Celia están con los audífonos, escuchando un cuento. Algunos están escribiendo cuentos, bien sea independientemente o en parejas y otros pocos están junto a la incubadora realizando observaciones y escribiéndolas en sus diarios de ciencia.

Los estudiantes están discutiendo con Celia un libro que ella les acaba de leer: *Las gallinas no son las únicas* (Heller, 1990). Lo que sigue ha sido extraído del diálogo que tuvo lugar en la discusión de los grupos:

CELIA: ¿Qué recuerdan?

FELICIA: Muchos pájaros diferentes vienen de huevos.

SUSANA: Como *El patito feo*. . . .

CELIA: ¿ *El patito feo*?

SUSANA: Sí, en *El patito feo* habían huevos de patos y uno de un cisne. . . La mamá se confundió . . . Hablamos de cómo se confundió la semana pasada cuando estábamos discutiendo el libro.

CELIA: Sí, muy bien, Susana. Hiciste una comparación muy interesante entre los dos libros. ¿Qué más recuerdan de *Las gallinas no son las únicas*?

FRANCISCO: Muchos animales nacen de los huevos.

FELICIA: Las culebras vienen de huevos . . .No me gustan.

MARIANA: Hay un libro allá que se llama *Serpientes*. Hay fotos de muchas culebras en el libro y sus huevos también.

ESTÉBAN: . . . y los insectos también viene de los huevos.

ROBERTO: El colibrí tiene un huevito muy pequeño . . . Tenemos miel para los colibris en nuestra casa. Vienen a chupar. . . .

Después de unos minutos, Celia les recuerda a los niños las preguntas que todos en la clase habían planteado acerca de los animales ovíparos después de haber leído *El patito feo*. Los niños leen esas preguntas con ella; dos de estas preguntas fueron: "¿Cuáles animales ponen huevos?" y "¿En qué se parecen y en qué se diferencian los huevos?" Celia le sugiere a los niños que hagan una lista de las posibles respuestas basándose en el libro que acaban de leer y también, que mantengan estas preguntas en mente cuando lean otros libros. Algunos de los niños comienzan a escribir sus ideas para ponerlas en la cartelera debajo de la oración que dice "Lo que hemos aprendido", mientras que otros escogen libros que quieren leer. Para una lista completa de los libros utilizados en esta unidad, ver la Tabla 2–1.

Un observador encontraría que la clase de Celia, al igual que la de Alicia, está bien organizada. En ambas clases los niños permanentemente leen, escriben y hablan, tanto en español como en inglés. Ambas son buenas maestras que establecen relaciones positivas con sus estudiantes, y es posible que la mayoría de ellos lleguen a ser buenos lectores y escritores.

A pesar de las similitudes que tienen estas dos clases, existen diferencias marcadas entre ellas. Alicia y Celia sostienen puntos de vista diferentes sobre la manera cómo los niños desarrollan la lectoescritura y por lo tanto,

Barrett, Norman. *Cocodrilos y caimanes, Biblioteca Gráfica*. New York: Franklin Watts, 1991.

Barrett, Norman. *Serpientes, Biblioteca Gráfica*. New York: Franklin Watts, 1990.

Carl, Eric. *The Very Hungry Caterpillar*. Clevland: The World Publishing Company, 1969.

Heller, Ruth. *Chickens Aren't the Only Ones*. New York: Scholastic, 1981.

Heller, Ruth. *Las gallinas no son las únicas*. México, D.F.: Grijalbo, 1990.

Jeunesse, Gallimard, and Pascale de Bourgoing. *The Egg, First Discovery Books*. New York: Scholastic, 1992.

Kratky, Lada Josefa. *Animals and Their Babies*. Carmel, CA: Hampton-Brown, 1991.

Kratky, Lada Josefa. *Los animales y sus crías, ¡Qué maravilla!* Carmel: Hampton-Brown, 1991.

Long, Sheron. *¿Cuál es el mío?, Pan y Canela, Colección B*. Carmel, CA: Hampton-Brown, 1995.

Parkes, Brenda, y Judith Smith. *El patito feo*. Crystal Lake, IL: Rigby, 1989

Somme, Lauritz, y Sybille Kalas. *La familia del pingüino*. México, D.F.: SITESA, 1991.

Taylor, Kim, y Jane Burton. *Frog, See How They Grow!* London: Dorling Kindersley, 1991.

Taylor, Kim, y Jane Burton. *Ranitas, Mira cómo crecen*. México, D.F.: SITESA, 1992.

Watts, Barrie. *Duck, See How They Grow!* London: Dorling Kindersley, 1991.

Watts, Barrie. *Patitos, Mira cómo crecen*. México, D.F.: SITESA, 1992.

TABLA 2–1: Unidad sobre los animales que ponen huevos

han adoptado diferentes métodos para enseñar la lectura y la escritura. En este capítulo examinaremos las diferencias en sus enfoques para enseñar la lectura. Los capítulos cinco y seis estarán enfocados hacia la escritura.

Hemos señalado que muchos de los niños en ambas clases podrán ser buenos lectores y escritores aún cuando las maestras utilicen dos enfoques diferentes. Esto podría llevar a nuestros lectores a pensar que para nosotros, ambos enfoques resultan igualmente eficientes. Sin embargo, esto no es así. Muchos estudiantes llegan a ser buenos lectores a pesar del método con el

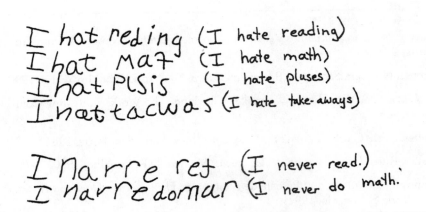

FIGURA 2–1: Una muestra de la escritura de Bobby

que se les enseñó a leer; otros, en cambio, no superan las malas prácticas de enseñanza y por lo tanto, no llegan a desarrollar altos niveles de lectura y escritura, a menos que se les brinden oportunidades para participar en actividades auténticas y significativas en estas áreas. Por ejemplo, el caso de Bobby, cuya escritura aparece en la Figura 2–1, claramente demuestra lo que él siente por la lectura y por la escuela. Bobby fue asignado a una clase especial remedial en el cuarto grado debido a que contínuamente salía mal en todas sus tareas escolares. El trabajo remedial consistía en pronunciar en voz alta las palabras y llenar hojas de ejercicios.

Afortunadamente, Bobby tuvo la oportunidad de participar en un programa especial donde los maestros se quedaban todos los días luego de la hora de salida de la escuela, y trabajaban en pequeños grupos con niños que no querían leer y escribir. En este programa les dieron a leer excelentes libros de literatura infantil, los estimularon a escribir en un diario y a publicar sus propios libros, y en seis meses, el entusiasmo que Bobby mostró por los libros y la escritura fue notorio. Por suerte, él pudo superar las malas prácticas de enseñanza a las que estuvo sometido al principio pero como ya lo señalamos, existen otros que no lo logran. Ellos se convierten en lo que Goodman (1986b) ha llamado "impedidos por la instrucción", que nunca llegan a valorar la lectura y la escritura, como tampoco se valoran a sí mismos como lectores y escritores. Para estos niños, el enfoque del maestro establece una diferencia significativa.

En este capítulo examinaremos dos puntos de vista sobre la lectura; uno es ejemplificado por Alicia y el otro, por Celia. Ambas tienen algunos estudiantes que están aprendiendo a leer en inglés y otros que están aprendiendo a leer en español. El concepto de lectura y enseñanza de ésta que promovemos aquí es igualmente válido para el inglés y el español. En los capítulos tres y cuatro consideraremos con más detalle métodos específicos y programas que han sido utilizados para enseñar a leer en español. Esos métodos reflejan las creencias que sostiene Alicia en relación con la enseñanza de la lectura. Para cada método presentaremos posibles alternativas que están más acordes con el segundo punto de vista, el mismo que observamos en acción dentro del salón de Celia.

Nuestra posición acerca del proceso de la lectura es apoyada por una vasta evidencia científica. Queremos que los maestros apoyen su enseñanza en firmes teorías de manera que cuando se les pregunte las razones por las cuales enseñan de una determinada manera, ellos puedan dar las explicaciones respectivas. Los invitamos a que mientras leen este capítulo, piensen en las diferentes aulas de clases que han visitado y se pregunten qué concepción de la lectura asumen estos maestros. Queremos también que ustedes tengan en mente las clases de experiencias de lectoescritura que les gustaría crear para sus estudiantes. Estamos convencidos de que la mejor manera de mejorar su propia práctica pedagógica es reflexionando de manera crítica sobre lo que usted y otros maestros realizan en sus aulas diariamente. Para llegara esta reflexión crítica es esencial contar con el apoyo de una sólida base teórica.

Una primera concepción del proceso de la lectura

En la clase de Alicia, los niños identifican las palabras de una lista de vocabulario que ella ha preparado antes de comenzar a leer un cuento. Hacen esto repitiendo las palabras y separándolas en partes; después las leen en voz alta y la maestra les hace vocalizar aquellas palabras que son desconocidas. Si tienen dificultad para hacerlo, Alicia o uno de los compañeros les ayuda diciéndoles la palabra. También le lee a toda la clase y los niños disponen de un tiempo para realizar la lectura silenciosa. Sin embargo, ella considera que la enseñanza de la lectura es la que tiene lugar en los pequeños grupos.

Si observamos cómo Alicia enseña la lectura, podemos fácilmente deducir la teoría que ella sostiene en relación con tan importante proceso. Decimos esto porque esta maestra, al igual que muchos otros maestros, no ha pensado en forma consciente acerca de su teoría ni tampoco ha podido articularla; por ello sólo estamos en condiciones de adivinarla.

Sus creencias sobre la lectura son lo que Watson (1994) denomina "creencias no examinadas" (p. 601). Alicia probablemente está enseñando la lectura de la misma manera cómo se le enseñó a ella en la escuela, y a la vez, de la misma manera que se le enseñó a enseñar la lectura. Mientras sus concepciones se mantengan sin examinar Alicia no puede reflexionar críticamente sobre ellas. Sin embargo, por lo que se ve, ella parece creer que la lectura es un proceso de reconocimiento de palabras.

La concepción del reconocimiento de palabras

De todas las posiciones que existen acerca del proceso de la lectura, ésta es quizás la que ha sido más apoyada e investigada. Los trabajos de Thonis (1976), Braslavsky (1962), o Goldenberg y Gallimore (1991) en lo que se refiere a la lectura en español y los de Adams (1990), Anderson, et al. (1985), o Chall (1967) con relación a la lectura en inglés, son buenos ejemplos de este fundamento teórico. Este enfoque es bastante lógico ya que después de todo, el lenguaje escrito está formado por palabras, por lo tanto, la lectura debe tener que ver con el hecho de darle sentido a un texto por medio del reconocimiento de las palabras.

Gran parte de las investigaciones que apoyan la concepción del reconocimiento de las palabras comienza por asumir que la lectura implica el reconocer palabras individuales. Como el producto final de la lectura es la comprensión, supuestamente el camino para llegar a ella debe ser a través de las palabras. Debido a que los investigadores parten de este supuesto, entonces muchos de los estudios simplemente examinan el desempeño exitoso de los lectores en el reconocimiento de las palabras. Cuando se trata del lenguaje oral, este reconocimiento ocurre de una manera fácil y natural. Pinker (1994) por ejemplo, comenta que "la percepción humana del lenguaje oral es, de hecho conducida fuertemente por la acústica" (p. 185). En la lectura, los factores visuales también entran en juego, y las técnicas para medir con exactitud la percepción visual, los movimientos de los ojos y otros aspectos, han alcanzado un grado de sofisticación cada vez mayor. Sin embargo, el hecho de que a la gente se le pueda comprobar (a través de un prueba, por ejemplo), lo bien que reconoce las palabras, esto no quiere decir que la lectura consista sólo en un simple reconocimiento.

Si un maestro considera la lectura como el reconocimiento de palabras, aún tiene dos caminos a seguir. El primero es que los niños pueden aprender a reconocer las palabras utilizando uno de estos dos tipos de información: la visual o la auditiva. Como resultado, algunos métodos de lectura enfatizan lo visual. A los niños se les ayuda a construir un banco de palabras para que a través de la práctica puedan reconocerlas a simple vista. Estas palabras son tomadas a menudo de una lista de las que se presentan más frecuentemente, tales como la lista de Dolch, constituída por palabras de alta frecuencia en inglés. A veces este enfoque ha conducido a métodos tales como el de *mirar/ decir (look/say)* en el cual los estudiantes miran las palabras, generalmente escritas en tarjetas, y luego las dicen. En vista de que este enfoque utiliza palabras completas, con frecuencia se le llama el método de la palabra completa o integral, lo que ha conducido a mucha gente a confundirlo con el lenguaje integral.

La segunda opción para los maestros que comparten la visión del reconocimiento de las palabras es enfocar su enseñanza en los sonidos. Como Alicia, estos maestros proponen a los estudiantes "decir o pronunciar en voz alta" cuando llegan a una palabra que no conocen. Este enfoque fónico asume que la lectura consiste en convertir el lenguaje escrito en lenguaje oral y luego usar el conocimiento del lenguaje oral que tiene el lector para darle sentido al texto. Numerosos métodos fónicos, entre ellos *Hooked on Phonics* y *Zoo-phonics*, han sido desarrollados y vendidos en el mercado. Lo que todos ellos tienen en común es la idea de que los niños pueden leer si son capaces de decodificar el lenguaje escrito y pronunciar las palabras que representan las letras.

La mayoría de los debates que se plantean sobre *Why Johnny can't read* (Flesch, 1955; 1981) (*Porqué Johnny no puede leer*) se constituyen en verdaderas controversias entre esas dos opciones para el reconocimiento de las palabras. Si la opción de las palabras que se reconocen a simple vista (sight words) no funciona, entonces un enfoque fónico sería la respuesta. Si éste último falla, es posible que los estudiantes necesiten que se les aplique el método de la palabra completa. Una solución lógica quizás sería la combinación del enfoque fónico con el del reconocimiento de las palabras a simple vista. Esto es justamente lo que la mayoría de los programas seriados (basals) proponen, es decir, a los estudiantes se les anima a que construyan un banco de palabras que puedan ser reconocidas a la vista y en caso de que no puedan reconocer alguna se les sugiere que la pronuncien en voz alta.

La solución para el debate entre la posición fónica (phonics) y la de las palabras que se reconocen a simple vista no es ni lo fónico, ni las palabras reconocidas a la vista, o ni siquiera la combinación de ambos. Más bien, la solución radica en tener un enfoque integral hacia la lectura diferente, uno que la considere, al igual que al lenguaje oral, como un proceso socio–psicolingüístico adquirido en forma natural.

Cuando trabajamos con maestros, siempre tratamos de explicarles que la visión de la lectura como reconocimiento de palabras parece lógica, pero no

Concepción que considera a la lectura como un reconocimiento de palabras.	Concepción socio-psicolingüística
Objetivo—Identificación de palabras para obtener el significado del texto.	Objetivo—Uso de los tres sistemas de claves (grafofónico, lexico–sintáctico y semántico) para la construcción del significado.
Aprendizaje del vocabulario por medio de la enseñaza directa antes de realizar la lectura.	Adquisición de vocabulario por medio de la lectura de las palabras dentro de un contexto.
Aprendizaje de la división de las palabras en partes para identificarlas.	Estudio de las partes de las palabras sólo cuando se hacen investigaciones lingüísticas
Construcción de un banco de palabras con aquéllas que se reconocen a la vista y utilización de las reglas fónicas para identificarlas.	Uso del sistema grafofónico sólo como una parte de los tres sistemas de claves.
Lectura en voz alta con el fin de que los maestros puedan ayudar a los estudiantes a identificar las palabras y a propocionarles aquéllas que no conocen.	Lectura silenciosa utilizando las estrategias que los maestros hayan ayudado al estudiante a internalizar para construir el significado del texto.

FIGURA 2–2: Dos concepciones para la enseñanza de la lectura

es apoyada por investigaciones en la psicolingüística. Cuando se trata de procesar el lenguaje, nuestros cerebros no funcionan con una letra o una palabra a la vez ya que ello resultaría demasiado ineficiente. Existe una buena evidencia de que la lectura no es un mero reconocimiento de las palabras, sino más bien la comprensión del lenguaje escrito, la cual ocurre de la misma manera que la comprensión del lenguaje oral. Cuando leemos, enfocamos toda nuestra atención en el significado y hacemos uso de un número considerable de diferentes claves para obtener este significado. La razón real por la cual muchos *Pedritos* o *Juanitas* no pueden leer es que ellos, en su esfuerzo por tratar de comprender las palabras, lo que obtienen es la pérdida del significado.

En las siguientes secciones, discutiremos en detalle el enfoque de la lectura como proceso socio–psicolingüístico. La Figura 2–2 resume algunas de las diferencias claves entre la posición del reconocimiento de las palabras y la socio–psicolingüística la cual sugerimos a los maestros como una nueva alternativa para ser adoptada en sus aulas.

Una segunda concepción del proceso de la lectura

En la clase de Celia, los niños leen por su cuenta y luego se juntan para discutir sobre lo que leyeron. En estas discusiones, Celia supone que si los estudiantes han leído un texto, lo han comprendido. Sus preguntas son para ser respondidas en forma abierta, sin limitaciones. En la discusión mencionada antes, ella simplemente les preguntó, "¿Qué recuerdan?" Otro día ella podría comenzar preguntando, "¿Qué más quieren saber?" o "¿A qué te recuerda lo que leímos?" (Hansen, 1989). Su objetivo es crear un ambiente relajado y seguro en el cual los estudiantes puedan hablar y pensar acerca de lo que ellos han leído.

Una razón puede suponer Celia para asumir que sus estudiantes comprenden lo que leen se basa en el hecho de que ella durante todo el año escolar les da oportunidades para escoger lo que quieren leer. Al enseñarles a escoger bien, también les enseña a desarrollar un sentido crítico acerca de su propio nivel de proficiencia en la lectura. Además, siempre observa cuidadosamente a sus estudiantes y prepara clases dirigidas al desarrollo de estrategias específicas para aquellos que las necesiten. Este enfoque de enseñanza lo discutiremos más adelante. El objetivo fundamental de Celia es hacer que sus estudiantes lean porque ella, al igual que Smith (1985), considera que aprendemos a leer leyendo. Siempre y cuando nuestra atención esté dirigida hacia el significado, la adquisición del lenguaje escrito se logrará de la misma manera que se logra la adquisición del lenguaje oral.

Sin embargo, aun cuando Celia piense que los niños aprenden a leer leyendo, ella sabe que su papel es determinante. Ha tomado clases sobre el proceso de la lectura que le han permitido examinar sus creencias acerca de la misma, reflexionar críticamente sobre su manera de enseñar, y por ende, la han llevado a adoptar una posición socio–psicolingüística de este proceso. Ella sabe que no posee todas las respuestas. No obstante, trata conscientemente de poner en práctica todos los días con sus estudiantes de 2º grado la teoría que ha estudiado.

La concepción socio–psicolingüística

Celia comparte una concepción socio–psicolingüística del proceso de la lectura. Esta concepción difiere de la del reconocimiento de las palabras de varias maneras, pero la diferencia más importante radica en el hecho de que para esta maestra la lectura es considerada simplemente como un ejemplo de una habilidad general del ser humano para utilizar el lenguaje con el fin de dar y obtener significado. Este proceso involucra factores psicológicos, lingüísticos y sociales. Como bien lo indica Goodman (1993):

> La lectura es un proceso psicolingüístico porque los lectores se apoyan para darle sentido al texto, en los mismos procesos generales lingüísticos y psicológicos que ellos usan para dar sentido al lenguaje oral. La lectura es un proceso social porque el significado sólo puede construirse dentro de un contexto social (p. 89).

Muchas de las investigaciones que apoyan la concepción del reconocimiento de las palabras han sido llevadas a cabo en laboratorios. Los investigadores miden los movimientos del ojo al leer y los tiempos de reacción bajo condiciones cuidadosamente controladas en el laboratorio. Algunas veces estas investigaciones implican la lectura de palabras sin sentido con el objeto de eliminar todo el significado de la ecuación y obtener una medición más objetiva de las habilidades humanas.

En contraste, la investigación que apoya una concepción socio–psicolingüística ha sido conducida en las escuelas y otros ambientes donde los maestros investigadores pueden sentarse y escuchar leer a sus estudiantes. En un experimento inicial, Goodman (1965) hizo que los niños, en diferentes niveles de grados, leyeran una lista de palabras y luego un cuento que contenía esas mismas palabras. El encontró que aún los niños de 1er grado pudieron leer alrededor de 2/3 de las palabras dentro del cuento, las mismas que habían dejado de leer en la lista. Este estudio de Goodman ha sido aplicado tanto en español como en inglés. Los resultados destacan el hecho de que la lectura no tiene que ver esencialmente con las palabras. Como dice Goodman, "Eventualmente yo creo que cuando enseñamos la lectura debemos abandonar nuestra concentración en las palabras y desarrollar una teoría y una metodología de la lectura que estén enfocadas hacia el ámbito al cual ellas pertenecen: el lenguaje" (p. 642).

Si la lectura no es un proceso preciso de identificación de palabras, entonces, ¿qué es? Goodman (1967) la llama "un juego psicolingüístico de adivinanzas". Más que algo exacto, la lectura involucra un procesamiento de información tentativo y la adivinanza no es completamente al azar. Solamente llamamos adivinanza a algo si tenemos alguna información, pero no toda la que necesitamos. Los lectores cuando leen, tratan de darle sentido a los textos mediante el uso de diversas claves lingüísticas. Algunas veces ellos pasan por alto una clave o son engañados por otra, lo que los lleva a producir respuestas que Goodman llama "desaciertos" (*miscues*) y no errores, "con el fin de evitar implicaciones de valor" (p. 34).

Análisis de los desaciertos (miscue analysis)   Este análisis fue desarrollado por Goodman a comienzos de los años sesenta. El observó que la mayoría de las mediciones utilizadas en la lectura eran indirectas. Estas mediciones a menudo lo que hacen es comparar aquello que los estudiantes saben antes de la lectura, con lo que aprenden después de la lectura. Por ejemplo, una prueba sobre un texto particular podría primero evaluar el conocimiento previo de los estudiantes acerca del tema, su conocimiento del vocabulario, o sus destrezas fónicas (*phonics skills*). Después de leer, los estudiantes podrían ser evaluados sobre lo que entienden y recuerdan. Esta es una medición de su comprensión. Sin embargo, estas pruebas de comprensión son siempre indirectas. Goodman quiso desarrollar una medición más directa de la lectura que revelara cómo está ocurre la comprensión a medida que los lectores leen, en vez de medir simplemente lo que ellos han comprendido después de la lectura. El argumentaba que si queremos diseñar clases para ayudar a los estudiantes a convertirse en lectores eficientes, tenemos entonces que encontrar la manera de evaluar los procesos reales que ocurren cuando ellos leen. Con el objeto de lograr esto diseñó y desarrolló el analisis de los desaciertos.

En este análisis, a los lectores se les da a leer un cuento o un artículo completo y esta lectura es grabada y analizada. Posteriormente, el lector relee el cuento o artículo. Los datos del análisis de los desaciertos constituyen la base de investigación en la que se apoya el enfoque socio-psicolingüístico de la lectura. Los desaciertos, o respuestas inesperadas al texto, ayudan a demostrar cómo el lector está intentando darle sentido al texto. Cuando el lector omite una palabra, sustituye una palabra por otra o inserta una nueva palabra, es cuando nosotros realmente podemos empezar a entender las claves que este lector está utilizando. Como Goodman (1967) dice: "las respuestas esperadas indican el proceso de logro, pero sus respuestas inesperadas han sido alcanzadas a través del mismo proceso, aunque hayan sido aplicadas con menos éxito. Las maneras en las cuales ellas se desvían de lo esperado revelan este proceso" (p. 127).

En otras palabras, cuando los lectores producen las palabras que esperamos, no podemos realmente decir cómo lo hicieron. Pero cuando los lectores producen respuestas inesperadas, obtenemos importantes señales sobre lo que están haciendo cuando leen. Por ejemplo, en inglés un pequeño lector sustituyó las palabras *went* (iba) y *suit* (traje) por *wants* (quiere) y *set* (puesta o caída) en la siguiente oración:

wants   set

Jack Jones always went around in overalls or a sun suit.

Traducción:

Jack Jones siempre iba por allí en pantalones de mecánico o en ropa ligera.

¿Qué nos indican estos desaciertos? Por un lado, el lector usó claves auditivas o visuales. Tanto la palabra *wants* como *set* se parecen y suenan como *went* y *suit*; por otro lado, el lector utilizó la información sintáctica al cambiar un verbo *went* (ir) por otro *want* (querer) y al sustituir un sustantivo como *suit* (traje) por otro como *set* (puesta o caída de sol). También agregó una *s* a la palabra *want* para hacerla concordar con el sujeto en tercera persona del singular. El lector utilizó además la información semántica ya que sabía que las palabras *sun* y *set* van juntas en muchas ocasiones (*sunset—caída o puesta del sol*). A pesar de su esfuerzo para la utilización de las claves lingüísticas, el lector no demuestra énfasis en la búsqueda del significado. Él no corrige sus desaciertos y por ello resulta una oración que no suena como en inglés y tampoco tiene ningún sentido. Por supuesto, no podemos evaluar esta lectura basándonos en una sola oración con dos desaciertos, ya que para realizar el análisis de desaciertos los estudiantes deben leer un texto completo a fin de que los investigadores puedan encontrar un patrón general en los datos arrojados por la lectura de los desaciertos.

Los lectores cometen desaciertos en todos los idiomas. Algunos investigadores como Barrera (1981) y Hudelson (1981), han conducido estudios sobre los desaciertos en español y en los mismos encontraron que los lectores hicieron desaciertos como los siguientes:

tus

Gracias, Pedro, pero no quiero sus zapatos

© la

Mientras comía y fregaba los . . .

En la primera oración este lector, al igual que el anterior, sin duda utilizó claves visuales y/o auditivas. *Tus* se parece y suena como *sus*. El lector también utilizó información sintáctica, al sustituir un posesivo por otro. De hecho, el lector demostró tener un buen conocimiento del sistema semántico/pragmático al sustituir la expresión formal *sus*, por la forma familiar *tus*. Esta sustitución es lógica en la oración y por eso el lector no la corrige por cuanto esta forma familiar tiene más sentido al tratarse de una discusión sobre el hecho de pedir prestado los zapatos a alguien. Además, el que habla llama a la persona por su nombre de pila, Pedro, algo que también indicaría familiaridad.

La sustitución de y por *la* en la segunda oración demuestra que el lector estaba atendiendo más al significado que a la información visual o auditiva. Él utilizó información sintáctica para predecir que un nombre le seguiría a *comía* para referirse a algo que se estaba comiendo. Cuando lo que ocurrió fue un verbo en lugar de un nombre, el lector se regresó y corrigió lo que demuestra de nuevo que estaba atendiendo al significado.

Crowell (1995), una maestra/investigadora bilingüe, explica cómo el análisis de los desaciertos le permitió descubrir lo que sus estudiantes "sabían acerca de la lectura y los textos, y cuáles estrategias de lectura necesitaban aprender a usar más efectivamente" (p. 32). Dos ejemplos de uno de sus estudiantes hispanohablantes leyendo *Los animales de Don Vicencio* (Crowley, 1987) son bastante reveladores:

    la vaca
-Muu, muu- le canta la vaca a la luna.

-Cui, cui- le canta el cerdo a la luna.

Crowell explica que en el primer ejemplo la lectora se apoyó mucho en las claves que ofrecían las ilustraciones en el libro y en las primeras palabras de la página, es decir, los sonidos que hace la vaca, para predecir que el texto que le seguía a *muu, muu* sería *la vaca*. Crowell señala que ella, "no se autocorrigió en esta página, pero sí leyó *canta* correctamente en la próxima página y de allí en adelante" (p. 33). En el segundo ejemplo la lectora no se autocorrige pero sí sustituye finalmente la palabra *cerdo* por la palabra *marrano*, apoyándose en las claves de las ilustraciones y en su propio conocimiento previo. Debido a que esta lectora se apoyó demasiado en las claves que ofrecían los dibujos, Crowell la ayudó preparándole lecciones basadas en estrategias dirigidas a la integración de todos los sistemas de claves. (Más adelante en este capítulo hablaremos de estas lecciones sobre las diversas estrategias para los le tores.)

Como indican estos ejemplos, nuestro idioma está lleno de claves. Muy pocas veces nos percatamos de cuan redundante es nuestra lengua; esta redundancia nos va a permitir elaborar predicciones todo el tiempo mientras leemos. Predecimos a niveles más inmediatos o locales (micro nivel) y a niveles más globales (macro nivel). Es decir, estamos constantemente adivinando qué letras vienen en una palabra, qué palabra sigue a la que estamos leyendo, dónde está el encabezamiento de la oración y lo que significa el texto completo. Esto es justamente lo que estaban haciendo los lectores cuyos desaciertos acabamos de analizar.

Nos apoyamos en diferentes tipos de información para hacer nuestras predicciones. Por ejemplo, Smith (1971) ha señalado que la última línea en una página podría decir:

The captain ordered the mate to drop the an–

El capitán ordenó al oficial dejar caer el an–

En este caso, podríamos tener por lo menos cuatro maneras de reducir la incertidumbre y llegar al significado: en primer lugar, podríamos usar la información visual y simplemente dar vuelta a la página y ver cómo termina la última palabra. Esto es lo que normalmente se conoce como *leer*. Antes de voltear la página, ya estamos haciendo predicciones acerca de lo que vamos a ver cuando realmente leamos el resto de la palabra. En el nivel micro, usamos la información ortográfica que conocemos a fin de hacer nuestra predicción. Sabemos que es poco probable que la letra que viene sea *b, f, h, j, m, p, q, r, w,* ó *z* porque la combinación de estas letras con la sílaba *an*, no produciría palabras comunes en inglés. En tercer lugar, podríamos basar nuestra predicción en la información sintáctica (gramatical). Sabemos que es probable que la palabra sea un adjetivo o un nombre porque después del artículo *the* resulta imposible que le sigan otras palabras como artículos, conjunciones, verbos y preposiciones. Por último, a un nivel macro podríamos usar la información semántica. Si seguimos pensando en nombres o adjetivos podemos continuar descartando palabras con la sílaba *an* más una de las letras que no haya sido eliminada por la información ortográfica (*b, f, h* . . .). Esto dejaría por fuera palabras como *answer* (respuesta), *anagram* (anagrama) y *antibody* (anticuerpo) porque nuestro conocimiento del mundo nos dice que estas no son las cosas que normalmente los capitanes les piden dejar caer a los oficiales.

Ahora veamos un ejemplo en español para demostrar la misma idea. Aunque resulta muy poco probable que un editor o casa editora separe la última palabra de una página, imaginemos que la siguiente oración quedó al final de la página:

Todos los animales necesitan oxígeno para res–

Al igual que en el ejemplo que dimos en inglés los lectores podrían tener cuatro maneras de reducir la incertidumbre acerca de la última palabra.

Podrían simplemente dar vuelta a la página y usar la información visual para ver cómo termina la palabra. Recordemos que aun antes de voltear la página, ya estamos haciendo predicciones acerca de lo que vamos a ver cuando realmente leamos el resto de la palabra. A nivel micro, usamos nuestro conocimiento de los patrones normales de ortografía en español para eliminar letras que no tienen posibilidad de ir después de la sílaba *res–* . A menos que los lectores puedan pensar en palabras muy extrañas e inusuales, las letras *d, h, j, k, l, r, s, v, w, x, y* , y *z* no tienen posibilidad de ir después de la silaba *res–* . En el nivel sintáctico sabemos que hay mayor posibilidad de que sea un nombre o un verbo y menor probabilidad de que sea un adjetivo o un adverbio. No sería posible que la palabra fuera una conjunción, preposición o artículo porque ninguno de éstos se escriben comenzando con *res* (razones ortográficas) y tampoco vendrían después de *para* (razones sintácticas). A un nivel macro, podríamos usar la información semántica. Si pensamos solamente en sustantivos o verbos eliminaríamos *rescate, resecar, respeto, resplandor, resfriado, restar* y *residencia*, para solo nombrar unos pocos, ya que ninguno de ellos tiene sentido cuando se está hablando de por qué los animales necesitan oxígeno. De hecho, los hispanohablantes notarían que, aunque un verbo o un sustantivo encaje dentro de la oración, es sólo un verbo lo que podría tener sentido.

Ustedes se preguntarán entonces, "¿Por qué pasar por todo esto? ¿Por qué no mirar simplemente el resto de la palabra? ¿No sería esto más fácil?" Pareciera más fácil, pero no es más eficiente. Mientras más cuidadosamente tengamos que mirar una palabra más lenta será nuestra lectura, y, si leemos demasiado lento nuestra memoria a corto plazo se sobrecarga y terminamos sabiendo las palabras, pero perdiendo el sentido de lo que leemos. Los buenos lectores terminan haciendo uso de toda la información disponible para elaborar sus predicciones y utilizan sólo la suficiente información visual que necesitan para confirmar esas predicciones. El uso de todas las claves redundantes que ofrece el lenguaje resulta particularmente útil a los lectores para quienes la información visual o auditiva no es suficiente. Algunos de los estudiantes de Alicia pudieran no reconocer la palabra *respirar* en la oración de arriba, y podrían tener problemas para leerla en voz alta. El hecho de tener que pasar por el proceso de leer la palabra en voz alta, ciertamente haría más lento el proceso y les causaría la pérdida del significado.

El uso de los sistemas de claves durante la lectura   Como lo demuestran los ejemplos, los lectores usan claves de diferentes fuentes para confirmar sus predicciones. Como un resultado de sus investigaciones en el análisis de los desaciertos, Goodman (1996) identificó tres tipos de claves: grafofónicas, léxico–sintácticas y semántico–pragmáticas.

Invitamos a los lectores que manejan el idioma inglés a tratar de leer el siguiente texto en voz alta:

> Arn tib a phev was larzing two sleks. Ambily, ek plobbed one. "Blars!" ek gliffed. "O hwez to glif sleks. Ern are avily quinzy. O will larz aloftil slek. O grun to larz sleks."

¿Les fue posible leer el cuento? Por lo menos, quizás pudieron decir las palabras (aunque no pudieran reconocer algunas). Para pronunciarlas usaron su conocimiento grafofónico, es decir, el conocimiento de la ortografía (el sistema de escritura), el conocimiento fonológico (el sistema de los sonidos), y el fónico (las relaciones entre los patrones de las letras y los patrones de los sonidos). Por ejemplo, pudieran haber dudado al leer *phev* porque sabían que había algo que no encajaba dentro de la oración ya que las convenciones del inglés no permiten palabras terminadas en *v*. Otra palabra que pudiera haber causado problemas era *hwez*. Por cuanto el patrón de ortografía *hw* resulta poco familiar aun cuando realmente pronunciemos una *h* antes de la *w* en palabras como *when* o *where*.

El conocimiento fonológico les permitió pronunciar la *ed* de *plobbed* como un sonido de *d* y luego la *ed* de *gliffed* como un sonido de *t*. La *s* de *sleks* es pronunciada como *s*, pero en cambio la que aparece en *Blars* tiene sonido de *z*. La mayor parte de este conocimiento es subconsciente; es algo que se ha adquirido a través de la lectura y el lenguaje oral. No se trata de un conjunto de reglas que necesitan ser aprendidas antes de hablar o leer, como tampoco se trata de una causa, sino más bien de un efecto. Si se pide a otras personas que lean este mismo texto, encontraremos que hay coincidencias en cuanto a la pronunciación de estas palabras inventadas y esto sucede porque todos ellos están operando bajo las mismas convenciones sociales de la fonología, la ortografía y la fónica (phonics).

La persona que leyó el texto en voz alta esas personas no sólo en las claves grafofónicas sino también en las claves sintácticas que ofrece el texto. Por ejemplo, probablemente pudo predecir que después de *a* en la primera línea vendría un sustantivo, y después de *was* vendría un verbo; incluso pudiera haber llegado a decidir que *ek* era un pronombre que se refiere a *phev*. El hecho de haber pensado realmente en los sustantivos, verbos y pronombres, no es tan importante como haber predicho el patrón de los nombres y los verbos en base al conocimiento intuitivo de la sintaxis del inglés. Así, esta persona probablemente buscó un patrón que comenzara con un sustantivo que hace las veces de sujeto, luego, un verbo que actúa como predicado y finaliza con otro nombre que sirve de objeto directo.

Si el texto estuviese en español, los lectores esperarían el mismo patrón básico aunque no se sorprenderían al encontrar una oración comenzando con un verbo ya que en español los sujetos quedan marcados a través de las formas verbales. Por ejemplo, en la oración: "*Vino desde muy lejos para comenzar una nueva vida,*" el sujeto (él o ella) está sobreentendido y por lo tanto el lector no tiene necesidad de verlo representado en la oración para poder entender. El conocimiento de los patrones sintácticos es lo que ayuda a predecir a medida que se va leyendo.

Mientras que algunas palabras en el texto en inglés, no tienen ningún sentido, otras como *a* y *was* (*un* o *una* y *estaba*) sí son palabras que realmente existen en inglés. Estas son palabras funcionales que señalan los patrones sintácticos y por ello, aun cuando el texto pudiera no tener sentido, sí suena como algo en inglés y sigue el típico patrón sintáctico del inglés.

El tercer sistema de claves es el semántico–pragmático. El semántico se refiere al significado de las palabras pero también incluye el conocimiento de las palabras que puedan ir juntas en un contexto determinado. En un cuento sobre deportes, si uno lee la palabra *baseball*, puede predecir otras palabras como *player* (jugador), *base* (base) o *run* (carrera). El sistema pragmático implica el conocimiento que tenemos del mundo. Al leer ese mismo cuento, también nos podemos apoyar en el conocimiento que tenemos acerca del béisbol y la manera cómo se juega. El sistema pragmático de igual manera se refiere al tono con que se habla en el cuento. ¿Está actuando el escritor de manera sarcástica, humorística o seria? Este conocimiento también nos va a ayudar a hacer predicciones y a construir significados cuando leemos.

En vista de que las palabras de contenido en el texto anterior, es decir, los sustantivos, verbos, adjetivos y adverbios, son todas palabras sin sentido, resulta entonces más difícil acceder al conocimiento semántico o pragmático. Podríamos hacer uso de sólo dos de los tres sistemas de claves. El significado constituye el centro de la lectura y sin el sistema semántico–pragmático, lo único que podemos hacer es lo que Goodman (1996) llama "recodificar". Cuando decodificamos llegamos al significado, pero cuando recodificamos, simplemente cambiamos un código por otro. En este caso, cambiamos el código escrito por el código oral, pero esto lo hacemos sin llegar al significado.

Los estudiantes en muchas clases como la de Alicia llegan a creer que la lectura es recodificar. Ellos pronuncian las palabras pero pierden el sentido de lo que leen. Esto puede ser difícil de creer, pero trate usted de hacer el siguiente ejercicio que consiste en preguntas de comprensión sobre el texto anterior. Vea si usted puede responderlas.

1. What was the phev larzing arn tib?
2. What did the phev do?
3. Are sleks avily quinzy?
4. What will the phev do?
5. What does the phev grun?

Muchas personas pueden realmente dar respuestas completas a estas preguntas. Por ejemplo, si vuelven a leer el cuento pueden perfectamente responder que "The phev was larzing a slek arn tib" aunque las palabras no tengan sentido. Para alquien que hable este extraño idioma, estas respuestan van a sonarle bien. Al responder de la misma manera usted puede obtener 100% en la prueba de comprensión. Sin embargo, usted está consciente de no haber entendido nada. El peligro está en que los niños pueden algunas veces engañarnos (y engañarse a sí mismos) si siguen este mismo procedimiento. Ellos pueden aparentar que comprenden cuando realmente no ha habido ninguna comprensión. Si la lectura es un proceso de construcción de significado, entonces cuando los niños simplemente recodifican los textos ellos no están realmente leyendo.

La construcción del significado durante la lectura   La lectura y la escritura son procesos interrelacionados, pero no existe una correspondencia directa entre lo que está en el cerebro del escritor y lo que termina en la mente del lector. El proceso, de acuerdo con Goodman (1984), funciona más o menos así: el escritor tiene ciertas experiencias e ideas que conducen a la formación de un texto mental; estas ideas y experiencias (incluyendo las lecturas previas y las conversaciones con otras personas) limitan el potencial creativo del escritor. Un escritor sólo puede generar una cierta extensión de significados en un momento determinado y puede entonces decidir escoger la construcción de un texto físico. Cuando escribe recibe influencia de una serie de factores: la audiencia, el propósito para escribir, la información previa, y otros. A medida que va escribiendo borradores, habla con otras personas, y revisa lo que escribe; sus ideas iniciales pueden cambiar. De esta manera, el texto mental del escritor cambia durante el proceso de la escritura y sus invenciones individuales se ven modificadas por las convenciones sociales.

Cuando decidimos escribir este libro, después de haber trabajado con maestros bilingües en los Estados Unidos y después de haber enseñado y trabajado en escuelas de Venezuela, nuestro trabajo en ambos países nos convenció de que sería útil compartir con otros educadores ideas acerca de la enseñanza de la lectura en español desde una perspectiva socio–psicolingüística. Una vez que decidimos escribir el libro hubo muchas otras consideraciones como la manera de organizar el libro, los contenidos útiles que debían incluirse, la audiencia para la cual iba a ser escrito y la longitud del mismo. Cuando nosotros escribimos juntos y revisamos cuidadosamente lo que cada uno escribe para llegar a la versión final, hay siempre reorganización, cambio de ideas, y añadidos de ejemplos. Por supuesto, este proceso ocurre también cuando uno escribe solo. Aún con la edición (versión final) y los cambios que hacemos, lo que está en nuestras mentes cuando escribimos nunca queda perfectamente expresado en la página.

El texto físico que el escritor produce refleja las ideas y experiencias del escritor, así como también el contexto de la escritura. Este texto tiene un *potencial de significado* pero no un significado en sí mismo. No hay significado en las marcas negras sobre la página, pero el lector puede darles significado (así lo esperamos). Si tres personas leen esta página, pueden perfectamente construir significados bastante diferentes; sin embargo, ellas no podrán construir cualquier significado porque el texto limita los posibles significados que puedan construirse razonablemente. Por ejemplo, este texto no es un reportaje sobre un juego de baseball o la historia de la vida de John Kennedy. Es posible que los lectores no estén de acuerdo con lo que estamos diciendo acerca de la lectura y la escritura, pero es poco probable que ellos vayan a salir con la idea de que nosotros estamos escribiendo acerca de cómo coleccionar mariposas. Lo que queremos decir cuando hablamos de *potencial de significado* es que existen límites.

Los lectores leen con determinados propósitos; también tienen ciertas ideas y experiencias que limitan los significados que cualquier lector puede construir a través de las transacciones con un texto determinado. Podemos obtener nuevas ideas durante la lectura a través de un proceso de asimilación y acomodación. Sin embargo, este proceso presupone que las ideas presentadas en el texto puedan estar relacionadas con las experiencias que el lector ha tenido o las ideas que el lector ha considerado. Como Freire (1987) lo expresa, debemos leer el mundo antes de que podamos leer la palabra. Sin ciertos tipos de experiencias previas, algunos libros simplemente no tienen sentido. Este libro es fácil de leer para aquellas personas que han tenido experiencias con la enseñanza de la lectura en las aulas bilingües. Aquellas otras que tienen planes para enseñar en esos mismos ambientes o incluso maestros que no trabajan en educación bilingüe como en el caso de hispanoamérica, pueden también encontrarle sentido al texto porque ellas han tenido experiencias en la enseñanza de la lectura, o han leído o conversado con otras personas acerca de cómo aprenden los niños a leer y a escribir. En consecuoncia, tienen el trasfondo que les ayuda a desarrollar los significados potenciales en el texto.

Goodman (1987; 1996) explica que la lectura y la escritura involucran tanto la invención como la convención. Cuando los lectores leen, inventan un significado; esta invención es el resultado de un proceso psicolingüístico individual y cuando ellos se reunen a fin de discutir su lectura, cambian sus percepciones y su comprensión a la luz de lo que los demás señalan. Este es un proceso social que reacomoda lo comprendido para que encaje con lo que los demás han entendido. Es decir, las invenciones individuales son modeladas por la comprensión social convencional; tanto la invención como la convención son cruciales para el desarrollo de lectores eficientes. Si la invención es suprimida, los lectores nunca llegan a elaborar sus propios significados en relación con un texto. Más bien, lo que hacen a menudo es enfocar su atención en la pronunciación correcta de las palabras, lo cual determina que la lectura pierda su valor. Por otra parte, si las convenciones sociales son ignoradas, los lectores construyen significados que no pueden compartir eficientemente con los demás, y esto también contribuye a que ellos desvaloricen la lectura.

La teoría de la lectura de Goodman   Las ideas obtenidas a través de sus investigaciones en el análisis de los desaciertos, le han permitido a Goodman (1996) desarrollar su modelo socio–psicolingüístico de la lectura. Él argumenta que la lectura es un ejemplo de uso del lenguaje. El habla también sería otro ejemplo de ello. En ambos casos, intervienen factores lingüísticos, psicológicos y sociales. Los lectores utilizan claves lingüísticas del texto, sus conocimientos previos y el contexto social para poder leer y construir significados. El proceso involucra varios pasos: primero, los lectores deben reconocer que lo que tienen frente a ellos es algo para leer y así fijarse un propósito. En segundo lugar, revisan el texto y seleccionan las claves; realizan inferencias (completan lo que el escritor dejó por fuera), predicen lo que vendrá después, revisan de nuevo para confirmar o descartar esas predicciones, corrigen cuando es necesario, e integran el nuevo conocimiento con lo que ya se conoce. El proceso es cíclico, no es exacto. Es realmente un juego de adivinanzas, pero funciona porque el lenguaje es redundante. Los textos ofrecen muchas claves, de manera que si los lectores pierden algo la primera vez, ellos tienen unas segundas y terceras oportunidades, siempre y cuando dirijan su atención hacia el significado y hagan uso de todas las claves disponibles.

¿Cómo podemos ver en acción el proceso de la lectura? Consideremos la lectura que hizo Celia del libro *Las gallinas no son las únicas* (Heller, 1990). Antes de leer, ella mostró el libro a los niños con el propósito de que discutieran sobre su posible contenido. Leyeron el título y miraron algunas de las ilustraciones. Cuando Celia empezó a leer, no tuvo que decirles que el libro se trataba de animales que comen diferente comida, viven en diferentes lugares y en fin, lucen bastante diferentes. Las ilustraciones, las palabras, y el conocimiento acerca del mundo que tenían sus estudiantes, todo ello, les ayudó a inferir esa información. A medida que escuchaban y leían con Celia, pudieron hacer uso del patrón que ofrecía el texto para predecir que algunos otros animales ovíparos e insectos iban a ser discutidos en el libro.

Los lectores confirman o no sus predicciones cuando leen. Por ejemplo, en una página hay ilustraciones de serpientes y lagartos y el texto dice: "Las gallinas no son las únicas. Casi todas las serpientes y los lagartos ponen huevos". Si Celia hubiese leído *sirvientas* por *serpientes*, tanto los niños como ella lo hubiesen notado. Aunque las palabras *sirvientas* y *serpientes* se parecen y aun cuando ambas son sustantivos, Celia se hubiese apoyado en la información proveniente del sistema semántico y se hubiese autocorregido. Esta sustitución se parece y suena como la palabra del texto y también encaja dentro del patrón de la oración porque se trata de un sustantivo, pero no tiene sentido.

La integración, el último paso del proceso de la lectura, opera en ambos niveles, el micro y el macro. A nivel micro, Celia integra el significado de una palabra como *serpientes* con las otras palabras en la oración, como la palabra *lagartos*. A nivel macro, integra la información de la oración con las ideas provenientes de otras oraciones en el texto, y finalmente, después de haber leído y en el momento de la discusión, entre todos integran el nuevo conocimiento de los contenidos con los conocimientos que ya poseían en torno a la reproducción de los animales. El hecho de que Celia lea a y con sus estudiantes, y permita que todos conversen acerca de los libros, les va a permitir la construcción de significados a partir de los textos. Alicia por su parte, utiliza un enfoque que atiende menos a la construcción del significado y más hacia la lectura correcta de las palabras. Como resultado, sus estudiantes algunas veces pasan por alto las claves de que disponen en el texto y fracasan en la obtención del significado.

Transacciones durante la lectura y la escritura   Durante el proceso de la lectura, los lectores construyen un texto mental. En la configuración final de éste interviene el potencial de significado del texto escrito y el conocimiento dado por la experiencia del lector. Los lectores pueden llegar a discutir su lectura con otras personas y así mismo pueden releer el texto.

Al hacer esto, es posible que le otorguen una nueva forma a sus invenciones individuales a fin de que éstas se adapten más a los significados aceptados socialmente—las convenciones—creados por otros. Como ya lo señalamos anteriormente, el lector y el texto mental que él construye sufren cambios que ocurren tanto durante el proceso de la lectura como cuando conversan en torno a lo leído. Además, el lector en un futuro puede regresar al texto en cualquier momento y construir un nuevo texto mental. El significado que esta vez construye será diferente porque él ha experimentado cambios como resultado de su lectura y de su conversación con otras personas.

Debido a que la lectura contribuye a que los lectores cambien, el proceso ha sido denominado una *transacción*. La primera en desarrollar esta idea fue Rosenblatt (1978) quien destacaba que el significado no se encuentra simplemente en un texto o en la mente de un lector sino que el mismo es creado durante el proceso de la lectura. Tanto el texto como el lector contribuyen al significado y por eso fue que Rosenblatt usó el término transacción para distinguirlo de la interacción. Cuando los lectores interactúan con los textos, ellos no cambian. Pero durante las transacciones, tanto el lector como el texto mental que construye cambian durante ese proceso de leer y luego hablar acerca de lo leído. Por esta razón es que los maestros como Celia les dan a sus estudiantes tiempo para leer y para hablar sobre lo que han leído.

En resumen, desde una perspectiva socio–psicolingüística un escritor posee un cierto potencial para construir el significado. Los escritores seleccionan las ideas de su cerebro y crean un texto. El texto (las palabras escritas en la página), tiene un cierto potencial de significado y los lectores, también poseen cierto potencial para construir el significado basado en factores como, su experiencia previa, su propósito y el texto mismo. A través de las transacciones con el texto, los lectores construyen significados. El cuadro de la Figura 2–3 resume cómo los lectores y los escritores se encuentran involucrados en la construcción del significado.

La perspectiva socio–psicolingüística de la lectura considera que el significado no se encuentra en el escritor, el texto o el lector sino que más bien es construído y reconstruído en el proceso de la lectura y la escritura, y durante estos procesos, los lectores y los escritores sufren cambios. Esta visión de la lectura es personal y social ya que los lectores dan nueva forma a sus invenciones individuales (sus significados) en respuesta a las convenciones sociales (lo que otros dicen). También esta perspectiva toma en cuenta el conocimiento de la lingüística y la psicología. Se puede

Los escritores	Los lectores
tienen ciertas ideas/experiencias que forman un texto mental	tienen ciertas ideas/experiencias
pasan por el proceso de crear un borrador, hablar o compartir con alguien sus ideas y luego revisarlo para crear un texto físico	pasan por el proceso de iniciación, muestreo, inferencia, predicción, confirmación e integración a medida que realizan transacciones con el texto físico
cambian el texto mental durante el proceso de la escritura	construyen un texto mental que se puede revisar mediante conversaciones con otros o al releer el texto

FIGURA 2–3: Cómo construyen significados los escritores yòs lectores

afirmar catagóricamente que la misma constituye una visión universal del proceso de la lectura que puede aplicarse a todos los idiomas y no solamente al inglés o al español.

Por otra parte, esta teoría socio–psicolingüística de la lectura se basa en los datos obtenidos mediante el análisis de los desaciertos el cual examina la lectura en el momento preciso en que ésta se realiza. Este análisis de los desaciertos se ha efectuado en diferentes idiomas, incluyendo idiomas no alfabéticos como el chino. La conclusión es que todos los lectores construyen significados de la misma manera, utilizando la información que proviene de los sistemas grafofónicos, sintácticos y semánticos de su propia lengua. Como el mismo Goodman (1984) lo expresa, "Aunque los procesos del lenguaje escrito parecen variar notablemente cuando se usan en diversas funciones y contextos, en realidad la lectura y la escritura son procesos psicolingüísticos, unitarios" (p. 81). Si el proceso de la lectura es el mismo para todos los idiomas, entonces la manera de enseñar la lectura también debería ser la misma.

Implicaciones para la enseñanza

Las dos concepciones de la lectura que acabamos de presentar conducen a dos enfoques diferentes para su enseñanza. Alicia desarrolla su programa de lectura de manera muy distinta a Celia porque tiene una visión opuesta a ella con respecto a lo que significa la proficiencia en la lectura y la enseñanza de la misma. Ambas maestras quieren que sus estudiantes comprendan lo que leen. Sin embargo, como ellas operan con teorías divergentes acerca de la lectura, conducen a sus estudiantes de manera diferente hacia el proceso de comprensión.

La clase de Alicia

Los maestros como Alicia piensan que sus estudiantes deben primero reconocer las palabras para poder comprender un texto. De acuerdo con esta visión la proficiencia en la lectura se compone de dos elementos: la precisión y la fluidez. Por esta razón es que Alicia escucha a sus estudiantes leer en pequeños grupos, ya que su interés principal es que la lectura se efectúe de una manera bastante rápida, con una buena expresión y con pocos o ningún error. De hecho, ella considera que los errores son una muestra de deficiencias en la lectura y trata de ayudar a sus estudiantes a evitarlos. En esta clase, un buen lector es aquél que lee correctamente en forma oral porque la lectura es una actuación oral; Alicia evalúa la lectura de sus estudiantes tomando como base su buen desempeño cuando leen en los pequeños grupos.

La enseñanza consiste fundamentalmente en el diseño de clases para ayudar a los estudiantes a identificar palabras usando el conocimiento de lo fónico o teniendo acceso a un banco de palabras que se pueden reconocer a simple vista. Ella enseña fónica (phonics) a toda la clase y, cuando leen, los induce a que pronuncien en voz alta las palabras que no conocen y les corrige los errores. Mientras algunos de los estudiantes leen con Alicia, otros completan hojas de ejercicios de variados tipos, incluyendo ejercicios fónicos, los cuales corresponden a los que aparecen en las pruebas que usa la escuela. Por esta razón, los estudiantes de Alicia resultan exitosos en estas pruebas. Sin embargo, se puede observar que las puntuaciones en estas pruebas bajan a menudo cuando ellos alcanzan los grados intermedios porque las preguntas están más dirigidas hacia la comprensión que hacia lo fónico.

Otros maestros en la escuela no usan tanto la fónica (phonics) como Alicia, pero aun así, consideran que la lectura es un reconocimiento de palabras y por ello ponen un mayor énfasis en ayudar a sus estudiantes a desarrollar estrategias visuales; esperan que ellos conozcan las palabras sólo al verlas o a veces, también pueden pedirles que confeccionen y mantengan una lista de las palabras que conocen. En algunos casos, trabajando con pequeños grupos, usan tarjetas que contienen las palabras que se reconocen a simple vista para ayudar a los estudiantes a reforzar el aprendizaje de estas palabras.

El programa de Alicia parece combinar la enseñanza de la fónica (phonics) con la instrucción de las palabras que se reconocen al verlas. Su programa encaja dentro del programa de lectura seriado (basal program) que desarrollan en la escuela; entre las actividades que se sugieren en la guía del maestro se encuentran las hojas de ejercicios fónicos y los ejercicios de vocabulario y palabras que se reconocen a simple vista. Los maestros como Alicia se apoyan fuertemente en esta guía para estimular a los estudiantes a usar sólo las claves de los sonidos y las claves visuales como soporte en el reconocimiento de las palabras.

Alicia y otros maestros quienes consideran que la lectura es un reconocimiento de palabras aspiran a que sus estudiantes lean sin cometer errores. Cuando se cometen errores, intervienen para proporcionarles instrucción directa en las destrezas donde supuestamente sus estudiantes están fallando. También refieren los niños a especialistas con el objeto de que éstos les brinden ayuda adicional en forma de programas de intervención temprana.

La clase de Celia

Celia comparte un objetivo común con Alicia: la comprensión de la lectura por parte de sus estudiantes. En vista de que para ella la lectura es una construcción de significados no puede, realmente, hablar de lectura dejando por fuera la comprensión. Además, Celia se propone como objetivo adicional el desarrollo del amor hacia la lectura.

En su programa de lectura y de lenguaje (lectura, escritura, gramática, literatura y todo lo relacionado con la enseñanza del lenguaje), Celia permanentemente usa como referencias la lista de *Las preguntas para verificar si la enseñanza de la lectura es efectiva* y la de las *Características de los textos que apoyan la lectura,* para la selección de los materiales de lectura. Especialmente cuando se trata de materiales en español, Celia toma en cuenta si los libros fueron escritos originalmente en ese idioma o fueron traducidos del inglés. En este último caso, ella revisa cuidadosamente los libros para determinar si la traducción es buena y, en algunos casos, escoge libros originalmente escritos en inglés por autores latinos como Gary Soto y Alma Flor Ada quienes escriben acerca de temas familiares para los niños latinos que han crecido en los Estados Unidos. En atención a que algunos de los estudiantes nacieron en diversas partes de Latinoamérica y otros en los Estados Unidos, provenientes de familias latinas, Celia escoge una variedad de libros relacionados con las experiencias de los niños y de acuerdo a sus diferentes niveles de proficiencia en la lectura.

También es importante mencionar que los estudiantes de Celia dedican gran parte de su tiempo a la lectura silenciosa; ella se ha dado cuenta que cuando realizan la lectura oral algunos niños se fastidian si el ritmo es muy lento pero, si éste es rápido, otros se frustran al no poder alcanzar el nivel de los más avanzados. Celia también, esta maestra reconoce la importancia de ayudar a sus estudiantes a escoger de lo que van a leer, en consecuencia, mantiene en su salón de clases una gran variedad de libros en inglés y en español y regularmente acude con los niños a la biblioteca. En el aula también funciona un centro que permite a los niños escuchar cuentos a través de unos audífonos mientras los leen. Usualmente, cuando llega la hora de leer, Celia les ofrece por lo menos tres libros para escoger: uno de mayor dificultad, otro más o menos fácil y el último a nivel del estudiante. Las maestras como Celia reconocen que la única manera de lograr que los estudiantes desarrollen el amor por la lectura, es proporcionándoles experiencias con una gran variedad de libros que representen también diversos grados de dificultad.

La proficiencia en la lectura

Celia ha entendido que los lectores construyen significados cuando realizan transacciones con los textos utilizando los tres sistemas de claves. Alicia por su parte, entiende la proficiencia en la lectura como una combinación de precisión y fluidez. Celia adopta un enfoque diferente. Para ella, un lector proficiente es aquel que es efectivo y eficiente. El lector efectivo es el que hace uso balanceado de las claves provenientes de los tres sistemas. Ella observa que a veces algunos estudiantes se apoyan demasiado en un solo sistema de claves, por lo general el grafofónico, y pasan por alto las otras claves. Esto hace que la lectura sea lenta, que los lectores se concentren demasiado en las palabras y en consecuencia, terminen descuidando la construcción del significado.

Los lectores eficientes son los que hacen uso del menor número de claves posibles para obtener el significado. Si sus predicciones fallan, y el texto no tiene sentido, retroceden y buscan claves adicionales, pero en cambio, si están comprendiendo el texto, la lectura es más rápida. Estos lectores saben que el objetivo de la lectura es construir el sentido de un texto y no, precisamente, leer todas las palabras en forma precisa y fluída. Esto último es lo que representa para Alicia la proficiencia en la lectura.

Al igual que Alicia, Celia se reúne regularmente con pequeños grupos de niños para conversar en torno a lo que han leído, lo cual le permite guiar el progreso de sus estudiantes: ¿Cuánto han leído? ¿Cuánto han entendido? ¿Han aprendido a hablar de literatura de una manera más sofisticada? ¿Pueden relacionar la información que han obtenido de los cuentos y los libros de contenido informativo con los temas que están estudiando?

¿Pueden repensar lo que han leído a la luz de los comentarios de sus compañeros? ¿Se devuelven y releen después de las discusiones? ¿Refleja lo que ellos escriben en estilo o contenido aquello que han leído? Cada vez que los estudiantes leen, hablan, y escriben, Celia les lleva un registro anecdótico para utilizarlo durante las conversaciones con ellos, bien sea en forma individual o en pequeños grupos.

Celia, en muchas oportunidades, también se dirige a todo el grupo para demostrar cómo deben seleccionar los libros y cómo deben responder a ellos. De esta manera, ella puede involucrar a toda la clase en una sesión acerca de la conducta a seguir en los grupos de discusión y acerca de los comentarios que pueden conducir a una buena discusión. Igualmente, lee con frecuencia a todo el grupo y cada día planifica una serie de actividades para estimularlos a convertirse en lectores más proficientes y a desarrollar amor por la lectura.

Estrategias para apoyar la lectura eficiente y efectiva   A pesar del enriquecido contexto que Celia crea para el desarrollo de la lectoescritura, algunos de sus estudiantes aún luchan con la lectura y les cuesta mantenerse leyendo por mucho tiempo aunque los libros sean ilustrados y altamente predecibles. En las discusiones de grupos se evidencian los problemas que tienen para la comprensión de lo leído. Con el fin de obtener alguna información sobre las estrategias que sus estudiantes están usando, Celia emplea algunas técnicas informales de evaluación. Por ejemplo, se sienta con un estudiante y lo observa cuando lee. En algunos casos puede llegar a decidir efectuar una evaluación más formal mediante el análisis de los desaciertos, lo cual generalmente hace durante el receso o a la hora del almuerzo. Ella también realiza actividades conjuntamente con padres voluntarios quienes se han dedicado a grabar tanto la lectura como el recuento de lo leído por sus hijos. Después, analiza las lecturas en casa, a sabiendas de que todos los lectores cometen errores y es precisamente su conocimiento sobre el análisis de desaciertos lo que le permite distinguir entre los buenos desaciertos y aquellos que conducen a la pérdida del significado. Cuando los desaciertos revelan que los lectores están haciendo uso de estrategias no productivas o que están desarrollando una idea errónea acerca de lo que es leer, planifica clases para ayudarlos en la solución de estos problemas.

Celia utiliza la información proveniente de sus observaciones en los grupos, de la lectura individual que realizan los estudiantes y de los datos obtenidos a través del análisis de los desaciertos para organizar clases individuales o grupales. Esto indica que las clases son planificadas tomando en cuenta las necesidades observadas y en respuesta a las dificultades que confrontan los niños. El objetivo de esta maestra no es intervenir en el proceso de la lectura, entendiéndose la intervención como el tratar de interponerse entre el lector y el texto. Por el contrario, Celia actúa como mediadora, ayudando a sus estudiantes a que logren lo que ellos están tratando: obtener sentido de los libros que escogieron para leer. Así, estas clases dirigidas al mejoramiento de las estrategias, generalmente están diseñadas para ayudar a los estudiantes en la realización de buenas predicciones, en la confirmación de las mismas, o en la integración del nuevo conocimiento con lo que ellos han estado leyendo. De igual manera, las clases se enfocan hacia el uso de los tres sistemas de claves. Si por ejemplo, uno de los estudiantes parece apoyarse demasiado en el sistema grafofónico, Celia diseña actividades de estrategias de lectura que le ayuden a utilizar más las claves sintácticas o semánticas y en caso de que sean varios los estudiantes que requieren de esta ayuda, los agrupa para que así todos se puedan beneficiar de la misma lección.

El libro *Reading Strategies: Focus on Comprehension* (Goodman, Watson and Burke, 1996) contiene numerosas lecciones e ideas que pueden ser utilizadas por los maestros para ayudar a sus estudiantes a convertirse en lectores más proficientes. Las lecciones que se presentan en este libro están organizadas en base a la predicción y la confirmación de claves grafofónicas, sintácticas y semánticas. Aunque las clases modelo están en inglés, ellas pudieran fácilmente adaptarse para ser usadas con lectores hispano–hablantes como se muestra más adelante.

En el libro se ofrece un ejemplo de una clase donde se muestran estrategias para ayudar a los estudiantes a hacer predicciones mediante el uso de claves semánticas. Una de estas estrategias consiste en la formulación de enunciados a fin de que los estudiantes realicen predicciones con relación a los mismos. En este ejemplo (p. 73) se usan los "petoskeys", un tipo de fósil encontrado en las orillas del lago Michigan. A los estudiantes se les da una serie de enunciados para que los lean uno por uno. Después de leer el primer enunciado, ellos comienzan a decir lo que creen que pudiera ser un "petoskey". Posteriormente leen el enunciado que sigue y regresan para ver si esa información confirma cualquiera de las predicciones ya hechas, y si esto es así, continúan formulando nuevas predicciones. Al final, la mayoría de los estudiantes construyen una idea sobre lo que es un "petoskey" ya que la estrategia les ayuda a entender que pueden usar claves semánticas para comprender nuevas palabras.

No es difícil crear lecciones similares en español. Por ejemplo, podría hacerse una en base a la palabra *hallacas*, una especie de tamal que se come en Venezuela en la época de la Navidad. Primero, el maestro escribe el título

Hallacas y les pregunta a los estudiantes lo que ellos creen que pueden ser las *hallacas*. Ya que *hallacas* es algo que realmente existe, pide que si alguno de los estudiantes sabe lo que es, no lo diga a la clase. Luego va mostrando un enunciado a la vez. Después de cada enunciado los estudiantes añaden nuevas ideas para tratar de adivinar y deciden si deben desechar algunas de las predicciones que han hecho con anterioridad. En el supuesto caso de que alguien diga que *hallacas* es algo que tiene que ver con geografía como por ejemplo, una cordillera de montañas, al ver la línea siguiente que dice que se pueden comprar, inmediatamente elimina esa predicción de la lista. Si algunos estudiantes pensaron que *hallacas* era una artesanía o algo relacionado con el arte, esto quedaría descartado al leer que las hallacas son sabrosas. A continuación mostramos las oraciones que pueden ser utilizadas en una lección para ofrecer estrategias que permitan la predicción de acuerdo a las claves semánticas que ofrece el texto.

Hallacas

- A todo el mundo le gustan hallacas.
- La palabra "hallaca" es una combinación de dos palabras, "allá" (España) y "acá" (El Nuevo Mundo). Hallacas representan la influencia de los españoles y de los indígenas.
- Se pueden comprar o hacer en la casa.
- Muchas familias las hacen juntas.
- Son más sabrosas hechas en casa.
- Son el plato típico de las Navidades.
- Hay que juntar muchos ingredientes para prepararlas.
- Se usa una masa especial de harina de maíz.
- Esta masa se pone bien delgada en forma redondeada y luego se rellena con una preparación a base de pollo, carne de puerco, tomates, pimentones rojos, cebollas, ajos y otras especies que le dan sabor al guiso.
- Se dobla la masa con este relleno y se envuelve en hojas de cambur o de plátano. Se amarran con hilo y luego se ponen a cocinar en agua caliente por una hora aproximadamente.
- Los venezolanos comen hallacas durante todo el mes de diciembre pero durante la Nochebuena de Navidad y de Año Nuevo es el plato que nunca falta en la mesa.

Los estudiantes disfrutan mucho con este tipo de clases y lo que resulta más importante es que discutan con sus compañeros las razones por las cuales hicieron ciertas predicciones y cuáles fueron las claves que los ayudaron a confirmarlas o a darse cuenta de que sus predicciones no fueron las más acertadas. Los lectores menos proficientes se sienten apoyados cuando ven que aun los buenos lectores no conocen todas las palabras y luego, también llegan a entender el proceso que usan estos buenos lectores para tratar de adivinar las palabras que no conocen. Finalmente, comienzan a ver la importancia de seguir leyendo a fin de poder obtener mayor información y de no detenerse para solicitar ayuda. Por supuesto, también llegan a entender que pronunciar en voz alta palabras como *hallacas* no los ayudará a comprender el texto.

Las lecciones como ésta se concentran en un sistema de claves particular; otras son más generales y pudieran resultar apropiadas para los lectores con dificultades variadas. Watson (1987) ha compilado en su libro *Ideas and Insights: Language Arts in the Elementary School* una serie de lecciones sobre estrategias que son de gran utilidad.

Muchos maestros como Celia han encontrado que tres de estas lecciones son: el Cloze Cooperativo, la lectura y el recuento y el análisis retrospectivo de los desaciertos. La técnica del Cloze Cooperativo ha sido desarrollada por Goodman y Cambourne y la misma consiste en que el maestro busca un texto corto y lo escribe de nuevo omitiendo algunas palabras. Los estudiantes trabajan en grupos para decidir qué palabras podrían encajar lógicamente en los espacios en blanco. Lo importante de este procedimiento es que los estudiantes discuten sobre las razones que los llevan a escoger una determinada palabra. Cuando terminan de trabajar con el texto, vuelven atrás para ver si es necesario cambiar algunas de las palabras. A menudo, los estudiantes encuentran que la información que aparece más adelante en el texto les da pistas sobre cuestiones mencionadas anteriormente.

Veamos el siguiente ejemplo con el cuento "The Peddler and the Tiger"(El vendedor ambulante y el tigre) que comienza de esta manera:

> One night an old tiger was out in the rain. It was very dark and the rain was falling very fast. The_____ was wet and cold. He tried to find a_____ place so that he could get out of the rain.

> Traducción al español:
> Una noche un viejo tigre se encontraba afuera en la lluvia. Estaba muy oscuro y la lluvia caía fuertemente. El_____ estaba húmedo y frío. El trató de encontrar un lugar_____ de manera que pudiera alejarse de la lluvia.

Muchos estudiantes podrían sugerir poner *tiger* (tigre) en el primer espacio. Sin embargo, otros podrían pensar que *night* (noche) encaja mejor.

Aquí ellos podrían discutir lo que escogieron y hablar sobre el porqué de la decisión. Para llenar el segundo espacio en blanco la mayoría de los estudiantes escogen *dry* (seco), pero otros dicen palabras como *sheltered* (protegido o cubierto) o *warm* (caliente).

Un ejemplo paralelo en español lo tenemos de *El tigre Carlitos* (Dobbs, 1993):

> Una mañana, el tigre Carlitos se despertó sin su rugido. Se sentía tan triste que_____ a buscarlo. Subió a la cima de una loma muy_____ y encontró_____ oso pero no su rugido. Buscó en la hierba espesa y encontró una serpiente, pero no su_____ .

En este pasaje los estudiantes para llenar el primer espacio podrían usar diferentes verbos como *fue* o *salió*. El adjetivo para el próximo espacio podría ser *alta* o cualquier otra palabra como *lejos*. Los próximos dos espacios realmente le darían al lector menos alternativas. Probablemente , el artículo indefinido *un* encaja mejor que *el* antes de *oso* porque esta es la primera referencia que se hace del oso en el texto. El último espacio puede completarse con la palabra *rugido* para continuar el patrón del cuento.

Como lo acabamos de señalar, en este procedimiento lo que resulta importante es el hecho de que los estudiantes hablan acerca de las claves que utilizaron para tomar sus decisiones y, aún más importante, es que aquellos lectores menos proficientes se dan cuenta del proceso de construcción del significado que utilizan los más proficientes. Así pueden observar que a medida que avanzan en la lectura del texto van obteniendo claves adicionales y una vez que terminan de leer, vuelven hacia atrás para hacer los cambios que consideran deben hacerse. Algunos maestros entregan el texto original para que los estudiantes comparen sus respuestas con lo que escribió el autor. Con bastante frecuencia sucede que a ellos les gustan más sus palabras que las del texto original. Esta actividad les permite ver que la lectura es un proceso individual de construcción de significados y no simplemente la obtención de significados de otra persona.

La segunda estrategia general desarrollada por Brown y Cambourne (1987) es denominada la lectura y el recuento. La estrategia consiste en darle a leer a los estudiantes una serie de textos de un determinado género como fábulas, cuentos de hadas, ciencia ficción, textos de ciencias sociales o ciencias naturales, a fin de que se familiaricen con la organización general y el vocabulario de este tipo de literatura. Las lecciones sobre estrategias surgen a partir de la lectura intensiva que deben hacer los estudiantes de este tipo de textos.

El maestro comienza por escribir en la pizarra el título de un cuento corto completo o de cualquier otro texto que no sea de ficción. Los estudiantes escriben una o dos oraciones acerca de lo que ellos piensan que tratará la lectura; luego escriben palabras o frases que esperan encontrar en la lectura. Los estudiantes se sientan en grupos de cuatro o cinco y cada uno lee sus predicciones al resto del grupo y después los demás comentan esas predicciones. Esta actividad oral se da en forma muy rápida, usualmente unos cinco minutos.

Después de lo anterior, cada estudiante lee en forma silenciosa el texto cuyo título fue escrito en la pizarra. Posteriormente y sin volver a mirar el texto los estudiantes escriben un recuento de lo leído. Para esta actividad se les dan alrededor de unos quince minutos con el fin de que escriban todo lo que puedan recordar y al terminar de escribir los estudiantes trabajan en parejas para comparar sus recuentos. Brown y Cambourne sugieren que los estudiantes se hagan algunas o todas estas preguntas durante la actividad en parejas:

1. ¿Qué puse/dejé por fuera que sea diferente a lo que tú pusiste o dejaste por fuera?
2. ¿Por qué dejaste por fuera o por qué no mencionaste esta/aquella parte?
3. ¿Crees que hay partes en las que yo me equivoqué? ¿Crees que esto cambia mucho el significado del cuento?
4. ¿Usaste alguna/s palabra/s o frase/s que es/son diferente/s pero que significa/significan lo mismo?
5. Si tú pudieras intervenir o participar en mi recuento y ponerlo en el tuyo, ¿qué te gustaría tomar prestado del mi recuento?

Estas clases donde se utilizan la lectura y el recuento involucran a los estudiantes en actividades auténticas de lectura y escritura. Además, los estudiantes interactúan con sus compañeros y comienzan a desarrollar un entendimiento sobre la forma en que los otros dan sentido a lo que leen. Estas lecciones ayudan precisamente a que los estudiantes se concentren en la búsqueda del significado del texto. Al mismo tiempo, les ayudan a darse cuenta de la importancia que tiene escoger bien las palabras y de la posibilidad de hacer predicciones acerca de conceptos generales y de palabras y frases específicas. Brown y Cambourne ofrecen una serie de textos cortos de diferentes tipos que pueden ser utilizados por los maestros y también ejemplos de los recuentos escritos de los estudiantes que evidencian los patrones normales del desarrollo de la escritura. Los maestros hispanos pueden escoger textos cortos similares de diferentes libros en español.

Probablemente la estrategia más efectiva que los maestros como Celia utilizan es el análisis retrospectivo de los desaciertos (Goodman y Marek, 1996; Marek, 1989). Aquellos maestros que han estudiado el análisis de los desaciertos utilizan este procedimiento para obtener información sobre el uso de los sistemas de claves por parte de los lectores. Pero no son los maestros los únicos que necesitan estar conscientes de esto.

En el análisis retrospectivo de los desaciertos, los maestros le piden a sus estudiantes que escuchen sus propias grabaciones de lo que leyeron. Celia, por ejemplo, hace que uno de sus estudiantes escuche ciertas partes de una cinta. Con el objeto de promover la autoestima en el estudiante, escoge buenos desaciertos, sustituciones que tienen sentido como *tus* por *sus* en la oración que discutimos anteriormente ("Gracias, Pedro, pero no quiero sus zapatos"). Escuchar este tipo de desacierto puede ayudar al estudiante a darse cuenta de que este *error* es un *buen error* porque construir el significado es más importante que leer correctamente todas las palabras. También Celia puede escoger algunos desaciertos que ocasionen a los estudiantes la pérdida del significado. Por ejemplo, un lector sustituyó *pasa* por *parece* en la pregunta, "*¿Qué te pasa?*" Las dos palabras se escriben y suenan más o menos similares, pero la palabra *parece* no tiene sentido en esa oración. Cuando hacemos que los estudiantes enfoquen su atención hacia este tipo de desaciertos, les estamos recordando la importancia que tiene la lectura para la construcción de significados.

A medida que los estudiantes se escuchan a sí mismos cuando leen, intentan responder a una serie de preguntas. Al principio los maestros pueden ayudarlos haciéndoles algunas o todas esas preguntas pero con el tiempo, los estudiantes aprenden a formularse ellos mismos dichas preguntas para examinar sus propios desaciertos. Marek (1989) sugiere la utilización de las siguientes preguntas para ayudar a los estudiantes a enfocar su atención hacia el significado del texto que están leyendo:

1. ¿Tiene sentido este desacierto?
2. ¿Fue corregido? ¿Debe haber sido corregido?
3. ¿Se parece el desacierto o la palabra que leíste a la que estaba en la página del libro?
4. ¿Por qué crees que leíste esta palabra y no la otra?
5. ¿Afectó de algún modo la palabra que leíste la comprensión del cuento?

Los maestros han reportado que aun los niños de segundo grado pueden beneficiarse cuando se escuchan leer a sí mismos y cuando se formulan las preguntas. También han reportado que los estudiantes comienzan a leer en busca del significado una vez que se dan cuenta de que lo leído en voz alta no tiene sentido.

Las clases o lecciones sobre estrategias y procedimientos como la lectura y el recuento o el análisis retrospectivo de los desaciertos son componentes importantes de la clase de Celia. Ella sabe que es determinante que los niños aprendan a escoger libros apropiados, que dispongan de tiempo para leer y de oportunidades para hablar con sus compañeros acerca de lo que ellos leen. Sin embargo, también entiende que no todos los estudiantes se convierten en lectores proficientes por el simple hecho de involucrarse en la lectura de buenos libros de literatura infantil. Por tal razón, emplea procedimientos como el análisis de los desaciertos en español o en inglés para determinar la forma en que sus lectores con problemas hacen uso de los diferentes sistemas de claves. Si los estudiantes no utilizan de manera balanceada los tres sistemas, ella entonces escoge lecciones que incluyan estrategias para continuar reforzando no sólo lo que ellos hacen bien sino también para ayudarlos a concentrar su atención en los sistemas de claves que están utilizando en forma deficiente.

Conclusión

Tanto Alicia como Celia se preocupan por enseñar a leer a sus estudiantes. En las clases de Alicia la enseñanza está centrada en técnicas para ayudar a los niños a reconocer las palabras; en cambio, la clase de Celia se centra en técnicas que estimulen a los niños a construir significados. La diferencia es importante. Las clases como las de Alicia pueden incluir la enseñanza de palabras fuera de contexto; el desarrollo de destrezas de lectura puede separarse de la lectura en sí. De hecho, a los lectores con problemas se les exige emplear mucho tiempo desarrollando destrezas que en última instancia lo que hacen es interferir con el desarrollo de la lectura. Muchos estudiantes que realizan con éxito los ejercicios dirigidos hacia la práctica de las diversas habilidades de lectura no pueden transferir esas habilidades a su propia lectura. Por otra parte, la clase de Celia siempre se desarrolla dentro del contexto de la lectura; su objetivo, como ya lo hemos expresado, es ayudar a sus estudiantes a convertirse en lectores eficientes y no a que alcancen un dominio de las habilidades de lectura en forma descontextualizada.

Desafortunadamente, muchos maestros utilizan el enfoque de Alicia en vez de utilizar el de Celia. Esto resulta particularmente cierto en aquellos maestros que siguen métodos tradicionales para enseñar la lectura en español. En vista de que los patrones fónicos son más consistentes y menos complejos en español que en inglés, la mayoría de los métodos para enseñar la lectura en español enfatizan el uso de las claves de los sonidos para identificar las palabras. En los próximos dos capítulos revisamos estos métodos tradicionales para enseñar la lectura en español, así como también los programas que han sido más utilizados para ello. Después de describir cada método, presentamos una alternativa diferente con el objeto de reemplazar el enfoque del reconocimiento de palabras por el enfoque de la construcción de significados.

3

Métodos sintéticos para la enseñanza de la lectura

...sigue siendo el rompecabezas
...almente para los que habiendo
La enseñaza de la lectura y de ...se inician en la docencia como
para muchos maestros, y ...primaria. La falta de experiencia
terminado la carrera ...ito de las técnicas más adecuadas para
profesores de prim... ...s alumnos, los llena de desasosiego y de
profesional y el... año ...e, no pocas veces, a resultados menos que
enseñar a le... año escolar (Heldt, 1971, p. 15).
incertidu...
medi... en 1971 cuando las investigaciones en el campo de
...la lectura estaban justamente comenzando. Como lo
...os maestros no conocían la mejor manera de enseñar la
F...ajo que hemos desarrollado con los maestros en las escuelas
...que esta cita puede ser tan cierta hoy en día como lo fue hace
...años. Hace un año fuimos invitados a trabajar con maestros de
...to escolar rural que cuenta con un 90% de población hispana.
...s de haber observado las aulas de clases la conclusión más importante
...que llegamos fue que los estudiantes, a pesar de mantenerse ocupados
...urante la clase de lenguaje, en realidad no estaban realizando actividades
que implicaran el uso auténtico de la lectura o la escritura.

Los maestros de primero y segundo grado en las clase de lenguaje, tanto en español como en inglés, utilizan una variedad de métodos para enseñar la correspondencia entre los sonidos y las letras y la identificación de las palabras. Debido a que en el verano, el distrito escolar les dictó un taller de fónica (phonics) con el método de Zoo-phonics, muchos maestros bilingües se encontraban trabajando con los estudiantes enseñándoles gestos que debían hacer con las manos y que se relacionaban con los sonidos que los estudiantes decían en voz alta. También observamos algunos trabajando con grupos de estudiantes en la práctica de los sonidos y en la construcción de palabras a partir de diferentes ejercicios fónicos. Otros maestros utilizaban el método silábico tradicional con las sílabas básicas en español las cuales eran combinadas para formar las palabras. Sin embargo, en todas estas clases los niños leían muy poco libros y la escritura se limitaba a la realización de ejercicios de completación o a la ilustración de libros en los cuales ya aparecían escritas las palabras.

Lo que más nos preocupaba con estos niños era ver que los maestros esperaban muy poco de e... que necesitaban era más gran... porque estaban convencidos de que lo único de la lectura. Estos maestros re... más ejercicios en las diferentes destrezas los llevaron a escoger los méto... no pudieron explicar las razones que Cuando hablamos con ellos sobr... utilizaban con sus estudiantes. significado, estuvieron de acuerdo en q... como construcción de obstante, de acuerdo con ellos sus estudia... cial en la lectura, no aún no estaban listos para comenzar a leer. ...y segundo grado

Experiencias como éstas nos convencen de... logran entender el enfoque que los diferentes... representan, pueden decidir con propiedad la mejor la... lectura en sus aulas. Aun cuando los maestros hayan estu... maestros el enfoque socio–psicolingüístico de la lectura, muchas... les problemas para saber cómo implementar este enfoque. Tanto l... bilingües jóvenes que están terminando sus prácticas de enseñanza... que tienen una vasta experiencia, se sienten inseguros en cuanto a cuá... mejor método para ayudar a los niños en el aprendizaje de la lectura... español. Todos se sienten influídos por los métodos mediante los cuales ellos aprendieron a leer y por los métodos y materiales que utilizan otros maestros en la escuela, pero muy raras veces se detienen a evaluar cuáles son los métodos que reflejan sus convicciones acerca del proceso de la lectura.

En éste y el siguiente capítulo, proporcionaremos un panorama de los diferentes métodos utilizados para enseñar la lectura en español. Esta revisión la hemos hecho con la intención de ayudar a los maestros a evaluar los métodos tradicionales y a considerar otras alternativas que sustituyan a estos métodos.

Por lo general, los métodos tradicionales para enseñar la lectura se han clasificado en métodos sintéticos y analíticos. Los sintéticos son métodos que van de las partes al todo, es decir, a los lectores se les presentan sonidos, letras, sílabas o palabras y luego se les pide que las combinen para formar unidades de mayor tamaño. Por otra parte, los métodos considerados como analíticos van en la dirección opuesta, del todo a las partes. Así, la lectura comienza con unidades mayores como oraciones o palabras que luego los lectores deberán descomponer en partes más pequeñas. Sin embargo, aunque estos métodos que han sido clasificados como analíticos parezcan muy diferentes a los sintéticos, esto no es así. Ambos tipos de métodos siguen teniendo como objetivo el reconocimiento de palabras ya que, en la mayoría de los casos, los estudiantes se encuentran trabajando sólo con partes de las palabras, con palabras aisladas, o con oraciones individuales y nunca con textos completos y significativos.

De igual manera, estos métodos analíticos generalmente incorporan algunos elementos de síntesis ya que después de dar a los lectores las palabras completas, a menudo dentro de oraciones, se les pide que las analicen y descompongan partiendo de las sílabas hasta llegar a los sonidos individuales.

En este capítulo consideraremos varios de los métodos sintéticos y en el siguiente, los analíticos. Para cada método presentaremos un escenario de lo que pudiera ser una clase de lectura. Después, analizaremos el desarrollo de cada una de las clases utilizando *La lista de preguntas para verificar si la enseñanza de la lectura es efectiva,* que aparece en el capítulo uno, con el fin de determinar la concepción de la lectura que responde al tipo de instrucción que allí se ha ofrecido. Si los maestros, al evaluar sus clases, responden afirmativamente a la mayoría de los planteamientos en la lista, esto indica que están utilizando un método o unos materiales acordes con una concepción socio–psicolingüística de la lectura. Si por el contrario, predominan las respuestas negativas, el método y los materiales enfatizan una posición teórica que considera a la lectura como un simple reconocimiento de palabras sin tomar en cuenta su verdadera naturaleza significativa. Finalmente, para cada clase que no parece resultar ni efectiva ni motivadora, ofrecemos lo que hemos denominado una alternativa positiva para enseñar la lectura.

Antes de comenzar nuestra discusión sobre los métodos, daremos una breve revisión histórica de lo que ha sido la enseñanza tradicional de la lectura en español. Esta revisión proporcionará el contexto para nuestra discusión sobre los métodos actuales.

Un breve panorama histórico de los métodos para enseñar la lectura en español

En su libro, *Los métodos de lectura,* Bellenger (1979) ofrece una historia de lo que ha sido la enseñanza de la lectura. De acuerdo con él la lectura se ha enseñado utilizando un enfoque sintético, de las partes al todo, durante más de dos mil años, desde la antigua Grecia. En este enfoque sintético a los niños se les enseñaba a leer comenzando primero con la identificación de las letras, luego de las sílabas, después de las palabras aisladas, las frases, y finalmente los textos completos. La recitación, memorización y la pronunciación cuidadosa eran partes importantes de la pedagogía. Los romanos siguieron las mismas prácticas, y de hecho, éstas continuaron hasta la Edad Media.

En los primeros tiempos, la lectura y la escritura estaban restringidas a las clases altas y a los miembros de la iglesia. Bellenger explica que los franceses tuvieron gran influencia en la enseñanza de la lectura, especialmente en el mundo hispanohablante, cuando en los años de 1660 las escuelas religiosas comenzaron a diseñar métodos para educar a la gente del pueblo. La lectura se enfocaba sintéticamente, como se había hecho en el pasado, comenzando con las partes y moviéndose hacia el todo porque se pensaba que las clases sociales más bajas necesitaban una progresión paso a paso muy rígida y muy lenta, para poder aprender.

Durante este período, en México se desarrolló el célebre *Silabario de San Miguel* para enseñar religión a las masas. Era un panfleto religioso utilizado en las escuelas parroquiales y la última página era un catecismo que incluía preguntas y respuestas acerca de la fe. La portada del *Silabario* se conoce por la representación de San Miguel Arcángel golpeando a Satanás (Heldt, 1971). Este libro es un texto clásico utilizado para enseñar a leer. Heldt lo describe como "un verdadero documento de la pedagogía tradicionalista y anticientífica, cuyo origen se remonta a siglos pasados" (p. 29). La lectura se enseña siguiendo un enfoque que va de las partes al todo; los estudiantes memorizan los nombres de las vocales que se presentan en orden diferente combinadas con consonantes. A pesar del rechazo de este enfoque por parte de Heldt y otros educadores, el texto todavía se puede conseguir en algunas partes del mundo hispanohablante junto con otros silabarios como el *Silabario de San Vicente*. Es obvio que aún existe mercado para estos materiales tan tradicionales y de hecho, apenas en 1994 fueron publicados dos silabarios en Venezuela.

En 1828 un francés llamado Laffore ideó lo que pudiera considerarse como el primer método fónico el cual, según él, producía resultados instantáneos en la lectura. En esencia, Bellenger explica que este método fue "el último aspecto del viejo y antiguo sistema sintético" (p. 68), el mismo enfoque sintético que había sido utilizado desde la época de los griegos.

Sin embargo, algunos educadores franceses no se sentían satisfechos con este método. En los siglos XVI y XVII durante la *Edad de Oro*, cuando los escritores tuvieron una abundante producción —poesía, teatro, novelas—

surgieron muchas críticas a los métodos sintéticos por considerarlos artificiales y mecánicos. A comienzos del siglo XVII, más o menos por la misma época en la que Laffore estaba proponiendo su método fónico, Comenio presentó un nuevo método en su *Orbis Pictus*. Su proposición era comenzar con el todo en vez de hacerlo con las partes. Después siguieron más críticas al método sintético. En *De la maniere d'apprendre les langues* (*La manera de aprender las lenguas*), Radonvilliers rechazó la idea de que los niños estuvieran deletreando y pronunciando sílabas y palabras y propuso que ellos reconocieran directamente las palabras completas. Adams estuvo de acuerdo con esta proposición insistiendo en que el método sintético debía abandonarse porque:

> Se atormenta insistentemente a los niños para hacerles conocer y retener un elevado número de letras, de sílabas y de sonidos, de lo cual nada pueden comprender porque estos elementos no contienen en sí mismos ninguna idea que les atraiga ni les diverta (Adams in Bellenger, 1979).

En 1880, Block, tomando en cuenta las sugerencias de estos eruditos y basándose en el Método Alemán Schuler, introdujo un nuevo y atrevido método para enseñar la lectura el cual usaba palabras completas para ilustrar los sonidos y las letras que los estudiantes debían aprender. Debido a que el método empezaba con palabras completas que luego se descomponían en partes para ser analizadas, se consideró como un enfoque analítico para enseñar a leer. En México este método fue introducido por Rébsamen en 1899, cuando publicó su *Guía metodológica de la enseñanza de la escritura y lectura*. Heldt (1971) explica cómo funciona el método:

> A Rébsamen, pues, se debe la introducción a México del Método llamado de Palabras Normales... Es analítico-sintético, porque sigue un orden en que se presenta primero la palabra, pasando luego a su división en sílabas y por últiimo a las letras, representadas por sus sonidos, para regresar a las sílabas y retornar a la palabra (p. 38).

Aunque este método analítico se popularizó en Francia durante casi setenta y cinco años e incluso fue tomado como referencia en el texto inicial para la lectura aprobado por el gobierno de México en los años ochenta (Alvarez, 1979), también fue bastante criticado debido a las cosas sin sentido que debían leer y analizar los niños con el fin de aprender los sonidos y las letras. El método de Block fue rechazado entonces debido a "su negación de la lectura como medio de comunicación utilizable por el niño" (Bellenger, 1979: p. 70).

A pesar de que la pedagogía de la lectura estuvo dominada por estos métodos analítico–sintéticos, el trabajo de educadores como Radonvilliers y Adams aportó nuevas ideas acerca de la enseñanza de la lectura, basada en la percepción de las palabras y las frases en forma global y tomando en cuenta las experiencias previas de los niños. Esto condujo al método ideovisual de Decroly en 1936, el cual "se trataba de hacer que los niños comprendiesen lo que leían y de orientarles hacia la identificación del texto" (Bellenger, 1979: p. 76). En 1947 el educador francés, Hendrix, escribió un libro para ayudar a los franceses a enseñar usando el Método Global. El libro fue traducido al español en 1952 bajo el título de *Cómo enseñar a leer por el método global* (Hendrix, 1952), y fue ampliamente leído en toda Latinoamérica. El libro muestra a los educadores cómo enseñar a leer comenzando con la oración o la frase y dirigiéndose hacia la palabra, luego la sílaba, y finalmente, la letra.

Si uno toma en cuenta las influencias históricas en la metodología de la lectura, no resulta sorprendente que los métodos para enseñar a leer en el mundo hispanohablante sean una reflexión de una mezcla de influencias. Es importante señalar que los métodos sintéticos y los analíticos, y de hecho, también los métodos globales que fueron considerados tan revolucionarios, todos conciben a la lectura como un reconocimiento de palabras. Los métodos sintéticos comienzan desde las partes para llegar a la identificación del todo pero éste viene siendo la palabra. De la misma manera, la mayoría de los métodos analíticos comienzan con palabras y luego las descomponen para su análisis. Aun cuando se presenten oraciones y frases, las palabras individuales se analizan. Existe poca evidencia en cuanto a que la construcción del significado haya sido tomada en cuenta alguna vez en la mayoría de los métodos; quizás los educadores suponían que los lectores comprendían una vez que identificaban las palabras.

La mayoría de los métodos, se basan entonces en una concepción de la lectura como reconocimiento de palabras. La concepción alternativa de la lectura como proceso socio–psicolingüístico centrado en la comprensión, ha sido ampliamente mal interpretado hasta hace muy poco tiempo. Tanto en los Estados Unidos como en Latinoamérica, los debates en las investigaciones han girado en torno a la mejor manera de reconocer las palabras. En cuanto a la lectura en inglés, el famoso libro de Chall *Learning to Read: The Great Debate* (1967) (*El aprendizaje de la lectura: el gran debate*), citado todavía por los oponentes del lenguaje integral, fue ciertamente un estudio sobre la diferencia entre dos enfoques para enseñar la lectura, ambos basados en la concepción del reconocimiento de palabras: el enfoque fónico y el de las palabras que se reconocen a simple vista (sight words). El libro no fue nunca una comparación entre un enfoque de identificación de las palabras y un enfoque socio–psicolingüístico. Para el mundo hispano-hablante, Braslavsky (1962) publicó *La querella de los métodos en la enseñanza de la lectura*. Este libro es también básicamente acerca de la identificación de las palabras. Braslavsky compara los métodos sintéticos con el Método Global, al cual denomina analítico. Ella usa la definición de Simon para distinguir los dos métodos:

> A pesar de las apariencias, no existen verdaderamente más de dos métodos de lectura. Ambos tratan de hacer comprender al niño que existe cierta correspondencia entre los signos de la lengua escrita y los sonidos de la lengua hablada; pero, para ello, uno de estos métodos comienza por el estudio de los signos o por el de los sonidos elementales, y el otro busca por el contrario obtener el mismo resultado colocando de repente al niño pequeño frente a nuestro lenguaje escrito (Simon, 1924, p. 101).

Las palabras escogidas por Braslavsky demuestran su parcialidad desde el comienzo. Según ella, el darle desde el primer momento a los estudiantes, palabras enteras, frases y cuentos, es injusto, y en cambio, el enfoque fonético, que va de las partes al todo es mucho más efectivo. Incluso considera que en el enfoque analítico la palabra debe ser la unidad básica que se escoja, se descomponga y luego se analice.

En los últimos quince años las publicaciones que se han hecho en español sobre la lectura y la escritura, reflejan un creciente auge de la visión socio–psicolingüística. Ya en 1984 Dubois (1984) cuestionaba a los enfoques más tradicionales para favorecer la adopción de una posición psicolingüística. En 1989, el libro clásico de Goodman *What´s Whole in Whole Language* fue traducido al español en Venezuela y ampliamente distribuido en Latinoamérica. La demanda del libro ha continuado al punto de haber salido una nueva edición en español (Goodman, 1995).

En Latinoamérica el movimiento del lenguaje integral y la visión socio–psicolingüística de la lectoescritura está íntimamente ligada al movimiento llamado *constructivismo*. Ciertamente, la misma Braslavsky, autora de *La querella de los métodos en la enseñanza de la lectura* , ha publicado recientemente un libro que apoya esta posición teórica. En esta publicación de 1992, ella describe al *constructivismo* como un modelo para la lectura y la escritura el cual es "didáctico, holístico, encuadrado en el contexto sociocultural y político" (p. 13). También define la filosofía básica del constructivismo como aquella que toma en cuenta, tanto las potencialidades de los estudiantes como los conocimientos del maestro:

El alumno es el agente de la construcción del conocimiento, ya que sin su actividad mental no habría elaboración de significados. Pero es el profesor quien conoce en principio los significados que espera compartir y ese conocimiento le permite planificar la enseñaza (p. 26).

En números recientes de la revista *Lectura y vida* publicada en español por la Asociación Internacional de Lectura, aparecen artículos que muestran una amplia aceptación del enfoque socio–psicolingüístico para la lectura y la escritura (Castedo, 1995; Dubois, 1995; Freeman et al., 1995; Rodríguez, 1995; Sequeida y Seymour, 1995; Solé i Gallart, 1995). Ferreiro (1994) por ejemplo, expresa claramente cómo ha cambiado la alfabetización:

La alfabetización ha dejado de ser vista como la simple transmisión de una técnica instrumental, realizada en una institución específica (la escuela) La alfabetización ha pasado a ser estudiada por una multitud de disciplinas: la historia, la antropología, la psicolingüística, la lingüística . . . (p. 5).

Heldt (1971) recordaba a los lectores que muchos de los educadores que enseñaban lectura en su tiempo, incluyéndose él mismo, luchaban por cambiar la enseñanza tradicional de la lectura porque ellos mismos fueron sometidos a una enseñanza difícil y mecánica:

Muchos de quienes aprendimos a leer y a escribir con métodos mecánicos y rígidos, recordamos ahora el deletreo difícil, "la tonada" que aprendimos paralelamente al conocimiento del signo gráfico y rememoramos los castigos que se nos imponían para dar validez al refrán de que la letra con sangre entra (p. 12).

Ciertamente, no queremos que nuestros estudiantes sufran con la enseñanza de la lectura basada en la filosofía de "la letra con sangre entra". Las teorías de enseñanza de la lectura en español se han alejado de los métodos o enfoques que son tradicionales y anticientíficos. Sin embargo, en muchas escuelas, las prácticas tradicionales aún prevalecen. Con el fin de ayudar a los maestros a evaluar su propia enseñanza, vamos a discutir los métodos tradicionales. Primero concretamos una descripción de cada método. Después ofrecemos el escenario de una clase de lectura y analizamos el desarrollo de ésta tomando como base nuestra *"Lista de preguntas para verificar si la enseñanza de la lectura es efectiva"*, con el fin de determinar la concepción de la lectura que responde el tipo de instrucción que en ellas se ha ofrecido. Finalmente, para cada clase ofrecemos una alternativa positiva para la enseñanza de la lectura que refleja una posición socio–psicolingüística de la lectura. También incluímos una lista de literatura de apoyo.

En este capítulo examinaremos los métodos sintéticos. La descripción de sintéticos se refiere a que a los lectores se les presentan letras, sílabas o palabras y luego se les pide que las combinen para formar unidades de mayor tamaño, usualmente pequeñas oraciones. Aunque estos métodos sintéticos usan diferentes puntos de partida, todos tienen en común que la lectura se aprende comenzando por las partes hasta llegar a la oración considerada como el todo.

El método alfabético

Este método comienza con la enseñanza de los nombres de las letras. En su forma más pura, los estudiantes comienzan aprendiendo los nombres de las vocales y consonantes. Seguidamente, las vocales y las consonantes se juntan para crear sílabas y luego palabras. A los estudiantes se les pide que deletreen las sílabas y las palabras y luego las pronuncien. Este procedimiento se repite con todas las palabras que van apareciendo. El *Silabario de San Miguel* es la versión clásica de este método. A continuación damos el escenario de lo que pudiera ser este método en las aulas de hoy en día.

Escenario del método alfabético

La maestra escribe tres palabras en la pizarra: *mamá, mano* y *ama*. Luego comienza:

> MAESTRA: Buenos días, niños.
>
> NIÑOS: Buenos días, maestra.
>
> MAESTRA: Hoy vamos a aprender a leer las palabras escritas en el pizarrón. Las voy a leer. "mamá" "mano" "ama".
> Repitan mientras yo señalo las letras con mi dedo:
> "eme" (m) "a" (a) "eme" (m) "a" (a) - "mamá"
>
> NIÑOS: "eme" (m) "a" (a) "eme" (m) "a" (a) - "mamá"
>
> MAESTRA: Muy bien. Ahora seguimos con la segunda palabra:
> "eme" (m) "a" (a) "ene" (n) "o" (o) - "mano". Repitan.
>
> NIÑOS: "eme" (m) "a" (a) "ene" (n) "o" (o) - "mano".
>
> MAESTRA: Muy bien. Ahora seguimos con la tercera palabra:
> "a" (a) "eme" (m) "a" (a) - "ama". Repitan, por favor.
>
> NIÑOS: "a" (a) "eme" (m) "a" (a) - "ama".

Los estudiantes continúan repitiendo las letras y pronunciando las palabras después de la maestra.

Análisis del método alfabético

Si usamos la *Lista de preguntas para verificar si la enseñanza de la lectura es efectiva"* (véase Figura 1–1), las respuestas a todas las preguntas de la lista deberán ser negativas. Los únicos materiales de lectura que se observan son las palabras que la maestra ha escrito en el pizarrón y los estudiantes no tienen ninguna oportunidad para decidir lo que quieren leer. Tampoco están creando significados cuando repiten las letras y las palabras después de la maestra. Aun los educadores más tradicionales pudieron ver la falta de sentido de este método. Heldt (1971) señalaba que, por ejemplo, deletrear una palabra como *hijo* causaba serios problemas:

> El niño lee y pronuncia por ejemplo: hache, i, jota, o, y se le pide el milagro, que al reunir todo eso pronuncia HIJO, y pobre de él si sale o resulta con un HACHEIJOTAO (p. 22).

Este método sólo usa el sistema grafofónico. Los estudiantes no pueden acceder a los sistemas sintácticos y semánticos ya que sólo están leyendo palabras en forma aislada. Pudiera argumentarse que todos los niños tienen una *mamá* y una *mano*, y aman a cada una de ellas (*ama*). Sin embargo, la maestra escogió las palabras basadas en sus letras y no hubo ningún intento por relacionarlas con las vidas de los estudiantes. Estos lo único que hacen es repetir las palabras, lo que con toda seguridad no va a despertar la imaginación de los niños, ni tampoco les va a permitir establecer relaciones con otros tópicos o áreas de estudio. Después de una clase de lectura como la que acabamos de ofrecer, los niños no tienen razones para hablar de lo que leyeron.

Una alternativa positiva para el método alfabético

En lugar de estar aprendiendo los nombres de las letras y los sonidos mediante el deletreo de las palabras individuales, los estudiantes pueden aprender el alfabeto si están involucrados en actividades auténticas de lectura y escritura. Los maestros que enseñan a los niños pequeños usualmente tienen colocado el alfabeto en algún lugar del aula. También les tienen libros relacionados con el alfabeto tales como el *Libro del ABC* (Detwiler y Rizo–Patrón, 1993) al cual pueden acudir los estudiantes cuando escriben. Aunque la enseñanza directa del alfabeto no constituye una manera efectiva de enseñar la lectura, hay actividades y materiales apropiados, relacionados con el alfabeto que pueden ser utilizados con los estudiantes para promover el aprendizaje de la lectoescritura y el aprendizaje en otras áreas. Muchos libros que tienen que ver con el alfabeto en español estimulan a los niños a usar las letras y el lenguaje en forma creativa.

De la A a la Z por un poeta (Del Paso, 1990) resulta un libro especialmente apropiado para los aprendices un poquito mayores. En el libro se dedican dos páginas a cada una de las letras. La primera, tiene una letra artísticamente decorada que forma la base para el poema, el cual aparece en la segunda página. Por ejemplo, para la letra *D*, hay hierba y unas coloridas flores dentro y alrededor de una gran letra D con *delfines* nadando desde el centro de la letra. El poema dice:

El Delfín:
con pasto y flores,
se hace jardín.

La <u>D</u>
Es la "D", ya lo verás,
un tanto desordenada:
está en todo y está en nada,
está delante en detrás
y, siempre en actividad,
se aparece, por igual,
dos veces en un dedal,
y entera en una mitad (p. 10).

También el libro bilingüe *Un paseo por el bosque lluvioso* (Pratt, 1993) resulta adecuado para los estudiantes de los grados intermedios que están trabajando con temas ambientales como el bosque lluvioso. Este libro, originalmente en inglés, fue escrito y bellamente ilustrado por un estudiante de secundaria y además, contiene una información muy rica sobre la flora y la fauna del bosque lluvioso. Aunque no todas las letras del alfabeto corresponden con la traducción en español, el hecho de que algunas palabras no comiencen con la misma letra tales como *perezoso* (sloth), *ranas venenosas* (poison–arrow frogs) o *helecho* (fern), crearía una interesante discusión lingüística.

Otros libros de alfabeto menos complicados como *ABC animales* (Broeck, 1983) y *ABC* (Sempere, 1987) contienen excelentes rimas e ilustraciones. En el primero de ellos, por ejemplo, la letra M está ilustrada con una colorida *mariposa* y el poema dice: "M de *mariposa*, que sobre las flores se posa y es, por sus colores, hermosa". En el segundo, el poema para formar la letra V es ilustrado con dibujos en blanco y negro:

A volar me llevó el viento
y todo chiquito lo ví
veinte ovejas, diez venados
y una vaca con violín (p. 53)

Cuando los estudiantes tienen contacto con libros como éstos, a menudo deciden crear sus propios libros de alfabeto elaborando así su propio texto para cada letra y luego ilustrando las páginas. Algunas veces toda la clase colabora en la elaboración e ilustración de un libro grande, recortando y pegando dibujos de revistas para así formar las páginas del libro que luego son laminadas; el libro creado permanece siempre dentro del aula. Los niños disfrutan muchísimo hojeando este libro y repitiendo los nombres de los dibujos.

Algunos maestros con quienes hemos trabajado, estimulan a los estudiantes para que junto con sus padres elaboren sus propios libros de alfabeto en el hogar. Los niños escogen los dibujos de revistas que comienzan con las letras del alfabeto, o bien los pintan ellos mismos, los recortan, y los pegan para formar el libro, lo que contribuye a que se familiaricen con el alfabeto de una manera agradable y con un propósito auténtico. En caso de que los maestros se preocupen porque los padres no tengan acceso a periódicos o revistas, ellos mismos se los pueden proporcionar a los niños para que los lleven a sus casas. Una buena manera de conseguir revistas es a través de los grupos en las iglesias o cualquier otra organización que exista dentro de sus comunidades. También los avisos de periódicos son una buena fuente para la obtención de materiales impresos.

Los pequeños lectores, sin duda necesitan aprender las letras del alfabeto. El método alfabético se basa en la idea de que la lectura debe comenzar con las pequeñas partes, o sea las letras, para de allí poder construir las palabras. Preferimos un enfoque que mantenga las letras y las palabras dentro de contextos significativos. La lectura y la elaboración de libros que contengan el alfabeto constituyen alternativas auténticas para los ejercicios descontextualizados que caracterizan al método alfabético. La Tabla 3–1 presenta las alternativas de literatura para el método alfabético.

El método onomatopéyico

La onomatopeya se refiere a las palabras que representan los sonidos. En inglés, los ejemplos incluyen *hiss* (silbido) o *buzz* (zumbido) y en español palabras como *zas* o *cataplán*. En el método onomatopéyico para enseñar la lectura, los sonidos del ambiente se asocian con las letras y sonidos en el lenguaje. Por ejemplo, en español el sonido de la vocal *i* puede enseñarse relacionándola con el chillido de un animal como el puerco, el caballo, el mono o el ratón, y el sonido de la *a*, relacionándola con lo que hace la gente cuando se ríe. La idea es parecida a la de la fónica del zoológico en inglés (Zoo-phonics) en donde se pide a los estudiantes que asocien los sonidos en inglés con los que emiten los animales. En el método onomatopéyico, las consonantes por lo general se enseñan haciendo que los estudiantes las

Broeck, Fabricio Vanden. *ABC animales, Colección Piñata*. México, D.F.: Editorial Patria, 1983.

Del Paso, Fernando. *De la A a la Z por un poeta*. México, D.F.: Grupo Editorial Diana, 1990.

Detwiler, Darius, and Marina Rizo-Patrón. *Libro del ABC*. Boston: Houghton Mifflin, 1993.

Pratt, Kristin Joy. *Un paseo por el bosque lluvioso*. Nevada City, CA: Dawn Publications, 1993.

Sempere, Vicky. *ABC*. Caracas, Venezuela: Ediciones Ekaré-Banco del Libro, 1987.

TABLA 3–1: Alternativas para el método alfabético

repitan en oraciones aliteradas. Por ejemplo, la *m* podría presentarse en la oración *"Mamá amasa la masa"* o la *p* en *"Pepe es mi papá"*. Una vez que los estudiantes son capaces de identificar los sonidos individuales, se asume que ellos pueden combinarlos para identificar las palabras.

Escenario del método onomatopéyico
La maestra trae al aula un dibujo que contiene una jaula con monos rodeada de un grupo de gente que se está riendo. El texto que aparece en la caricatura arriba de los monos dice "hi, hi, hi" y el que está encima de la gente que está mirando y riendo se dice "ja, ja, ja":

MAESTRA: ¿Qué ven en este dibujo?
NIÑO: Una jaula con monos.
MAESTRA: ¿Qué más?
NIÑA: Hay gente mirando a los monos jugar.
MAESTRA: ¿Qué está haciendo la gente?
NIÑO: Todos están riéndose.
MAESTRA: ¿Qué sonido hacen las personas allí?
NIÑO: ¡Ja! ¡Ja! ¡Ja!
MAESTRA: ¿Y qué sonido hacen los monos?
NIÑA: hi, hi, hi
MAESTRA: Muy bien. El sonido que hacen los monos es el sonido de la letra *i*. hi, hi, hi ¿Qué sonido hace la gente?
NIÑOS: ¡Ja! ¡Ja! ¡Ja!
MAESTRA: Sí. Este es el sonido de la letra *a*. ¡ Ja! ¡Ja! ¡Ja!

Análisis del método onomatopéyico

Esta es una clase que resulta interesante para ser analizada con la lista de preguntas ya que el único texto que ven los estudiantes es " hi, hi, hi" y "ja, ja, ja", el cual representa los sonidos que hacen los monos y la gente. Los estudiantes están utilizando sólo el sistema de claves grafofónico porque no existe ningún contexto lingüístico que pueda proporcionar claves sintácticas o semánticas. A ellos se les pide que identifiquen las palabras del dibujo, relacionándolas y haciendo predicciones en base a los conocimientos previos que tienen sobre los sonidos que hace la gente y los que emiten los monos. Sin embargo, como los estudiantes no tienen un texto para leer y solamente están identificando sonidos que después pudieran encontrarse en otras palabras, no podemos decir que ellos están realmente leyendo.

Una alternativa positiva para el método onomatopéyico

Muchos libros creativos e imaginativos que han sido escritos para niños pequeños usan la onomatopeya. Ellos podrían incorporarse a un buen programa de lectura en español. Un excelente ejemplo es el libro *¿Qué dice el desierto?* (Mora, 1993), disponible en formato grande (big book). En este libro bastante predecible, el autor escribe acerca de los sonidos del desierto. Las ilustraciones ayudan a apoyar los significados de las palabras y frases onomatopéyicas. Por ejemplo, en una de las páginas una lechuza se sienta encima de un cactus saguaro en el desierto, y el texto dice:

> Oye la lechuza, uuu, uuu, uuu.
> *Oye la lechuza, uuu, uuu, uuu.* (p. 5)

La lectura coral de un texto como éste y el estímulo hacia la discusión de los dibujos a partir de los conocimientos previos que tienen los estudiantes sobre el desierto y sus animales, sería una excelente manera de propiciar la lectura y el aprendizaje al mismo tiempo. Los niños podrían leer el libro por partes y así conocer más acerca del desierto y sus animales en otros libros como *El desierto* (Torres, 1994). Con el uso de libros sin textos como *El bosque* (Cristini y Puricelli, 1983), los niños podrían hablar sobre los animales y los sonidos en otros ambientes diferentes al desierto; después podrían elaborar sus propios libros referidos a otros lugares que conocen y sobre los que quisieran escribir. En estos libros los estudiantes podrían representar los sonidos de la naturaleza y de los animales que viven en el lugar seleccionado. También otros libros como *El chivo en la huerta* (Kratky, 1989) y *Doña Carmen* (Bragado, 1993) estimulan a los niños a leer y a hacer los sonidos de los animales que viven en una granja; ambos libros son altamente predecibles. Los maestros pueden lograr que los niños se involucren en obras de teatro o creen sus propios cuentos siguiendo patrones similares a los que ofrecen estos libros. Por otra parte, los libros de poesía también resultan de gran utilidad y atracción para los pequeños. En *El cuento del gato y otras poesías favoritas* (Ada, 1992), el poema *Los sapitos* incorpora los sonidos de los mismos sapitos como en el verso: "La ranita soy yo, glo, glo, glo" (p. 9).

De la misma manera, las canciones proporcionan oportunidades para usar la onomatopeya en forma agradable y natural. Un libro particularmente encantador es *Los instrumentos* (Aron, 1988) en el cual se presenta una canción que no solamente involucra a los estudiantes en los sonidos del lenguaje sino también les enseña sobre los instrumentos musicales. A medida que cantan la canción, los niños identifican la trompeta, las maracas, la guitarra, y el tambor con el sonido que hace cada uno de estos instrumentos. La canción dice:

> La trompeta,
> tu, tururu, tu
> tu, tururu, tu
>
> Las maracas,
> chucu, chucu
> chucu, chucu
>
> La guitarra,
> chunta, chunta
> chunta, chunta
>
> El tambor,
> pomporo, rom, pom, pom
> Pomporo, rom, pom, pom, pom
> pomporo, rom, pom, pom, pom
> pomporo, rom, pom, pom, pom
> pomporo, rom, pom, pom (p. 26).

Esta canción sería un excelente recurso para que los pequeñines imitaran el uso de los instrumentos musicales y al mismo tiempo cantaran la canción leyéndola en una lámina grande. Lo ideal sería que ellos también tuvieran acceso a los instrumentos musicales y que de verdad pudieran tocarlos en algún momento de la clase. En este caso, estarían aprendiendo sobre los instrumentos musicales y sus sonidos, a la vez que aprenden acerca de los sonidos del español.

A los niños les fascina jugar con los sonidos del lenguaje. Cuando están aprendiendo a leer, ellos relacionan los patrones de los sonidos con los

Ada, Alma Flor. *El Cuento del gato y otras poesías favoritas, Días y días de poesía.* Carmel: Hampton-Brown Books, 1992.

Aron, Evelyn. *Cántame en español: Sing to me in Spanish.* México, D. F.: Multidiseño Gráfico, 1988.

Bragado, Manuel. *Doña Carmen.* Boston: Houghton Mifflin, 1993.

Cristini, Ermanno, and Luigi Puricelli. *En el bosque.* New York: Scholastic, 1983.

Kratky, Lada. *El chivo en la huerta.* Carmel, CA: Hampton-Brown, 1989.

Mora, Pat. *¿Qué dice el desiero?* Boston: Houghton Mifflin, 1993.

Torres, Edna. *El desierto.* Edited by Rodolfo Fonseca, *Educación ambiental.* México, D.F.: CONAFE, 1994.

TABLA 3–2: Alternativas para el método onomatopéyico

patrones de ortografía. El método onomatopéyico estimula el interés del niño en el juego del lenguaje. Sin embargo, el método coloca los sonidos naturales fuera de contexto y los usa como bloques de construcción para ayudar a los estudiantes a identificar las palabras. Los maestros pueden aprovechar el interés que tienen los niños por los sonidos y encontrar rimas y canciones que sean onomatopéyicas. Aunque los niños disfruten con este tipo de actividades, ellas no constituyen la clave para aprender a leer. La Tabla 3–2 ofrece alternativas de literatura para el método onomatopéyico.

El método fónico o fonético

Al igual que el onomatopéyico, el método fónico está enfocado hacia los sonidos que forman las letras. En este método, que va de las partes al todo, los estudiantes primero aprenden los nombres de las letras del alfabeto, después identifican los sonidos de las letras y los juntan, primero para formar las sílabas y finalmente para formar las palabras. Generalmente, en español este método se ha utilizado para enseñar solamente las vocales y una vez que éstas han sido aprendidas se usa el método silábico para enseñar las sílabas y las palabras.

Escenario del método fónico o fonético

La mayoría de las palabras que utiliza la maestra en el diálogo que acompaña a esta clase son tomadas de la guía del maestro incluida en el programa

Vamos: Programa de lectura en español publicado por Houghton Mifflin (Barrera y Crawford, 1987, pp. 188–190).

La maestra dispone de una serie de tarjetas que coloca dentro de una cartulina que tiene bolsillos o en cualquier otro lugar donde puedan ser vistas fácilmente por los estudiantes. Una tarjeta tiene escrita sólo la letra *a*. Algunas tarjetas presentan dibujos de objetos que comienzan con esta misma letra y otras contienen una palabra que comienza con la *a* subrayada. Por ejemplo: *abeja*, *astronauta* y *avión*. Finalmente, encontramos una serie de tarjetas con el dibujo de objetos que empiezan con *a*. Estos dibujos tienen la letra *a* escrita en la mitad del dibujo. A estas tarjetas se les llama *dibujos mágicos*.

La maestra comienza levantando el dibujo de la abeja, la tarjeta con la palabra *abeja* que tiene subrayada la letra *a*, el dibujo mágico de la abeja con la letra *a* dibujada en la mitad, y por último, una tarjeta con la letra *a*.

> MAESTRA: Ustedes conocen la letra *a* y también conocen el sonido que oyen al principio de la palabra *abeja*. Ese sonido es el sonido de la *a*. En esta tarjeta está escrita la palabra *abeja*. La letra que ustedes ven al principio de *abeja* es la *a*. El sonido que ustedes oyen al principio de *abeja* es el sonido de la *a*. Cuando vean la letra *a*, piensen en el sonido que oyen al principio de abeja. Así ustedes siempre recordarán el sonido de la *a*. ¿Cuál es el dibujo que nos ayuda a recordar el sonido de la letra *a*?
>
> NIÑOS: abeja
>
> MAESTRA: Muy bien.

La maestra señala ahora el dibujo mágico (el dibujo de la abeja con la letra *a* dibujada en la mitad).

> MAESTRA: Este es el dibujo mágico de la *a*. La *a* está en "abeja" porque "abeja" comienza con el sonido de la *a*. Cuando vean la letra *a*, piensen en el sonido que oyen al principio de "abeja". De esa manera, ustedes recordarán el sonido de la *a*.

Después, la maestra coloca dibujos no sólo de objetos que comienzan con la letra *a* como las de un *astroanauta*, un *avión*, y una mancha de pintura *azul*, sino también de objetos cuyos nombres comienzan con otras letras diferentes a la *a* como por ejemplo, un *pájaro*. Esto lo hace la maestra para ver si los niños son capaces de distinguir o reconocer la letra *a* en las palabras.

> MAESTRA: Algunos de los nombres de estos dibujos comienzan con el sonido de la *a*. Piensen en el sonido de la *a*, el sonido que oyen al principio de *abeja*, mientras decimos los nombres de los dibujos.

Luego de esto, pone una letra *a* en una de las filas de la lámina con bolsillos.

MAESTRA: ¿Qué letra es ésta?

NIÑOS: Es la *a*.

Maestra: Voy a pedirle a uno de ustedes que diga el nombre de estos dibujos. Si el nombre del dibujo comienza con el sonido de la *a*, debe colocarse el dibujo en la misma línea que la *a*.

Análisis del método fónico o fonético

También en esta clase, el texto que se da a los estudiantes está formado por palabras aisladas que comienzan con la letra *a*. Como los estudiantes están mirando los dibujos, pudieran ver algo significativo en esta clase; sin embargo, no están construyendo significados mediante el uso de los tres sistemas de claves. El único contexto que se ofrece es el de las palabras aisladas por lo tanto no existe ningún apoyo de la oración para la sintaxis o la semántica. Los estudiantes fijan su atención en el sistema grafofónico porque se les pide que identifiquen los dibujos y luego, junten los sonidos iniciales de éstos con una letra. En esta etapa ni siquiera han alcanzado el nivel de reconocimiento de palabras. Tampoco la maestra hace ningún intento por relacionar la clase con las experiencias que tienen los estudiantes. A pesar de que las ilustraciones pudieran resultar atractivas y coloridas, el método no involucra a los estudiantes en la lectura de un texto completo. De hecho, el uso de los diferentes dibujos, en combinación con el tipo de preguntas que se formula, probablemente lo que genera más bien es confusión en los niños ya que éstos gastan más energía decidiendo qué respuesta es la que está buscando la maestra, en lugar de trabajar en cualquiera de los conceptos de los sonidos.

Una alternativa positiva para el método fónico o fonético

El objetivo del método fónico es ayudar a los lectores principiantes a usar los sonidos iniciales para identificar las palabras. Los sonidos proporcionan claves importantes para los lectores, y los editores han creado materiales de lectura que pueden ayudar a los lectores principiantes a desarrollar una conciencia en cuanto a los sonidos. Varias compañías han respondido a la inquietud expresada por muchos maestros bilingües en los Estados Unidos en cuanto a la necesidad de crear materiales de lectura predecibles que contengan muy poco texto y estén dirigidos a los niños hispanos que se inician en la lectura. Dos de estas series, *Pan y Canela* (Kratky, 1995), y *Literatura 2000* (Cappellini y Almada, 1994) contienen una serie de libritos con coloridas ilustraciones bastante relacionadas con los textos, con patrones lingüísticos repetitivos y con interesantes temas para los pequeños aprendices. Cuando los estudiantes trabajan con estos libritos, comienzan en forma natural a asociar las letras con los sonidos. A continuación presentamos ejemplos con dos de los libros de la serie *Pan y Canela* que demuestran la manera en que los lectores principiantes son apoyados a través de estos libros.

En el libro *Uno, dos, tres y cuatro* (Kratky, 1995) hay un patrón repetitivo con sonidos contrastantes que resaltan a través de la rima, como el caso del gato que aparece en una página cargando un plato:

> Uno, dos tres y cuatro.
> Sale un gato
> con un plato (p. 2)

Otra página tiene el dibujo de un ratón agarrando un jamón muy grande. El texto dice:

> Uno, dos, tres y cuatro
> Sale un ratón
> con un jamón (p. 5)

En *Papi y yo* (Garza–Williams, 1995) las fotografías muestran a un niño hispano y a su padre vestidos de mariachis para un concierto que van a dar. El texto repetitivo está estrechamente relacionado con las ilustraciones y varía muy poco de una página a otra.

> Papi se pone los pantalones.
> Yo me pongo los pantalones.
> Papi se pone la camisa.
> Yo me pongo la camisa (pp. 2,3).

Un libro de la serie *Literatura 2000* que apoya el estudio de temas es *Patas* (Almada, 1994). En este libro, las coloridas ilustraciones representan a los animales y sobre todo, ciertas características de sus patas comenzando con las grandes patas de la mamá búfalo y las pequeñas de su cría. Después, aparecen las cortas patas de un lagarto contrastando con las largas patas de una jirafa y las rápidas patas de un leopardo con las lentas de una tortuga. Las dos últimas páginas muestran las numerosas patas de un ciempiés y la falta de patas de una serpiente. El limitado texto escrito es apoyado por las fotografías:

> Patas grandes y patas chicas.
> Patas cortas y
> patas largas.
> Patas rápidas y
> patas lentas.
> Muchas patas y
> ni una pata.

Alternatives to Metodo Fónico o Fonético

Almada, Patricia. *Patas, Literatura 2,000*. Crystal Lake, IL: Rigby, 1994.

Cappellini, Mary, and Patricia Almada. *Literatura 2,000*. Crystal Lake: Rigby, 1994.

Garza-Williams, Liz. *Papi y yo, Pan y Canela, Colección A*. Carmel, CA: Hampton-Brown, 1995.

Kratky, Lada Josefa. *Pan y Canela, Pan y Canela*. Carmel: Hampton-Brown Books, 1995.

Kratky, Lada Josefa. *Uno, dos, tres y cuatro, Pan y Canela, Colección A*. Carmel, CA: Hampton Brown, 1995.

TABLA 3–3: Alternativas para el método fónico o fonético

Textos como éstos les permiten a los lectores principiantes sentirse exitosos en la lectura mientras que al mismo tiempo leen sobre temas que les interesan. Estos libritos son imaginativos, pertinentes e informativos y a medida que los pequeños lectores se involucran en su lectura, comienzan a desarrollar la conciencia fonémica. Preferimos este enfoque al otro, que lo que genera es el aislamiento de los fonemas y su enseñanza fuera de contexto. La Tabla 3–3 presenta las alternativas de una buena literatura infantil para el método fonético o fónico.

El método silábico

El método silábico, como su nombre lo indica, utiliza la sílaba como la unidad básica. A medida que las sílabas se introducen y se aprenden, se van combinando para formar palabras y oraciones. En relación con el idioma español siempre se ha dicho que es un idioma silábico por naturaleza ya que las palabras pueden partirse fácilmente en sílabas formadas por una consonante y una vocal.

En el método silábico usualmente los sonidos de las cinco vocales se enseñan primero con el fin de luego juntarlas a las consonantes para formar las sílabas y finalmente, unir las sílabas para formar las palabras. Muchos de los textos para enseñar a leer, que se basan en el método silábico, comienzan con la letra *m*. Esta letra se une a las vocales para formar las sílabas *ma me mi mo mu* que los estudiantes deberán repetir una y otra vez. Estas mismas sílabas se organizan en palabras tales como *mamá mimo memo mami* para terminar en oraciones como: *Mi mamá me mima, Mi mamá me ama, Amo a mi mamá.* Durante toda la clase los estudiantes repiten las sílabas, las palabras y las oraciones básicas.

Este método se utiliza siguiendo una secuencia. Cada clase se basa en la anterior y se va añadiendo una consonante por clase, aumentando de esta manera la posibilidad de enseñar más palabras. Por ejemplo, en la segunda lección van a haber palabras con *m* y *p*, de tal manera que los estudiantes puedan leer frases como *"Mamá ama a papá"* .

Escenario del método silábico

En clases anteriores los estudiantes ya han aprendido las sílabas *ma me mi mo mu* y *sa se si so su.* En esta clase están aprendiendo las sílabas con la letra *p.* Todos tienen sus libros abiertos en la página que tiene un dibujo de un papá con su hijo. La palabra *papá* aparece escrita al lado del dibujo y debajo, en la misma página, las sílabas *pa po pu pe pi* acompañadas de otras palabras y oraciones. En la siguiente página hay un dibujo de un mapa, un papá, un gato, un plato con espumas de jabón, y una caja de pasas. Debajo de cada dibujo hay líneas para que los estudiantes escriban las palabras correspondientes:

MAESTRA: Lean conmigo. "Papá"

NIÑOS: "Papá"

MAESTRA: Repitan: "pa, po, pu, pe, pi"

NIÑOS: "pa, po, pu, pe, pi"

MAESTRA: "papá"

NIÑOS: "papá"

MAESTRA: "pesa"

NIÑOS: "pesa"

MAESTRA: "mapa"

NIÑOS: "mapa"

MAESTRA: "pipa"

NIÑOS: "pipa"

MAESTRA: "pasas"

NIÑOS: "pasas"

MAESTRA: "espuma"

NIÑOS: "espuma"

MAESTRA: "Pepe"

NIÑOS: "Pepe"

MAESTRA: "pisa"

NIÑOS: "pisa"

MAESTRA: "Pepe es mi papá".

NIÑOS: "Pepe es mi papá".

MAESTRA: "Papá ama a mi mamá".

NIÑOS: "Papá ama a mi mamá".

MAESTRA: "Memo usa ese mapa".

NIÑOS: "Memo usa ese mapa".

MAESTRA: "Ema pesa esas pasas".

NIÑOS: "Ema pesa esas pasas".

MAESTRA: "Susú pisa esa espuma".

NIÑOS: "Susú pisa esa espuma".

MAESTRA: Ahora, en la otra página van a escribir debajo de cada dibujo el nombre que le corresponde. (Señalando los dibujos) ¿Qué van a escribir debajo de los dibujos?

NIÑOS: mapa, papá, gato, espuma, pasas

MAESTRA: Está bien, pero Uds. todavía no han visto las sílabas para la palabra "gato". ¿Recuerdan el nombre del gato en la última lección?

NIÑOS: ¿Susú?

MAESTRA: Sí, Juan. "Susú". Entonces, deben escribir la palabra "Susú" debajo del gato y no la palabra "gato".

Análisis del método silábico

Al analizar el método silábico con la *Lista de preguntas para verificar si la enseñanza de la lectura es efectiva,* resulta evidente que los estudiantes no entienden la lectura como un acto de constante construcción de significados. Aun cuando pueden comprender las claves de los dibujos y leer oraciones completas, éstas no están conectadas en forma de un texto coherente y cohesivo. Las clases están orientadas hacia el desarrollo del sistema de claves grafofónicas. En su mayoría, las oraciones están formadas por palabras que tienen que ver con el entorno cotidiano de los estudiantes. No obstante, las palabras y las oraciones se presentan en forma aislada y sin ninguna conexión real entre ellas, lo que dificulta la predicción. El ejercicio que le sigue a la presentación del vocabulario y oraciones básicos es meramente un ejercicio de clasificación, y no pudiera considerarse ni escritura auténtica, ni una lección de estrategia que apoyo la lectura.

La clase que acabamos de presentar no puede realmente considerarse ni interesante ni imaginativa. En los Estados Unidos, algunos programas de lectura seriados (los llamados *basals*) de publicación reciente, intentan proponer lecciones que contienen cuentos bastante imaginativos y visualmente atractivos para los estudiantes, a pesar de las extremas limitaciones que ofrecen estos cuentos en cuanto al control del vocabulario. Por ejemplo, uno de los primeros cuentos de una serie silábica presenta una historia sobre Manolo, quien observa a un mono haciendo trucos en la televisión. El texto dice: *"Manolo mira el mono"* ; el lenguaje que allí se presenta está muy lejos de ser natural, lo que sin duda va a dificultar la predicción.

Pellicer (1969) presenta una lista de las ventajas y desventajas del método silábico. Así, el método es bueno porque presenta el material en un orden lógico, requiere muy poco en lo que se refiere a los materiales y los maestros han expresado su satisfacción con el método, tanto para los niños como para los adultos. Por otra parte, los opositores del método le critican que depende demasiado de la memoria del estudiante quien puede perder el interés si no se introducen con prontitud palabras significativas; que existe el peligro de que el aprendizaje ocurra en forma mecánica, especialmente si el material es difícil o ha sido enseñado muy rápidamente; y que el método no es compatible con la psicología infantil. Es interesante observar que todas las razones señaladas como positivas tienen como centro al maestro. En cambio, las razones por las cuales el método ha sido criticado, se relacionan directamente con el estudiante, quiere decir que están centradas en él.

Una alternativa positiva para el método silábico

Los libros para lectores principiantes que acabamos de sugerir como una alternativa positiva para el método fonético también pueden resultar apropiados para este método. Los textos que contienen las canciones como *Los instrumentos* o *Los pollitos* enfatizan las sílabas de una manera natural. (El sonido de la trompeta es *tu, tururu, tu*, los pollitos dicen *pío, pío, pío*). De la popular y siempre favorita *Los pollitos*, existen unas cuantas versiones encantadoras, incluyendo una en formato grande (Fernández, 1993).

Otros libros que apoyan la lectura son los que ofrecen un patrón repetitivo el cual también juega con los sonidos. Es el caso de uno de los libros favoritos en muchas aulas bilingües, *Pinta, pinta, Gregorita* (Kratky, 1990) que presenta una historia de gran imaginación y colorido, con patrones repetitivos y con sonidos contrastantes resaltados por medio de la rima. Se trata de una niña que realiza un dibujo que adquiere vida cuando se sale del papel. En la edición de tamaño grande, el libro resulta aún más atractivo todavía por cuanto al final aparece una página sorpresa que salta, lo que origina una verdadera fascinación en los niños. El texto dice:

Pinta, pinta, Gregorita,
¿A dónde vas tan solita?
Con mi boina y mi papel,
con mi pintura y pincel,
voy a mi cuarto a pintar.
Pinto, pinto, pinto, pan (pp. 3,4).

Más adelante en el cuento, todos los objetos que la niña pintó y acomodó en forma balanceada, se desploman y caen unos encima de otros; esto es lo que aparece en la página sorpresa. Los objetos se juntan de acuerdo con los sonidos que riman:

Cae el tornillo
en el anillo,
el caracol,
en el girasol,
la chuleta,
en la maleta,
el calcetín,
en el patín (p. 14).

El libro grande *Voy a la escuela* (Cervantes, 1996), además de jugar con los sonidos del lenguaje, presenta hechos de la vida real. Es un libro lleno de fotografías de niños que se encuentran dentro, alrededor de su escuela o, en el interior de su salón bilingüe. Contiene una historia predecible con líneas que se repiten como *Esta es mi escuela donde yo aprendí a decir: 'buenos días' así, así, así.* (pp. 3–4). Debido a que las ilustraciones y el texto están tan cerca, los pequeños lectores pueden leer el libro en coro, en parejas o incluso en forma individual.

Aunque éstos y la gran mayoría de los libros para niños que se inician en la lectura no se refieren al mundo real, su extraordinario colorido, los patrones rimados y la gran imaginación que los caracteriza, apoyan la creatividad y el desarrollo de la lectura de los pequeños lectores, a diferencia de los textos controlados representativos del método silábico. La Tabla 3–4 presenta las alternativas de una buena literatura infantil para el método silábico.

Programas comerciales desarrollados por compañías privadas

Los cuatro métodos sintéticos que hemos descrito han sido ampliamente utilizados en el mundo hispano y de hecho, todavía son utilizados en muchas aulas bilingües en los Estados Unidos. En algunas escuelas, estos métodos tradicionales están siendo reemplazados por programas más recientes que

Cervantes, Jesús. *Voy a la escuela*. Carmel, CA: Hampton-Brown, 1996.

Fernández, Laura. "Pío, pío." In *Yo soy yo*, edited by Rosalinda Barrera, Alan Crawford, Joan Sabrina Mims and Aurelia Davila de Silva. Boston: Houghton Mifflin, 1993.

Kratky, Lada Josefa. *Pinta, pinta, Gregorita*. Carmel, CA: Hampton-Brown, 1990.

TABLA 3–4: Alternativas para el método silábico

tratan de compensar sus exiguos antecedentes y sus limitadas bases teóricas con un abultado presupuesto destinado a un gran despliegue publicitario. Gran parte de estos programas han sido desarrollados durante muchos años por pequeños grupos de personas quienes tienen sus propias y particulares ideas acerca de la mejor manera de enseñar la lectura. Estos programas son ampliamente promocionados al público general como la panacea para resolver cualquier problema de lectura que enfrente cualquier lector niño o adulto. A menudo, los creadores de estos programas tienen muy poco o ningún conocimiento acerca de la lectura, y por tal razón, están convencidos de que todos los diferentes artificios en los que basan los programas pueden ciertamente ayudar a desarrollar la lectura.

Uno de estos programas es *Hooked on Phonics* (*Enganchado en la fónica*) (1994). Sus creadores emplearon más dinero en publicidad que en investigaciones a tal punto que algunas de sus propagandas fueron tan cuestionadas que las mismas tuvieron que ser prohibidas por la Comisión Federal de Comunicaciones (Federal Comunication Commission) en los Estados Unidos. Aún así, las propagandas funcionaron y todavía el programa se usa en muchos distritos escolares.

A pesar de lo costoso, los materiales que reciben los compradores son relativamente baratos. Estos consisten en algunas instrucciones, un juego de tarjetas y un juego de cintas o audio cassettes. Los dos lados de las cintas de quince minutos son idénticos, es decir, lo que está en un lado se repite en el otro. El plan para la enseñanza es tan simple como los componentes del programa. Los estudiantes escuchan las cintas a medida que van pasando las tarjetas con sus dedos y una vez que dominen el nivel respectivo pueden pasar al siguiente. En los primeros niveles las tarjetas contienen palabras y en los niveles superiores los estudiantes trabajan con oraciones. El programa nunca llega a un nivel donde se trabaje con cuentos completos, ni siquiera en forma simplificada.

Si no fuera por la música y la voz animada de la cinta, lo que constituye el único "gancho" del programa, estaríamos sólo ante una gran cantidad de ejercicios aburridos y repetitivos. En muchas aspectos, este programa es similar a muchos de los programas más viejos que combinan el método fónico con el método *mirar/decir* (look/say) a través de las tarjetas. La diferencia es la propaganda y la música.

Hooked on Phonics se usa con mucha frecuencia en programas de educación especial o en aquellos ideados para lectores con bajo nivel entre los que se incluyen aquellos lectores de habla hispana que están comenzando a desarrollar la transición hacia el inglés. A menudo los padres compran el programa deseosos de ayudar a sus hijos a convertirse en mejores lectores. Sin duda, el programa se basa en una visión de la lectura como reconocimiento de palabras ya que, el supuesto subyacente es el de que los estudiantes necesitan primero identificar las palabras, el significado vendrá después. A los estudiantes se les dice que deben dominar un nivel antes de poder pasar al siguiente lo cual centra toda la responsabilidad en ellos. El programa no puede fallar pero, en cambio, el estudiante sí puede en caso de que llege a saltar un nivel o se adelante antes de haber logrado el dominio completo del nivel anterior. El enfoque casi asegura que algunos estudiantes no solamente van a fracasar sino que, además, son culpables de su propio fracaso.

Otro programa fónico que ha sido ampliamente utilizado en el estado de California para enseñar la lectura tanto en español como en inglés es uno basado en los animales: *Zoophonics* (Clark, 1994). El programa se aprovecha del amor natural que tienen los niños por los animales y usa gestos y música como recursos mnemónicos. En la versión en español de este método los niños asocian los nombres de las letras con los animales. Por ejemplo, aprenden la letra *a* asociándola con *Ana Ardilla* al hacer el gesto de partir nueces golpeando el puño contra la palma de la mano. El sonido de la *b* es asociado con *Beto Burro*; así los niños se tocan la oreja al decir el sonido *b*. La cinta que acompaña al programa muestra unos niños que cantan y hacen gestos a medida que van diciendo el alfabeto. Después que ellos dominan los gestos, pronuncian sistemáticamente las palabras haciendo el gesto para cada letra en la palabra y para los acentos se usan gestos adicionales.

Varias inquietudes surgen acerca de este tipo de programa. En primer lugar, el gesto y el sonido no están relacionados en absoluto; por esta razón, el propósito del gesto se pierde desde una perspectiva pedagógica. Los estudiantes pasan bastante tiempo practicando los gestos y las letras pero muy poco tiempo leyendo, ni siquiera palabras aisladas. En cierta forma, este método hace regresar a los educadores al método alfabético pero lo hace más complicado todavía porque los estudiantes están señalando las letras y tratando al mismo tiempo de pronunciar las palabras. Ellos cantan canciones simpáticas e incluso hacen "aeróbicos animales", pero pasan poco o ningún tiempo leyendo textos reales.

Otro programa bastante popular es *Estrellita* (Myer, 1995), el cual ha sido escrito y promocionado por una maestra bilingüe. Ella ha desarrollado su propio sistema de enseñar la lectura usando un método ecléctico que consiste en enseñar todos los sonidos iniciales, establecer la asociación de los sonidos con las ilustraciones, aprender las sílabas, y finalmente, pasar a cuentos controlados. A pesar de que el método sostiene que usa estrategias del lenguaje integral, en realidad es una adaptación del método silábico con el uso de cuadros que representan los sonidos, tarjetas con dibujos y letras y también de vocabulario, para de esta manera, preparar a los estudiantes en la lectura de libros de cuentos controlados. Aunque el objetivo es la lectura de una literatura real, el programa se basa en la creencia de que los estudiantes, para poder leer, deben dominar primero los sonidos y las sílabas.

Los programas comerciales como estos tres que acabamos de describir aparecen y desaparecen y usualmente son bastante costosos. Es importante que los educadores examinen cuidadosamente lo que ofrecen tales programas, la exposición razonada sobre sus objetivos y los materiales respectivos. La evaluación de estos tres programas mediante el uso de la *Lista de preguntas para verificar si la enseñanza de la lectura es efectiva* mostraría rápidamente que ninguno de ellos se ajusta a los criterios que apoyan a los lectores principiantes. La alternativa para reemplazar estos programas sería el uso de una literatura auténtica con el fin de enseñar la lectura.

Conclusión

Los métodos descritos hasta ahora son considerados sintéticos porque a los lectores se les presentan las letras, las sílabas y las palabras y se les pide que las combinen para crear unidades de mayor tamaño. Estos métodos tradicionales para enseñar la lectura en español tienen como objetivo el reconocimiento de palabras y nunca la construcción del significado. Por lo tanto, ninguno se ajusta a los criterios de las prácticas efectivas de la lectura señalados en la lista de preguntas. Como vimos, en la mayoría de los casos, los estudiantes se encuentran leyendo solamente partes de las palabras, palabras, u oraciones individuales en vez de leer textos completos, y por supuesto, los libros de texto sólo presentan ejercicios, en lugar de ofrecer a los estudiantes auténticas y enriquecedoras experiencias de lectura.

4
De los métodos analíticos al lenguaje integral

En este capítulo continuamos examinando métodos que han sido utilizados para enseñar a leer en español. Los primeros métodos que vamos a considerar ahora son los analíticos, es decir, aquellos que comienzan por el todo, para finalmente analizar las partes dentro de ese todo. Estos métodos pueden al principio parecer más compatibles con el enfoque socio–psicolingüístico de la lectura que los métodos sintéticos. Sin embargo, como lo explicamos antes, los métodos analíticos, al igual que los sintéticos no representan una práctica efectiva por cuanto el objetivo sigue siendo el reconocimiento de las palabras. En los métodos analíticos, los estudiantes muy raras veces trabajan con un texto de una longitud mayor a la de una oración y nuestra posición es que ellos necesitan involucrarse con textos completos a fin de que puedan desarrollar las estrategias que necesitan para llegar a convertirse en lectores proficientes.

Seguiremos el mismo esquema que usamos en la revisión de los otros métodos. Comenzaremos con una breve descripción, presentaremos un escenario ejemplificando una clase, analizaremos la clase utilizando para tal fin la lista de preguntas, y finalmente, ofreceremos una alternativa positiva que incluye la lista de una literatura apropiada. Terminamos el capítulo con el lenguaje integral, el cual es realmente un enfoque fundamentado en una filosofía del aprendizaje y no en un método. Defendemos los principios teóricos en los cuales se apoya el lenguaje integral porque los mismos son compatibles con un enfoque socio–psicolingüístico de la lectoescritura.

El método de palabras generadoras

Este método involucra tanto el análisis como la síntesis. Los estudiantes comienzan con palabras completas, a menudo presentadas dentro de oraciones, que luego deben repetir y memorizar. Después se les pide que analicen las oraciones y las palabras y descompongan las partes básicas de las palabras partiendo de las sílabas hasta llegar a los sonidos individuales. Después de haber separado las palabras, los estudiantes manipulan las partes para así poder formar nuevas palabras y nuevas oraciones.

Escenario del método de palabras generadoras

El maestro comienza por leer una oración que él ha escrito en el pizarrón, "Tomás mete la pelota". La oración se descompone en sus cuatro palabras, las cuales se leen en forma aislada. A partir de aquí se toman las sílabas de cada palabra y se unen con otras sílabas de esa oración que comiencen con la misma letra. Finalmente, las sílabas se descomponen en vocales y consonantes. Luego estas sílabas se leen al revés; algunas de ellas se combinan para formar nuevas palabras y finalmente constituir una nueva oración.

MAESTRO: Repitan, por favor, "Tomás mete la pelota".

NIÑOS: "Tomás mete la pelota".

MAESTRO: Ahora presten atención. Voy a dividir la oración en palabras, en sílabas y después en letras. Con las letras voy a formar nuevas sílabas y palabras para crear unas oraciones diferentes. Esto quiere decir que vamos a comenzar con una oración y vamos a terminar con otras distintas.

El maestro escribe la siguiente oración en el pizarrón:

Tomás mete la pelota.

El maestro divide la oración en palabras:

Tomás
mete
la
pelota

El maestro escribe las sílabas que aparecen dentro de la oración:

to – te – ta
ma – me
la – lo
pe

El maestro separa las sílabas en consonantes y vocales:

t – o
t – e
t – a
m – a
m – e

l – a
l – o
p – e

El maestro realiza la lectura de las sílabas al revés:

pe
lo – la
me – ma
ta – te – to

El maestro construye nuevas palabras:

tela
mamá
lola
Lalo
la
pelo
malo

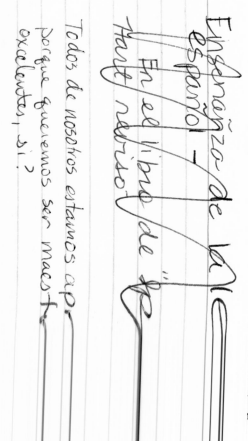

oraciones a partir de las palabras

ñalarles con la mano lo que ustedes van a
maestro lee cada línea y los estudiantes

neradoras

nstrucción de significado en el proceso de
sonidos. A los estudiantes no se les da la
ue van a leer como tampoco se les ofrece
lectura. Quizás pudiera pensarse que están
tico porque separan las oraciones en palabras
nuevas oraciones a partir de esas palabras.
do cláusulas o unidades de frases para hacer

Cumpiano, Ina. *Pan, pan, gran pan.* Carmel, CA: Hampton-Brown Books, 1990.

Kratky, Lada Josefa. *La gallinita, el gallo y el frijol.* Carmel, CA: Hampton-Brown, 1989.

TABLA 4–1: Alternativas para el método de palabras generadoras

esto, más bien, lo que están haciendo es separar las oraciones y las palabras en forma mecánica y siguiendo al maestro en la división de las oraciones en palabras, las palabras en sílabas y las sílabas en letras.

Las oraciones que se dan tampoco guardan relación con las experiencias o los intereses de los estudiantes. El proceso mecánico depende completamente de las letras, sílabas y palabras que estén en la oración que escoja el maestro. Aun cuando el procedimiento pareciera seguir un patrón predecible, el material de lectura no es predecible porque consta de una sola oración. Este método parece haber sido creado como un tipo de ejercicio lingüístico ya que sólo consiste en manipular unidades lingüísticas en lugar de leer para construir significado. Como resultado, los estudiantes no pueden lograr la competencia en el uso de los sistemas de claves y por lo tanto, no se encuentran preparados para leer textos reales.

Una alternativa positiva para el método de palabras generadoras

Muchos cuentos tienen un patrón acumulativo que ayuda a los estudiantes a predecir y a darle sentido al texto que están leyendo. A diferencia de los patrones que utilizan los maestros en el *método de las palabras generadoras*, los patrones de estos cuentos se basan en una historia que se desarrolla en forma completa siguiendo su línea narrativa (véase la Tabla 4–1).

Por ejemplo, en *Pan, pan, gran pan* (Cumpiano, 1990) dos niños se encuentran aburridos y su abuela les sugiere que se pongan a hacer pan. Sin que ellos se den cuenta, una gran cantidad de levadura cae en la masa. Cuando el pan se hornea, crece de un tamaño tan descomunal que los niños, Julieta y Julián, y su abuela no pueden controlarlo. El pan crece y sale de la casa hacia la calle donde tampoco el policía, Sargento Todo de Talle, doña Cara Mela, o el que cuida el zoológico, don Dominales, pueden controlarlo. Finalmente, un pájaro de gran tamaño, le da un picotazo a la masa y ésta explota dejando montones de pedazos de pan suficientes para que todo el mundo pueda comer. El texto que cierra el cuento tiene un ritmo natural y un patrón repetitivo que

A los niños les fascina leer juntos estas
s que quieren leer:

ıcterísticas del anterior es un cuento popu-
el frijol (Kratky, 1989). En este cuento al
rijol en la garganta y le dice a la gallina que
río no le da agua a la gallina hasta tanto no
planta de jazmín necesita algo para amarrar
r hasta que la gallina no le traiga un pedazo
ıdo. Por su parte, la niña no le da el hilo a la
un peine del señor que hace los peines. Este
ıro y el panadero quiere madera del cortador
.or le da madera a la gallina y ésta se regresa
de los personajes y llegar al río para darle el
e el grano atascado en su garganta.
ıa historia que puede recontarse de atrás hacia
ble y agradable para los niños. El patrón ayuda
icados. Los maestros pueden hacer notar a los
rón y de esta manera permitirles ver las partes
o en vez de tratar de obtener sentido a partir de
ıdo manipulada para formar palabras u oraciones.

isual

Decroly y Degand sugirieron el método global de
e la lectura ". . . no tiene relación alguna con el
or el contrario, es una función puramente visual"
. Además, Decroly sostenía que los lectores leían
cos y que esas ideas estaban relacionadas con algo
bolos. Esta es la razón por la cual el método global

ha sido denominado también método ideovisual. De hecho, estas ideas podrían quizás constituir los antecedentes de una visión psicolingüística de la lectura donde Smith, por ejemplo, nos dice que lo que realmente cuenta es aquello que se encuentra detrás del ojo y no lo que está frente a él. Decroly especialmente creía que los niños necesitan una preparación sensorio–motriz, intelectual y afectiva antes de comenzar a leer. El resaltaba la idea de que los niños a los 6 años, cuando generalmente se inicia la instrucción en la lectura, se encuentran en diferentes etapas de la madurez y por esa razón, la lectura debía ser individualizada. Es por esto que su enfoque ideovisual enfatiza los ejercicios de aprestamiento para la lectura.

Hendrix (1952) escribió muy entusiasmado acerca del método global explicando porqué los estudiantes a quienes él enseñaba, encontraban este método mucho más interesante que los métodos sintéticos que se usaban normalmente:

> En el transcurso de mi enseñanza de la lectura mediante el método glo-bal, siempre me llamó la atención el interés que suscitaba en mis alumnos y, me atrevo decirlo, en todos mis alumnos (p. 2).

Hendrix explica que el método global no ignora el análisis de las partes y señala que con este método las etapas de aprendizaje van de la oración a la palabra y luego a las sílabas. Sin embargo, para aquellos que creen firmemente en un enfoque sintético para enseñar a leer, este método ha sido criticado debido a que el estudiante fracasa en la adquisición de "un sistema para descifrar las palabras desconocidas más allá de las claves y los patrones visuales" (Thonis, 1976, p. 31).

Moreno (1982) tomando como fuente a Braslavsky (1962) ha resumido en cuatro los principios básicos del método global (o ideovisual):

1. La conceptualización es global. En el caso de los adultos, el pensamiento se construye a partir de los elementos de análisis mientras que en los niños, los conceptos se adquieren "en bloque, sin análisis previo y sin disociaciones" (1982, p. 74).
2. La lectura no tiene nada que ver con los sonidos sino más bien con lo visual, es decir, constituye un proceso puramente visual. Las imágenes visuales son comprendidas por el cerebro en forma de totalidades.
3. La lectura es ideovisual lo que implica que se leen las ideas y no los símbolos.
4. El método global es un método natural. La adquisición de la lectura es algo tan natural como la adquisición del lenguaje oral por parte del niño.

.alítico que comienza con el todo para
:go, en la práctica, el método se ha
, en aulas de clase también diferentes.
lecciones de lectura que podrían
lobal. En la primera se puede observar
estudiantes comienzan con la oración
. en el sentido más tradicional. Estos dos
muy diferentes de este método.

isual

. los niños un dibujo de un papá sentado
Toda la clase discute acerca del dibujo.
.een una oración que se relaciona con el
sus partes.

o que tengo aquí. ¿Qué ven Uds.?

está haciendo?

nbre?

?

er juntos una oración acerca de este
a maestra escribe la oración en el
). "El papá lee".

. en sus cuadernos.
ación en partes. Lean y escriban

dernos? Bien. Ahora voy a escribir la
.era algunas palabras. Ustedes deben llenar
labras que faltan.
ente:

Análisis del método global #1

En esta clase quizás se ofrece a los niños alguna oportunidad para que se den cuenta que la lectura implica la construcción de significados. Cuando a ellos se les muestra el dibujo con el fin de que respondan preguntas acerca del mismo y luego se les da la oración, pueden establecer que hay una relación de significado entre el texto y el dibujo. Sin embargo, los estudiantes disponen de poca variedad en los materiales de lectura y tampoco se les ofrecen oportunidades para escoger lo que van a leer. Aquí no se enfatiza lo grafofónico y podría señalarse que este método sí toma en consideración la sintáxis. En el ejercicio que sigue a la lectura, se solicita a los estudiantes que coloquen en los espacios en blanco palabras que cumplen diferentes funciones dentro de cada una de las oraciones. El sujeto, *papá* deberá escribirse en el primer espacio en blanco, el verbo, *lee*, en el segundo y el artículo *el* completa el tercero.

También podríamos decir que la maestra sí realiza algunos intentos por relacionar más íntimamente el dibujo del hombre con la realidad de los niños al proponer que el hombre pudiera, en efecto, ser un papá. Aunque los niños al principio no establecen la relación, es posible que hubieran podido establecerla después de la sugerencia realizada por la maestra.

En cuanto a la oración del texto, ésta es en cierta forma predecible, porque la misma se refiere a una descripción del dibujo que aparece en el libro. Sin embargo, esta oración es proporcionada por la maestra a los estudiantes, lo que quiere decir que no les ofrece la oportunidad de que ellos mismos puedan crear una oración, a pesar de que ya habían hablado acerca del dibujo antes de la lectura.

Los niños tienen en frente el dibujo que está en el libro; sin embargo, este dibujo no puede realmente considerarse como algo interesante o imaginativo. Ciertamente la escogencia de otro tipo de ilustraciones podría resultar más atractiva para los niños pequeños. A pesar de que este método analítico sí incluye cierta construcción de significado potencial para los nuevos lectores, sigue siendo aún bastante estructurado y cumple con muy pocas de las exigencias que hemos identificado con una enseñanza efectiva de la lectura.

Al otro extremo del espectro, a los estudiantes se les enseña a leer y a escribir palabras u oraciones completas sin jamás llegar a analizar las partes (Thonis, 1976). En este método existen elementos tanto del enfoque de la experiencia del lenguaje (language experience approach) como de la lectura de palabras que se reconocen a simple vista (sight words). A menudo se realizan actividades de aprestamiento para la lectura antes de darles a leer cualquier texto a los estudiantes y eventualmente, se involucran en una

…iento para la lectura (Cuatro osos y cuatro

…a de unos dibujos. Los maestros escriben lo
…te, todos leen juntos. En esta versión del
…o las actividades de aprestamiento como la
…ue de la experiencia del lenguaje.

…ideovisual
…de ejercicios (véase la Figura 4–1) mientras
…iones para realizar algunas actividades de

…en la página 20. Miren la página. Noten
…que son iguales o casi iguales. En cada fila
…un poco diferente a los demás. Dibuja un
…dibujo que tú crees que es diferente. Vamos a
…juntos. ¿Qué ven usteded en el número uno?

…los iguales?
…nte.
…bujen un círculo alrededor del osito que es
…stedes pueden continuar con las casas en el
…aciendo el resto del ejercicio.

…iantes terminan de mirar la página, la maestra les
…:ben seguir para la siguiente página en donde
…on unos niños sosteniendo unas cajas con formas
…y dos palabras repetidas, *papá* y *lima*. En la parte in-
…cen las palabras en una lista junto a los diferentes
…gura 4–2.)

FIGURA 4–2: Actividad de aprestamiento para la lectura (Cajas)

MAESTRA: Ahora, véan la página 21. ¿Qué están haciendo los niños
   en número dos de esta página?

JUAN: Están cargando unas cajas.

MAESTRA: ¿Qué ven en el dibujo de número tres.

FRANCISCA: Veo una niña cargando una caja.

MAESTRA: ¿Hay algo dentro de la caja?

MAGDALENA: Sí, hay una palabra dentro de la caja.

MAESTRA: Muy bien. ¿Cabe bien la palabra dentro de la caja?

NIÑOS: Sí.

MAESTRA: Ahora, en el último dibujo, hay unas cajas vacias y unas
   palabras. Dibujen una línea desde la palabra hasta la caja donde
   ustedes piensan que cabe la palabra.

Seguidamente, la maestra muestra a los estudiantes una ilustración de un
niño que está dibujando en el salón de clases.

MAESTRA: ¿A quíen ven ustedes en el salón de clases?

FELIPE: A un niño.

MAESTRA: ¿Qué está haciendo el niño?

ANGÉLICA: Está pintando.

MAESTRA: Ahora, vamos a escribir un cuento juntos sobre este dibujo.
   Ustedes me van a decir el cuento y yo voy a escribir lo que
   ustedes me dicen. ¿Quién quiere empezar?

lebemos escribir.

debo escribir?

ı la escuela".

á pintando en la escuela". Bien.

rbol y un sol".

¡Algo más para nuestro cuento?

ſiene pintura".

scribe y lee en voz alta.) "Su camisa

Ahora, tenemos un cuento. Lean

ɔ las palabras con mi dedo.

á pintando en la escuela".

y un sol.

ıtura.

ɹuiere señalar las palabras mientras

ven acá. Ahora, vamos a leer mientras

labras.

do en la escuela".

:bol y un sol.

: pintura.

én quiere leer solo?

ɔuedes leer mientras Fausto señala las

ȷ.

ʃeovisual #2

de presentar contiene en realidad dos partes

ɔarte de la clase los estudiantes se encuentran

ʃes de aprestamiento que tienen como objetivo

. que puedan visualizar los *todos*. Decroly, como

:mente, sostenía que los niños que se inician en

ın en diferentes niveles de madurez y que los

ɾa el aprestamiento pueden ayudar a los maestros

ɔs ya están preparados para comenzar a leer. Aquí

ıe dentro de una serie de dibujos, aparentemente

ıjo que es diferente. Después, se les pide que unan

ɔras con las cajas que representan las formas de esas

palabras.

Ambas actividades de aprestamiento encajan dentro de los dos primeros principios del método global/ideovisual señalado por Moreno. Los dos ejercicios reflejan que la conceptualización es global y que, la lectura es un proceso puramente visual, sin ninguna relación con los sonidos del lenguaje. Aunque las actividades de aprestamiento encajan dentro de los principios de este método, no lo hacen dentro de una visión socio–psicolingüística de la lectura y tampoco aparecen dentro de la *Lista de preguntas para verificar si la enseñanza de la lectura es efectiva*. Los maestros que adoptan una posición socio–psicolingüística de la lectura asumen que todos los niños están preparados para aprender a leer. Cualquier actividad de pre-lectura que se realice, es con la finalidad de ofrecer a los estudiantes mayor información en relación a la lectura de un texto en particular, o bien para despertar el interés por el libro o texto que se va a leer. Pero las actividades de pre–lectura deben distinguirse de las actividades de aprestamiento, las cuales están diseñadas con el propósito de desarrollar en los niños mejores habilidades de discriminación visual.

En la segunda parte de esta clase se observan reflejados los dos últimos principios del método global o ideovisual: la lectura es ideovisual, esto es, lectura de ideas y, el método global es un método natural. La maestra estimula a los niños a que discutan acerca de la ilustración donde aparece un niño dibujando en su salón de clases; luego, el dibujo es utilizado como la base para el cuento que ellos primero le dictan a la maestra y después leen con su ayuda.

El enfoque de la experiencia con el lenguaje (language experience approach) que ya mencionamos, puede ciertamente constituir una vía válida que puede permitirles a los niños comenzar a construir significados a partir del texto. Cuando *escriben* el texto, éste tiene significado para ellos. El texto de los cuentos que se usan en este enfoque usualmente resulta interesante, predecible y a la vez refleja los intereses y experiencias de los estudiantes. En esta clase, el "cuento" que escriben los niños es bastante controlado y corto y el hecho de que ellos lean cuentos que ellos mismos han contribuído a crear, sin duda les ayuda a valorarse a sí mismos como lectores y escritores. Sin embargo, los cuentos dictados por los estudiantes no deben constituir todo el currículo en lo que se refiere a la lectura. Con el fin de poder despertar en los estudiantes el interés por la lectura, es necesario que estén expuestos a una rica variedad de libros de literatura infantil que contengan coloridas ilustraciones. Este aspecto de la experiencia con el lenguaje que ofrece *el método global* se acerca a una visión socio–psicolingüística de la lectura en un grado mayor que los otros métodos que hemos descrito. Sin embargo, si nuestro objetivo es ayudar a los estudiantes a valorar la lectura y a valorarse a sí mismos como lectores, al aplicar el método en su totalidad, es decir, siguiendo todos sus pasos, el mismo presentaría serias limitaciones.

Una alternativa positiva para el método global o ideovisual

Algunas de las actividades que se proponen en el enfoque de la experiencia con el lenguaje pueden resultar muy beneficiosas y además motivadoras para los niños que se inician en la lectura. Durante su permanencia en Venezuela, Yvonne trabajó con maestras de primaria en diversas actividades de este tipo. Por ejemplo, en una oportunidad las maestras habían estado trabajando con sus estudiantes sobre el tema de *"¿Cómo podemos comer saludablemente?"* En vista de que en la mayoría de las culturas se consume algún tipo especial de pan, a Yvonne se le ocurrió que el pan podría ser un buen punto de partida para discutir acerca de la nutrición y también acerca de la rica diversidad de comidas que existe en el mundo. Comenzó por traer a la clase un pan francés, un pan especial para perros calientes (hot dogs o panchos), y, además, una arepa venezolana que es como una especie de tortilla gruesa, hecha con harina de maíz precocida, o a veces con harina de trigo. Luego pidió a los niños que compararan los tres tipos de pan: "¿En qué se parecen?" y "¿En qué se diferencian?" Después de plantear las preguntas a través de un lluvia de ideas (brainstorming), los niños notaron diferencias en cuanto a la manera y el momento en el cual generalmente se comen estos panes, lo que la gente pone dentro de ellos y los diferentes ingredientes que se utilizan en su preparación.

Posteriormente, Yvonne les mostró un afiche titulado *Los panes del mundo* (Scholastic, 1993) donde aparecían llamativas fotos de gente de diversas partes del mundo: comiendo, haciendo o vendiendo pan. Los estudiantes se mostraron emocionados con el afiche y expresaron variados comentarios sobre todas las cosas que allí veían. Después de las discusiones, la lectura del libro grande *Pan, pan, gran pan* (Cumpiano, 1990), mencionado anteriormente en la alternativa para el método de las palabras generadoras, les estimuló a ahondar más en el tema y les reforzó la idea acerca de la elaboración del pan y la importancia que para ello tiene la levadura.

Después de leer el cuento, Yvonne les sugirió a los niños que escribieran un informe sobre lo que conocían en relación al pan y sobre lo que habían aprendido. En un papel grande que colocó en el pizarrón, ella fue registrando todo lo que los niños decían. Cuando terminaron habían escrito por lo menos dos largos párrafos.

Este reporte de grupos sirvió entonces de fundamento para la clase de lectura. Cada uno de los estudiantes leyó lo que había escrito sobre los panes en Venezuela y alrededor del mundo, y, finalmente, copiaron e ilustraron en hojas separadas las oraciones que habían escrito previamente, conformando así su propio libro sobre *Los panes del mundo*. Esta clase ayudó a proporcionar a los estudiantes información previa sobre el tema pero no incluyó actividades de aprestamiento. De igual manera involucró a los estudiantes en actividades de lectura y escritura que van mucho más allá del enfoque de la experiencia con el lenguaje.

El método léxico

De acuerdo con Moreno (1982), este método se desarrolló en Alemania hace más o menos doscientos años. Incluía una serie de pasos:

1. Presentación de un objeto o un dibujo que represente la palabra que se va a enseñar.
2. Pronunciación del nombre de la palabra.
3. Escritura y lectura de la palabra.
4. División de la palabra en sílabas y en letras.
5. Formación de nuevas palabras con los elementos ya conocidos de la palabra original.

En inglés a este método se le ha denominado el método de la palabra completa (*whole word method*) y por eso se le confunde a menudo con el enfoque del lenguaje integral (*whole language approach*). La idea que hay detrás de este método es que cada palabra tiene su propia forma y es recordada individualmente por el lector. El propósito del método es automatizar la lectura de las palabras individuales.

Más recientemente, en inglés este método ha incorporado los primeros tres pasos de los anteriores aunque usualmente no se incluyen los últimos dos. En el método de la palabra completa se utilizan a menudo tarjetas para introducir las palabras. Después, éstas se colocan dentro de oraciones para proporcionar algún contexto y luego, son repetidas por los lectores principiantes. Una vez que las palabras son aprendidas se pueden utilizar para construir nuevas oraciones.

Escenario del método léxico

La maestra leerá con los estudiantes un cuento que trata sobre unos niños que pintan un dibujo del sol en su escuela. Las tres palabras que está enseñando son *quién, sol,* y *amarillo;* ella tiene unas tarjetas para cada una de las palabras y ha escrito en el pizarrón una oración con cada una de ellas.

MAESTRA: (enseñándoles a los niños una tarjeta con la palabra "quién" escrita sobre ella) Repitan la palabra después de mí. "quién"

NIÑOS: "quién"

MAESTRA: Ahora, miren la primera oración en el pizarrón y léanla en silencio. Lean la oración después de mí. "¿Quién pinta?"

NIÑOS: "¿Quién pinta?"

MAESTRA: (enseñándoles a los niños una tarjeta con la palabra "sol" escrita sobre ella) Repitan la palabra después de mí. "sol"

NIÑOS: "sol"

MAESTRA: Ahora, miren la segunda oración en el pizarrón y léanla en silencio. Lean la oración después de mí. "María pinta un sol grande".

NIÑOS: "María pinta un sol grande".

MAESTRA: (enseñándoles a los niños una tarjeta con la palabra "amarillo" escrita sobre ella) Repitan la palabra después de mí. "amarillo"

NIÑOS: "amarillo"

MAESTRA: Ahora, miren la tercera oración en el pizarrón y léanla en silencio. Lean la oración después de mí. "Ella pinta un sol amarillo".

NIÑOS: "Ella pinta un sol amarillo".

Seguidamente, la maestra les pide a los estudiantes que miren la primera página de su cuento que muestra a María pintando un sol mientras dos niños la observan.

MAESTRA: Miren la página 29. ¿Quién pinta?

FELIPE: María está pintando.

MAESTRA: Sí, Felipe. María pinta. ¿Qué pinta María?

ANITA: Un sol.

MAESTRA: Sí, María pinta un sol. Y ¿ De qué color es el sol?

NIÑOS: Amarillo.

MAESTRA: Ahora, escriban las tres palabras nuevas en sus cuadernos y escriban tres oraciones nuevas usando las tres palabras.

Análisis del método léxico

En el método léxico están presentes muy pocos elementos que demuestran una enseñanza efectiva de la lectura. Lo que leen los estudiantes está rigurosamente controlado; las palabras se presentan primero en forma aislada y después se incluyen dentro de oraciones. Estas oraciones muy pocas veces proporcionan un contexto suficiente como para clarificar el significado de las palabras y tampoco constituyen buenos ejemplos de lenguaje natural. Cuando el estudiante responde de una manera más natural diciendo: "María está pintando," la maestra corrige y le dice, "María pinta". En la primera oración de arriba, "¿Quién pinta?", no hay ningún contexto real que sea proporcionado por la palabra *pinta* que realmente pueda ayudar al lector a inferir el significado de *quién*.

El énfasis fundamental de la enseñanza a través de este método es el reconocimiento de palabras individuales. A los estudiantes no se les anima a usar los tres sistemas de claves para construir significados. Lo que se les pide es memorizar palabras y usarlas para decodificar oraciones. Ellos pueden llegar a relacionar las palabras con los dibujos y esto les ayuda a establecer el significado de las oraciones, pero los significados raramente se relacionan con sus experiencias e intereses. El método presenta a la lectura como un proceso más bién mecánico de identificación de palabras mediante el uso de claves visuales. Ya que los estudiantes no leen cuentos reales o materiales auténticos, es imposible que puedan considerar la lectura como una actividad agradable y significativa.

Una alternativa positiva para el método léxico

Cuando los estudiantes se están iniciando en la lectura, necesitan tener acceso a los libros con texto limitado y de esta manera poder comenzar a construir significados. Hace varios años, unos maestros bilingües de Kindergarten y primer grado que usaban el lenguaje integral en sus aulas se acercaron a Yvonne y le plantearon que ellos no tenían suficientes materiales para apoyar a sus pequeños lectores hispanohablantes. Posteriormente aclararon que aunque sí contaban en sus aulas con una abundante literatura infantil de buena calidad para ser leída a sus estudiantes, no disponían de libros con textos muy cortos que los niños pudieran leer por su cuenta.

Desde esa época, han sido numerosos los libros que se han publicado que sirven para apoyar a los lectores de habla hispana que se inician en la lectura. La serie de pequeños libros que mencionamos antes incluye algunos que muestran dibujos o ilustraciones y simplemente tienen los rótulos con los nombres debajo de los dibujos. Otros tienen un vocabulario muy limitado. En el libro *¿Quién quiere helado?* (Cappellini, 1994) varias páginas muestran animales respondiendo simplemente "yo", y la página final muestra a todos los animales diciendo, "Todos queremos". En otro libro, *En mi escuela* (Kratky, 1995), los dibujos muestran la mano de un niño con un lápiz y el texto que dice, "mi lápiz", la mano de un niño con unas tijeras y el texto, "mis tijeras", y una maestra con el texto "mi maestra".

La mayoría de estos libros contienen más que simples palabras, tienen por lo menos una oración corta que se repite para acompañar los dibujos o ilustraciones. En *El ranchito* (Charpenel, 1995), las ilustraciones de animales de juguete acompañan cada página del texto y el número de animales ilustrados, corresponde con el número escrito en la esquina superior de la página. Las páginas dicen así:

> Tengo un burro.
> Tengo dos chivos.
> Tengo tres conejos.
> Tengo cuatro caballos.
> Tengo cinco cochinitos.
> Tengo seis gallos.
> Tengo un ranchito.

En la página final, un niño hispano vestido de vaquero está jugando en el suelo con su granja y los animales que aparecieron dibujados en las páginas anteriores.

Como ya lo hemos señalado en otra oportunidad, otros textos que apoyan a los lectores principiantes son aquellos que tienen patrones repetitivos. *Olmo y la mariposa azul* (Ada, 1993) trata de un jovencito que ve una bella mariposa azul y se pone a perseguirla. El texto, bellamente representado en coloridas y artísticas ilustraciones, sigue un patrón que incluye el nombre del niño, Olmo, y verbos de acción seguidos por la oración, "Quiere la mariposa azul". Las primeras páginas del libro dicen:

> Olmo salta.
> Quiere la mariposa azul.
> Olmo corre.
> Quiere la mariposa azul.

Esta encantadora historia termina en forma verdaderamente imaginativa con Olmo en una nave espacial, en un aeroplano y finalmente, en su cama soñando con toda la aventura. Libros como éstos apoyan la lectura de los niños hispanohablantes que están comenzando a aprender a

Ada, Alma Flor. *Olmo y la mariposa azul, HBJ Estrellas de la Literatura*. Orlando: Harcourt Brace Javanovich, 1993.

Cappellini, Mary. *¿Quién quiere helado?, Literatura 2000*. Crystal Lake, IL: Rigby, 1994.

Cappellini, Mary, and Patricia Almada. *Literatura 2,000*. Crystal Lake: Rigby, 1994.

Charpenel, Mauricio. *El ranchito, Pan y Canela, Colección A*. Carmel, CA: Hampton-Brown Books, 1995.

Kratky, Lada Josefa. *En mi escuela, Pan y Canela, Colección A*. Carmel, CA: Hampton-Brown, 1995.

Kratky, Lada Josefa. *Pan y Canela, Pan y Canela*. Carmel: Hampton-Brown Books, 1995.

TABLA 4–2: Alternativas para el método léxico

leer y comparten las más recientes teorías de la lectura. Aunque los libros contengan textos limitados, a diferencia del método léxico, el énfasis está en el significado del cuento y no en las palabras individuales (véase la Tabla 4–2).

El método ecléctico o método mixto

Este método generalmente contiene características de otros. Por esta razón, también se le ha denominado método mixto (Bellenger, 1979). Por ejemplo, a los estudiantes se les dan ejercicios preparatorios para ayudarlos a desarrollar habilidades de organización espacial, coordinación viso–motora, discriminación auditiva, atención, memoria y lenguaje oral, tal y como se sugería en el método ideovisual. Después se introducen los sonidos de las letras los cuales deberán ser aprendidos por los estudiantes y posteriormente, se les enseña a dibujar los rasgos de las letras hasta que logren escribirlas por su cuenta. Casi siempre, después de aprender las letras, los estudiantes practican los sonidos de las sílabas y los relacionan con las oraciones que han leído. También se les enseña a tomar dictados, a copiar, a crear nuevas palabras, a visualizar las formas de las letras, a identificar los sonidos representados por éstas, a practicar la caligrafía y a entender las relaciones entre lo oral y lo impreso. La posición ecléctica se ha visto reflejada en los enfoques en torno a la lectura y a la escritura que han sido ampliamente utilizados en Latinoamérica y que también han influído significativamente en la enseñanza de la lectura en español dentro de los Estados Unidos.

1 del método ecléctico o mixto

La clase que aquí presentamos está basada en el libro de lectura *Chiquilín* (Cabrera, s.f.) utilizado en Venezuela en la escuela primaria. Es interesante notar que la gran mayoría de los libros para enseñar a leer exigidos a los niños en forma obligatoria en las escuelas venezolanas, no tienen fecha de impresión. La razón para esto podría ser la de querer extender el uso de los libros por un largo período de tiempo sin necesidad de revisarlos.

La clase es imaginaria, pero el texto sí es real. Los niños y la maestra están mirando el libro de lectura en la página que dice, "Pre–lección", la cual muestra las vocales y dibujos referidos a las palabras que comienzan con cada una de las vocales.

> MAESTRA: Miren la página tres. Aquí miren los dibujos y las letras. Estas letras son las vocales. Cada letra está en mayúscula y en minúscula. Cada dibujo comienza con una de las vocales. Primero, pongan su dedo sobre la primera vocal, A, y repitan, "A, avión".
>
> NIÑOS: "A, avión".
>
> MAESTRA: Bien, ahora, pongan su dedo en la segunda letra, E, y repitan, "E, elefante".
>
> NIÑOS: "E, elefante"
>
> MAESTRA: Bien, ahora, pongan su dedo en la tercera letra, I, y repitan, "I, imán".
>
> NIÑOS: "I, imán"
>
> MAESTRA: Bien, ahora, pongan su dedo en la cuarta letra, O, y repitan, "O, ola".
>
> NIÑOS: "O, ola"
>
> MAESTRA: Bien, ahora, pongan su dedo en la quinta vocal, U, y repitan, "U, uno".
>
> NIÑOS: "U, uno".

La maestra y los niños pasan a la otra página y repiten el mismo tipo de ejercicio con otro grupo de dibujos que representan las vocales en un orden diferente, así, los dibujos comienzan esta vez con *E* para *enano*, *O* para *oso*, *I* para *iglesia*, *U* para *uña*, y *A* para *asa*. Después de repetir la práctica de las vocales con palabras y dibujos nuevos, los estudiantes y la maestra pasan a la siguiente página, en la que aparece un dibujo de una madre y un niño y en donde se introducen las sílabas "*ma, me, mi, mo, mu* ".

MAESTRA: Miren ustedes la página 5. ¿Qué ven ustedes en el dibujo?

MARTA: Una mamá y su hija.

MAESTRA: Sí, Marta. Es una mamá y su hija. Debajo del dibujo ustedes pueden ver la palabra, "mamá". Vamos a aprender a leer esta palabra y otras. Ahora, miren las sílabas junto al dibujo, y repitan después de mí, "ma, me, mi, mo, mu".

NIÑOS: "ma, me, mi, mo, mu"

MAESTRA: Bien. Ahora, lean después de mí las palabras que están en la primera línea: "ama, mima, amo".

NIÑOS: "ama, mima, amo".

MAESTRA: En la segunda línea, "eme, mimo, mía." Repitan.

NIÑOS: "eme, mimo, mía".

MAESTRA: En la tercera línea, "eme, mimí, eme".

NIÑOS: "eme, mimí, eme"

MAESTRA: Muy bien. Ahora vamos a leer una oración completa. Lean conmigo, "Mi mamá me ama".

NIÑOS: "Mi mamá me ama".

Análisis del método ecléctico o mixto #1

En este método podemos observar elementos de otros métodos ya analizados. En el libro *Chiquilín*, antes mencionado, la clase comienza, como el método alfabético, enseñando primero las letras; continúa, como el método fónico, relacionando los sonidos vocálicos iniciales con las palabras que comienzan con esos sonidos y termina, como el método silábico, utilizando las sílabas para enseñar las palabras. También se observan elementos del método global al dirigir la atención del estudiante hacia el dibujo de la madre y el niño y al pedirle que lea la oración relacionada con el dibujo.

En las primeras páginas de este libro básico de lectura se establece para los maestros la filosofía de la enseñanza de la lectura que deben seguir. Los dos primeros puntos de esta explicación muestra aún más claramente que la concepción acerca de la enseñanza de la lectura abarca una combinación de los métodos analíticos y sintéticos descritos previamente:

La metodología de la enseñanza para la lectura del libro *Chiquilín* debe seguir los siguientes pasos:

1. El niño debe leer y pronunciar los fonemas vocálicos asociándolos con la imagen que los origina. Ejemplo: *a* de *aro*, de *avión*. Debe pronunciar cada sonido silábico, relacionándolo rápidamente con la palabra que lo contiene y la imagen que lo representa.

2. El niño debe leer frases, oraciones y pequeños párrafos dentro de un contexto relacionado con una escena en particular. Luego el maestro

reforzará la lectura realizada con preguntas sencillas que permitan fijar el aprendizaje adquirido (p. 2).

Aunque el método ecléctico parece combinar lo mejor de todos los otros métodos, no ayuda a los estudiantes a valorar la lectura y a valorarse a sí mismos como lectores. Un método mixto incluye ejercicios que van de las partes al todo y del todo a las partes y tiene como principal objetivo la identificación de las palabras por parte de los aprendices. Los ejercicios muy raras veces implican la lectura de textos completos y auténticos; por ello no se puede afirmar que los lectores se encuentran haciendo uso de los tres sistemas de claves para construir significados. No se les ofrece una verdadera literatura, como tampoco oportunidades para escoger sus lecturas.

Escenario # 2 del método ecléctico o mixto

Son varios los métodos que se pueden incluir dentro de la categoría del método mixto o ecléctico. Queremos hacer aquí una breve mención del método de temas generadores (Ada, 1988). Pérez y Torres–Guzmán (1992) explican que este método, desarrollado por Ada, combina elementos tanto analíticos como sintéticos al utilizar un método silábico para los lectores principiantes y un enfoque basado en unidades temáticas para los lectores más avanzados.

En la práctica, el método contiene una orientación silábica y bastante controlada del material impreso para la lectura inicial. En un programa de lectura seriado (basal) que Ada y Olave escribieron para la editorial Addison–Wesley, *Hagamos Caminos* (1986), todos los ejercicios de los primeros libros están enfocados hacia la sílaba (Freeman, 1987). De hecho, como Freeman lo señala, la guía para el maestro claramente expresa que "la estructura del idioma español descansa sobre la sílaba" (p. 249).

El método también involucra a los estudiantes en temas más globales lo cual resulta bastante novedoso. Esta parte de los *temas* la fundamentó Ada en las ideas y el trabajo de Paulo Freire (1970) cuando enseñaba a leer y a escribir a los campesinos en Brasil. Freire quiso crear condiciones donde los campesinos se sintieran con poder para ser escuchados y a través de su perspectiva crítica para enseñarles a leer y escribir, intentaba que ellos tomaran conciencia de que para poder mejorar sus condiciones de vida era necesario que lograran estos aprendizajes. Este enfoque ha dado lugar a otro que se conoce como Planteamiento de problemas (*Problem Posing*) por medio del cual los estudiantes, no solamente estudian diversos tópicos, sino que también deciden tomar acciones concretas una vez que han analizado un problema determinado.

Ada, siguiendo el modelo de Freire, identifica cuatro fases en el acto creativo de leer, las cuales considera que son de vital importancia para el desarrollo de la lectura y la escritura: la descriptiva, la interpretativa, la crítica y la creativa. La fase descriptiva es aquella en la que el lector recibe información o aprende lo que dice el texto. En esta fase se plantean preguntas de comprensión a los estudiantes para observar si entienden el sentido literal del texto. En la siguiente fase, la personal interpretativa, se les solicita a los estudiantes que comparen el texto con sus propias experiencias, sentimientos y emociones, a fin de que el mismo tenga mayor significación para ellos. En la fase crítica los estudiantes son conducidos hacia una mayor reflexión cuando se les pide que decidan si la información presentada en los textos es pertinente y válida para ellos. Finalmente, en la fase creativa, se estimula a los estudiantes a que apliquen a sus propias vidas tanto lo que han leído como aquello sobre lo que han reflexionado. Dentro de este enfoque, esta parte se considera determinante en la toma de decisiones y acciones para el mejoramiento y enriquecimiento personal. Este enfoque de los *Temas generadores* representa al método ecléctico o mixto por cuanto contiene elementos tanto sintéticos como analíticos.

Análisis del método ecléctico o mixto #2
El enfoque de Ada para la lectoescritura crítica siguiendo un modelo freiriano es digno de ser elogiado. Los estudiantes leen literatura auténtica y aplican a sus propias vidas lo que leen. Luego pasan de la lectura y la discusión a la aplicación de acciones significativas diseñadas a mejorar tanto sus propias condiciones de vida como las de sus comunidades. Una vez que los estudiantes aprenden a leer, usan la lectura y la escritura para propósitos importantes. Nosotros nos inclinaríamos a apoyar fuertemente este aspecto del método de Ada.

Sin embargo, el enfoque es mixto ya que se basa en la idea de que un enfoque silábico es necesario para aprender a leer en español. El método silábico, como ya lo discutimos, es un método basado en el reconocimiento de palabras. Para aquellos estudiantes que aprenden a leer en clases donde se utiliza este método, los *temas* que sugiere Ada resultan excelentes. Nuestra única preocupación se relaciona con aquellos estudiantes que fracasan en su aprendizaje de la lectura debido al énfasis inicial en las sílabas. La construcción de significados debe ser el único objetivo de la enseñanza de la lectura desde el comienzo y no debe aparecer solamente en los niveles avanzados.

Un caso especial: los programas de lectura seriados (Basals)
Antes de ofrecer una alternativa para el método ecléctico o mixto, creemos

que es importante expresar algunos comentarios sobre los llamados programas seriados (basal readers) en español que han sido publicados en los Estados Unidos. Las escuelas a menudo usan fondos del estado para comprar estos materiales y una vez que ellos han sido adoptados se convierten en *el* programa de lectura en muchas aulas de clase. Antes de los años 80, los programas seriados eran rigurosamente controlados y estaban basados en una combinación de enfoques fonéticos, enfoques de palabras completas y enfoques silábicos para la enseñanza de la lectura. En los estudios realizados por Freeman (1987, 1988) de siete de estos programas seriados, su conclusión fue que tales materiales reflejaban un enfoque ecléctico para la lectura y que realmente todos eran muy parecidos. Criticó la literatura adaptada—y algunas veces pobremente traducida—que contenían estos programas, los ejercicios basados en las destrezas de lectura, las largas listas de preguntas de comprensión de lectura y el enfoque centrado en el maestro.

Más recientemente, varias editoriales de este tipo de programas, han respondido favorablemente a las críticas que se les han hecho (Freeman, 1993). Es así como se observa que los programas actuales reflejan una mejor posición en relación con las teorías más recientes de la lectura; por ello han incluído colecciones de literatura infantil de buena calidad y organizada en base a diversos e interesantes temas; muchas de estas selecciones fueron escritas originalmente en español o bien, cuidadosamente traducidas del inglés al español. De igual manera ellas están acompañadas de atractivas lecturas expositivas para apoyar los temas que se presentan.

Estas mismas editoriales de los textos *basals*, que también están produciendo materiales que reflejan un enfoque socio–psicolingüístico para la lectura, necesitan aún permanecer en forma competitiva dentro de un mercado que está cada vez más influenciado por la política y las exigencias de un público conservador que quiere regresar a lo tradicional. Como resultado, las actividades de apoyo en las guías del maestro aún reflejan un enfoque más ecléctico para enseñar la lectura. A menudo, estas actividades atendien a las pautas que han sido aprobadas por las autoridades educativas en los diferentes estados de Norteamérica. En California, por ejemplo, estas pautas expresadas para todos los materiales que se adopten en las escuelas, exigen una atención explícita al deletreo, la fónica y la enseñanza de la gramática.

Algunas editoriales ya han comenzado incluso a producir materiales de apoyo basados en un enfoque sintético, de las partes al todo, para acompañar los cuentos que traen los libros. De hecho, estos materiales que ellos producen se han popularizado bastante con muchos maestros, quienes se sienten agradecidos y complacidos de que estos programas les incluyan hojas de ejercicios y planes detallados para cada minuto de la clase. Estos maestros son a menudo los mismos que prefieren trabajar con textos simplificados; ellos no confían en la capacidad de sus estudiantes para leer literatura auténtica ni tampoco para responder en forma escrita a lo que leen sin tener que recurrir primero a una serie de actividades y ejercicios controlados. Lamentablemente, mantienen la misma actitud cuando enseñan en español o en inglés.

En resumen, el énfasis fundamental de algunos de los nuevos programas seriados es el de la lectura para construir significados. Estos programas están mucho más acordes con una concepción socio–psicolingüística ya que incluyen literatura auténtica que ha sido organizada alrededor de diversos temas. Otros programas se basan en una visión que considera la lectura como simple reconocimiento de palabras y por lo tanto, contienen muy pocos cuentos y más ejercicios de vocabulario controlado. Sin embargo, las presiones del mercado han obligado a que los diseñadores de los programas seriados mantengan una posición esencialmente ecléctica. En ambos tipos de programas, las guías para el maestro incluyen actividades interesantes que ayudan a los estudiantes en la construcción de conceptos y a relacionar las lecturas con sus propias vidas y experiencias. Pero también incluyen ejercicios fónicos, listas de palabras que se reconocen a simple vista y ejercicios de gramática y de ortografía.

Un eclecticismo basado en principios El análisis del método ecléctico no resulta fácil por cuanto el mismo adquiere diferentes formas que a la vez enfatizan diferentes elementos. El método mixto o ecléctico podría quizás considerarse como un intento de los educadores por combinar nuevas concepciones acerca del aprendizaje y la enseñanza, con las concepciones más tradicionales. También podría considerarse como un movimiento hacia una metodología que resulta más consistente con una visión socio–psicolingüística de la lectura. Mientras muchos educadores sostienen hoy en día que este es el mejor método para enseñar la lectura, existen problemas serios al hacer las cosas de una determinada manera porque "así parecen funcionar" o simplemente porque "siempre se han hecho de esa manera". Creemos que es imprescindible que los educadores examinen cuidadosamente sus concepciones acerca del proceso de la lectura y del aprendizaje, a fin de poder vincularlas con su praxis pedagógica. Estamos de acuerdo con lo expresado por Harste (1992) en cuanto a que: "El eclecticismo es una enfermedad, no una filosofía educativa. . . es curable si se adopta una posición" (p. 5).

Generalmente, los métodos eclécticos combinan algunos elementos de los enfoques sintéticos y analíticos y están orientados hacia varios niveles de análisis o síntesis—la oración, la palabra o la sílaba. Usualmente, a la construcción del significado se le presta cierta atención pero los textos que se utilizan resultan muy limitados. El problema básico que resulta de la utilización de un enfoque ecléctico consiste en que los maestros pueden llegar a combinar técnicas que reflejan diferentes concepciones teóricas acerca de cómo ocurre el proceso de la lectura. Esto lo que hace es transmitirles un mensaje mezclado a los niños quienes terminan confundidos en cuanto a lo que se supone debe ser la lectura. ¿Es leer oralmente en forma fluída? ¿Es completar ejercicios? ¿Es darle sentido a un texto?

Una alternativa que se sugiere ante el enfoque que abarca numerosas técnicas provenientes de diferentes teorías es lo que muchos investigadores denominan un eclecticismo basado en ciertos principios teóricos (principled eclecticism). Ellos argumentan que los maestros pueden hacer uso de una gran variedad de técnicas, materiales y actividades, siempre y cuando se aseguren de que todos reflejan una misma visión acerca de la manera cómo aprendemos la lectura. Los maestros que trabajan con el lenguaje integral intentan seguir ciertos principios en cuanto a lo que escogen para apoyar el desarrollo de la lectoescritura en sus estudiantes.

Por cuanto el método mixto es una combinación de diferentes métodos, ya se han sugerido alternativas positivas para los métodos discutidos con anterioridad. Por esto, en lugar de ofrecer ideas adicionales, pasamos a describir y presentar un escenario para el desarrollo de la lectoescritura en español siguiendo un enfoque basado en firmes fundamentos teóricos, el enfoque del lenguaje integral.

El lenguaje integral

El enfoque del lenguaje integral, cuyo centro lo constituye el alumno, se encuentra fundamentado en investigaciones provenientes de diversas perspectivas y disciplinas tales como la adquisición y enseñanza del lenguaje, la psicolingüística, la sociolingüística, la psicología cognitiva y evolutiva, la antropología y la educación, entre otras. Los maestros que trabajan con el lenguaje integral basan su enseñanza en el principio que propone que el aprendizaje ocurre del todo a las partes; consideran que los niños desarrollan primero los conceptos de globalidad para luego poder entender las partes, las cuales resultan más difíciles de aprender debido a que ellas son mucho más abstractas. La totalidad es justamente lo que va a proporcionar el contexto necesario para llegar al entendimiento de las partes. La lectura y la escritura son vistas como partes integrales de todo lo que ocurre en la escuela y por tanto, ambas se desarrollan dentro de actividades significativas y enriquecedoras centradas alrededor de unidades de interés para los estudiantes.

Escenario del lenguaje integral

En los programas bilingües que se desarrollan en países donde oficialmente no se habla español, como en los Estados Unidos, resulta particularmente importante que a los estudiantes hispano–hablantes se les ofrezcan abundantes oportunidades para leer y escribir en su lengua materna. En vista de que estos estudiantes frecuentemente viven tanto en un mundo anglo–parlante como en el hispano–hablante, es natural que establezcan importantes relaciones entre el español y el inglés. En la siguiente clase el maestro incorpora libros en español y en inglés a fin de desarrollar un tema a partir de las respuestas a las preguntas "¿Qué es una semilla?" y "¿Cómo crecen las semillas?"

La maestra comienza la clase mostrando a los alumnos un frasco de vidrio lleno de semillas de calabaza, de lechuga, de sandía, de maíz y de frijol. Se sienta en una silla y los niños lo hacen en el suelo a su alrededor para observar el frasco con las semillas que se ha venido pasando entre ellos.

MAESTRA: ¿Qué ven ustedes en este frasco?

ROBERTO: Pepitas, yo veo pepitas de maíz.

MAESTRA: Sí, Roberto. Hay unas pepitas de maíz y otras cosas. ¿Qué más hay?

INGRID: Son pepitas... son semillas, muchas semillas.

MAESTRA: Son semillas. También llamamos pepitas, semillas. Ustedes saben ¿qué tipos de semillas hay? Roberto ya identificó semillas de maíz. ¿Qué más reconocen ustedes?

ESTEBAN: De calabaza y frijol.

SUZANA: De sandía pero no sé de qué son estas semillitas pequeñas y negras.

PACO: Yo sé, maestra. Son semillas de lechuga. Mi papá siempre siembra lechuga.

MAESTRA: Ustedes saben mucho de las semillas. Hoy vamos a leer algunos libros sobre las semillas y lo que pasa después de sembrar unas semillas. Al principio de este año yo les leí un cuento en inglés sobre un niño que sembró una semilla de zanahoria que tardó mucho en crecer, ¿Recuerdan ustedes ese cuento?

INGRID: Sí, *The Carrot Seed*. Está allí en la mesa.

MAESTRA: Muy bien, Ingrid. Tienes muy buena memoria. Hoy les voy a leer el mismo cuento en español, *La semilla de zanahoria*. (Le lee el cuento a la clase.)

MAESTRA: ¿Qué opinan ustedes?

ANITA: El niño tenía mucha paciencia.

MARÍA: La zanahoria era muy grande.

FELIPE: A mí me gustaría comérmela.

JESÚS: Sus papás no le ayudaban.

PACO: Ni su hermano tampoco.

MANOLO: Yo le ayudaría si estuviera allá.

MAESTRA: Estoy segura que ustedes le hubieran ayudado. Hoy tengo un libro nuevo que no hemos leído antes. (Les enseña un libro grande, *Una semilla nada más.*) ¿Ustedes pueden leerme el título?

NIÑOS: *Una semilla nada más.*

MAESTRA: Y, ¿quién es la autora?

NIÑOS: Alma Flor Ada.

MAESTRA: Sí. Este cuento es parecido a *La semilla de zanahoria.* Voy a leerlo y después ustedes van a ayudarme a comparar los dos cuentos. Es un libro grande y ustedes pueden leer conmigo lo que dice el niño.

La maestra les lee a los estudiantes el libro *La semilla de zanahoria* (Kraus, 1945; 1978 trad.). El libro trata de un niño que siembra una semilla de zanahoria. El la cuida muy bien a pesar de que en su familia nadie cree que podrá tener éxito ni podrá cosechar buenas zanahorias. Posteriormente la maestra continúa con la lectura de otro cuento *Una semilla nada más* (Ada, 1990).

Al finalizar la lectura del último cuento, los niños leen con la maestra las palabras que el personaje central de la historia repite constantemente: "Espérate y lo verás". Después de leer el cuento, les dibuja en el pizarrón un diagrama de Venn que consiste en dos grandes círculos que se intersectan. En la intersección de los círculos la maestra escribe la palabra "*Semejanzas*" y luego escribe "*Diferencias*" encima de cada uno de los círculos; debajo de ellos escribe los nombres de los cuentos, *Una semilla nada más* y *La semilla de zanahoria* (véase la Figura 4–3).

MAESTRA: Ahora, ¿Me pueden decir cuáles son las semejanzas y cuáles son las diferencias entre los dos cuentos? Yo voy escribiendo mientras ustedes me dicen lo que piensan.

Esteban: Los niños en los dos cuentos tienen una semilla que siembran.

MARÍA: En los dos cuentos hay una mamá, un papá, y un hermano.

SILVIA: No ayudan a los niños.

FELIPE: Pero en uno de los cuentos hay una hermana también.

PACO: Sí, y en el segundo el pájaro ayuda al niño.

MAESTRA: ¿Dónde escribo lo de la hermana y del pájaro?

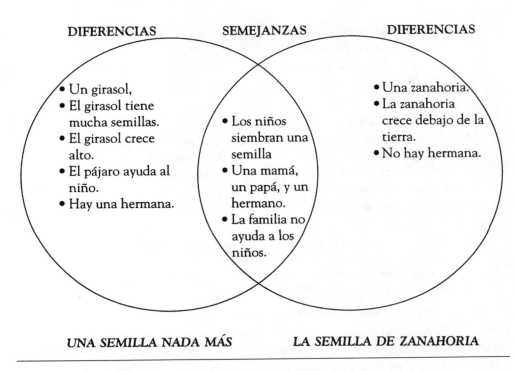

DIFERENCIAS — **SEMEJANZAS** — **DIFERENCIAS**

- Un girasol,
- El girasol tiene mucha semillas.
- El girasol crece alto.
- El pájaro ayuda al niño.
- Hay una hermana.

- Los niños siembran una semilla
- Una mamá, un papá, y un hermano.
- La familia no ayuda a los niños.

- Una zanahoria.
- La zanahoria crece debajo de la tierra.
- No hay hermana.

UNA SEMILLA NADA MÁS — **LA SEMILLA DE ZANAHORIA**

FIGURA 4–3: Diagrama de Venn para los cuentos de semillas

JESÚS: Abajo de "Diferencias-*Una semilla nada más*".

ROBERTO: Yo sé otra diferencia, maestra. Una planta es una zanahoria y la otra es un girasol.

MARTA: Sí, y el girasol tiene muchas semillas más.

MANOLO: El girasol crece alto, pero la zanahoria crece debajo de la tierra.

ANITA: Las semillas son diferentes también.

MAESTRA: Ustedes recuerdan mucho de los cuentos. Ahora Felipe y Jesús nos van a leer dos libros más sobre semillas, *Semillas y más semillas* y *Plantas y semillas* Después, ustedes van a investigar sobre algunas semillas. Tengo aquí una bolsa de plástico llena de varios tipos de semillas. Voy a poner una bolsa en cada una de las mesas redondas. Quiero que ustedes observen las semillas. Las pueden abrir, tocar, y comparar. Pero, ¡por favor no se las coman! También pueden buscar más información en algunos libros que tenemos aquí (La maestra lee los títulos.) *Los secretos de las plantas, El autobús mágico planta una semilla, La vida de las plantas, Diviértete con una lupa, Pon una semilla a germinar, Cómo crece una semilla, Quiero conocer la vida de las plantas, Las plantas, Un jardín* en su dormitorio, *Explorando el bosque*, *Plantas*, *Las semillas crecen* y *Experimenta con las plantas*. Estos libros les pueden ayudar a identificar algunas. También voy a poner estas dos hojas de papel en cada mesa. ¿Pueden leer lo que está escrito en los papeles?

NIÑOS: "preguntas", "observaciones"

MAESTRA: Sí, un papel dice, "preguntas" y el otro dice "observaciones". En el papel donde dice "preguntas", ustedes van a escribir todas las preguntas y dudas que tengan sobre las semillas que tienen sobre la mesa. En el papel donde dice "observaciones", ustedes van a escribir todo lo que están observando y aprendiendo con las semillas y con los libros que están leyendo.

Los niños trabajan afanosamente durante cuarenta minutos. Tocan las semillas, abren algunas de las más grandes, buscan en los libros información sobre los nombres de las partes de las semillas y tratan de identificar las menos conocidas. Al final, la maestra va de nuevo a la pizarra:

MAESTRA: Ahora, ustedes han escrito sus observaciones y sus preguntas en los papeles. Voy a escribir lo que ustedes piensan aquí en el pizarrón. ¿Qué aprendieron? ¿Qué más quieren aprender?

FELIPE: Las semillas vienen en muchos tamaños. La piña del pino es muy grande y tiene muchas semillas. Las semillas de la lechuga son muy chiquitas.

MARTA: Algunas son muy duras, otras son blanditas.

FRANCISCO: Algunas semillas tienen cáscaras y las semillas están adentro.

SILVIA: Las semillas tienen muchas formas y colores.

ROBERTO: No pudimos reconocer todas las semillas.

PACO: ¿Qué pasaría si las comiéramos todas?

Los niños continúan formulando sus preguntas, elaboran la lista de lo que aprendieron y después discuten acerca de cómo encontrar más información sobre las semillas y las plantas. La maestra les pide a Francisco y a Marta que lean dos libros sobre el crecimiento de las plantas, *Las semillas crecen* (Walker, 1995) y *Cómo crece una semilla* (Jordan, 1996). La lectura de estos dos libros en el idioma materno de los estudiantes sirve de base para la lectura que hace la maestra de otros dos libros en inglés: *Growing Radishes and Carrots* (*Cultivando rábanos y zanahorias*) (Bolton and Snowball, 1985) y *I´m a seed* (*Soy una semilla*). El primero es un libro cuyos dibujos animados saltan repentinamente a la vista; habla de cómo sembrar y cultivar rábanos y zanahorias y resalta la diferencia en el tiempo de germinación de ambas semillas. El segundo libro cuenta la historia de una planta de caléndula (maravilla) y una de calabaza que nacen a partir de semillas hasta que les salen flores y calabazas. La maestra discute los libros en español con los estudiantes.

MAESTRA: ¿Qué recuerdan de lo que leí?

SILVIA: Hay que trabajar mucho para cuidar las plantas.

FRANCISCO: Hay que regar las plantas.

MEMO: Los rábanos están listos en cinco semanas pero las zanahorias tardan mucho más.

PACO: Sí, las zanahorias tardan quince semanas.

ESTÉBEN: Las plantas dan flores y fruta y también semillas.

SUSANA: Yo recuerdo cuando mi mamá sembró zanahorias y calabazas. Tardaron mucho tiempo para crecer.

MAESTRA: Tienes razón, Susana.

Después la maestra lee otro libro en inglés, *Growing Colors* (*Cultivando colores*) (McMillan, 1988), en el que aparecen coloridas fotografías de frutas y vegetales asociados con las palabras de los colores básicos. Después de leer el libro la maestra fomenta la discusión.

MAESTRA: ¿Qué opinan ustedes del libro?

PACO: Maestra, nosotros tenemos semillas de algunas de las plantas en las fotos. Mira, aquí tengo semillas del elote, de la calabaza y de frijol.

MEMO: Sí, pero había fotos de papas y de cebollas también. ¿Cómo son las semillas de la papa y de la cebolla?

MAESTRA: Ustedes saben mucho de las semillas pero tienen preguntas también. Una manera de contestar nuestras preguntas es sembrar unas semillas y observarlas. Vamos a hacer un jardín en un bolsillo de plástico.

En una mesa larga que está en el salón, la maestra había colocado previamente una caja con bolsitas de plástico. También había puesto varios paquetes con diversas semillas, toallas de papel y un envase con agua. En grupos, los niños se sientan en la mesa a elaborar sus pequeños "jardines de bolsillo". Cada uno escoge cinco semillas diferentes y las coloca en una toalla de papel humedecida. La toalla se dobla y luego se mete dentro de la bolsa de plástico.

MAESTRA: Ahora, ustedes van a observar lo que pasa con sus semillas. Vamos a hacer un librito especial en el que vamos a escribir nuestras observaciones cada día. También vamos a leer más sobre las semillas en algunos de nuestros libros. Antes de ir a casa hoy, les voy a leer un libro más en inglés sobre este tema. Mañana vamos a hablar de todo lo que sembraron en el libro y de todas las herramientas necesarias para sembrar. En su casa esta noche, hablen con sus papás sobre lo que ustedes han estudiado hoy de las semillas y hablen con ellos sobre lo que ellos siembran y cosechan en sus patios.

La maestra lee un último libro *Growing Vegetable Soup* (*Cultivando sopa de vegetales*) (Ehlert, 1987). Los niños elaboran sus álbumes de ciencia con hojas de cartulina y papel rayado; ilustran las portadas de estos cuadernos y les ponen sus nombres. También ponen sus nombres en los jardines de bolsillo y los colocan en las ventanas antes de irse a sus casas (ver Tabla 4–3).

Análisis del lenguaje integral

Durante toda la clase la maestra estimula la participación de los estudiantes y promueve la interacción entre ellos. La lectura y el comentario de los diferentes libros permite que los estudiantes se involucren en el tema y respondan con interés a todas las actividades propuestas, mientras hacen uso de sus propias experiencias y conocimientos.

En sus clases la maestra no establece ninguna distinción entre, primero "aprender a leer" y más tarde "leer para aprender". Por otra parte, la integración del lenguaje está presente en todos los momentos de la clase; los estudiantes escuchan a su maestra cuando lee, leen junto con ella, conversan con sus compañeros y con la maestra acerca de lo leído y, por último, escriben haciendo uso del vocabulario previamente discutido. En todo momento, a los estudiantes se les ofrece oportunidades para realizar predicciones en relación con las lecturas, de igual manera para construir significados acerca de los cuentos y finalmente, para comparar y contrastar las historias leídas. Estas se tornan mucho más interesantes y pertinentes para los niños, ya que es posible relacionar dichas historias con las semillas verdaderas observadas en la clase y con las vivencias experimentadas durante la actividad. Esto no sólo permite la relación con el conocimiento que ya tienen los estudiantes sino que también contribuye a la construcción de un nuevo conocimiento.

Los cuentos, además de interesantes, resultan visualmente muy atractivos a los niños. De hecho, al final del cuento *Una semilla nada más* (Ada, 1990), cuando la planta finalmente florece, las dos últimas páginas se abren en forma maravillosa y salta de repente un gigantesco girasol que llena de asombro y admiración a los niños.

A lo anterior debemos agregar el hecho importante de que la maestra ha tenido el cuidado de leer a los estudiantes en inglés pero antes, ha realizado lecturas y discusiones en español a fin de ayudarlos a predecir y construir los

Ada, Alma Flor. *Una semilla nada más*. Carmel, CA: Hampton-Brown, 1990.

Bolton, Fay , and Diane Snowball. *Growing Radishes and Carrots*. New York: Scholastic Inc., 1985.

Burnie, David. *Los secretos de las plantas*. Madrid: ALTEA, 1990.

Cole, Joanna. *El autobús mágico planta una semilla*. New York: Scholastic, 1995.

Costa-Pau, Rosa. *La vida de las plantas, Mundo invisible*. Bogotá: Editorial Norma, 1993.

Cutting, Brian, and Jillian Cutting. *Semillas y más semillas*. Translated by Andujar, Gloria. Edited by Wendy Pye, *Sunshine Sciene*. Bothell, WA: Wright Group, 1995.

Darlington, Arnold. *Diviértete con una lupa, El niño quiere saber*. Barcelona: Ediciones Toray, 1984.

Ehlert, Lois. *Growing Vegetable Soup*. San Diego: Harcourt Brace & Company, 1987.

Flores, Guillermo Solano. *Pon una semilla a germinar, Niño científico*. México, D.F.: Editorial Trillas, 1985.

Jordan, Helene J. *Cómo crece una semilla*. Translated by Fiol, María A., *Harper Arco Iris*. New York: Harper Collins, 1996.

Krauss, R. *The Carrot Seed*. New York: Scholastic, Inc., 1945.

Krauss, R. *La semilla de zanahoria*. Translated by Palacios, A. New York: Scholastic, Inc., 1945, 1978 trans.

TABLA 4–3: Literatura para el lenguaje integral

significados de los textos en aquel idioma. También permite que ellos puedan discutir en español acerca de lo que han leído en inglés. En la medida en que se familiaricen más con el tema se sentirán más inclinados y cómodos para leer, escribir y discutir en ambos idiomas.

Conclusion

El lenguaje integral es realmente un enfoque y no un método para enseñar la lectura. Puede tomar diferentes formas, pero su concepción de la lectura como una construcción de significado es lo que lo distingue de los métodos analíticos y sintéticos que hemos descrito en éste y en los anteriores capítulos. Una clase como la que acabamos de describir sobre las semillas, encaja dentro de las teorías más recientes acerca de la lectura y está acorde

Marcus, Elizabeth. *Quiero conocer la vida de las plantas, Quiero conocer*. México, D.F.: Sistemas Técnicos de Edición, 1987.

Marzollo, Jean. *I'm a Seed*. New York: Scholastic, 1996.

McMillan, Bruce. *Growing Colors*. New York: William Morrow & Co., 1988.

Moore, Jo Ellen, and Joy Evans. *Las plantas*. Translated by Ficklin, Dora Wolfe, Liz. Monterey, CA: EVAN-MOOR CORP, 1992.

Murphy, Barnes. *Un jardín en tu dormitorio, El niño quiere saber*. Barcelona: Ediciones Torray, 1983.

Saville, Malcolm. *Explorando el bosque, El niño quiere saber*. Barcelona: Ediciones Toray, 1982.

Sealey, Leonard. *Plantas*. Edited by Leonard Sealey, *Colección nuestro mundo*. Barcelona: Editorial Juventud, 1979.

Walker, Colin. *Las semillas crecen*. Translated by Andujar, Gloria. Edited by Wendy Pye, *Sunshine Science*. Bothell, WA: Wright Group, 1995.

Walker, Colin. *Plantas y semillas*. Translated by Andujar, Gloria. Edited by Wendy Pye, *Sunshine Science Series*. Bothell, WA: Wright Group, 1995.

Watts, Claire, and Alexandra Parsons. *Experimenta con las plantas*. Translated by Rodríguez, Beatriz. Madrid: CESMA, 1993.

TABLA 4–3: (continuación)

con los criterios de la *Lista de preguntas para verificar si la enseñanza de la lectura es efectiva*. Los maestros que basan su enseñanza en este enfoque, están incrementando cada día las posibilidades de éxito para los lectores hispanos.

Durante la clase la maestra realizó una serie de actividades que promueven el desarrollo de la lectoescritura: leer varias veces con los niños durante la clase, recolectar un buen número de interesantes libros acerca del tema que se estaba estudiando, ofrecer a los niños otros libros de consulta e investigación, permitir la interacción de todos los niños a través de las actividades en grupos y, lo más importante, involucrarlos en auténticas experiencias de lectura y escritura.

Los resultados obtenidos mediante el análisis de los desaciertos (miscue analysis) sugieren que el proceso de la lectura involucra algo más que el simple reconocimiento de las palabras. Para llegar a ser lectores efectivos y eficientes, las personas hacen uso del conocimiento que tienen de los tres sistemas de claves del lenguaje y del que han obtenido a través de sus experiencias vitales. Al mismo tiempo, usan estos conocimientos para construir los significados en sus transacciones con los textos y llegan a valorar la actividad de la lectura y a valorarse a sí mismos como lectores. Lo que escriben refleja el vocabulario y las estructuras que están presentes en los libros o materiales que han leído o en lo que les ha sido leído por los maestros.

Es importante que los maestros reflexionen acerca de sus maneras de enfocar la enseñanza de la lectura y la escritura. Parte de esa reflexión involucra la escogencia selección de materiales que apoyen el desarrollo de ambas. Como se muestra en este escenario, la escritura siempre está presente en todas las actividades que se realizan. En los próximos dos capítulos, dedicaremos nuestra atención a la escritura; describiremos cómo ésta se desarrolla en clases donde los estudiantes se involucran permanentemente en verdaderas y funcionales actividades de lectura y escritura; haremos un bosquejo del desarrollo natural de la selección en inglés y en español y discutiremos la importancia de estimular a los estudiantes a usar la escritura de diversas maneras y con variados propósitos y funciones a medida que aprenden.

5

El desarrollo de la escritura

Las muestras de escritura que se presentan a continuación fueron producidas por un niño en proceso de hacerse bilingüe a la vez que aprende a leer y a escribir tanto en inglés como en español. Pablo, es un estudiante de cuarto grado en una escuela bilingüe donde recibe una parte de su instrucción diaria en español y la otra en inglés y además, lee y escribe mucho en los dos idiomas en una amplia variedad de géneros. En la Figura 5–1 vemos un fragmento de un largo reporte escrito por Pablo titulado "Mi abuelo y yo".

Para hacer este reporte, el niño entrevistó a su abuelo y luego relató no sólo lo que éste le contó, sino también sus propios sentimientos con respecto a las experiencias vividas por el abuelo. El niño describe la vida adulta del abuelo y refiere detalles que considera especialmente interesantes como el hecho de que en su boda mataron a un cerdo para la celebración. En la conclusión de su trabajo (véase la Figura 5–3), Pablo demuestra su admiración y respeto por su abuelo.

La muestra de escritura en español del niño (véase la Figura 5–2) corresponde al primero de los cuatro capítulos de una historia que él escribió acerca de las aventuras del Rey Cobra. En este capítulo inicial podemos apreciar el uso de la imaginación por parte del niño, así como su conocimiento con respecto a la forma de elaborar un argumento. En su historia aparece un personaje perverso el cual debe ser derrotado, un tema favorito en niños de 4º grado. La conclusión de su relato es también bastante predecible y las últimas líneas demuestran que al final los héroes siempre salen victoriosos. (véase la Figura 5–4).

Como puede verse, en la escritura de Pablo hay errores ortográficos. Sin embargo su mensaje, tanto en español como en inglés, es comprensible y el niño demuestra sentirse cómodo al escribir textos de ficción y de no ficción. Pablo, en su cuarto grado, progresa favorablemente para convertirse en un escritor en los dos idiomas. Para llegar a este nivel ha recibido apoyo

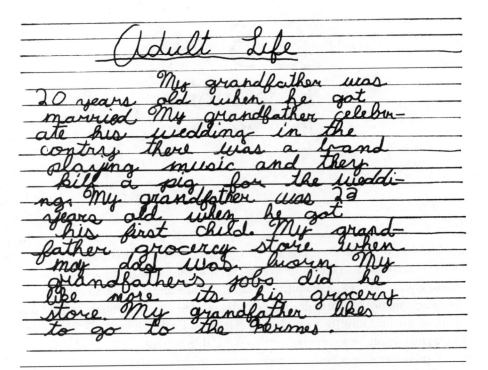

Adult Life

My grandfather was 20 years old when he got married. My grandfather celebrate his wedding in the contry there was a brand playing music and they kill a pig for the wedding. My grandfather was 2? years old when he got his first child. My grandfather grocercy store when my dad was born. My grandfather's jobs did he like more its his grocerry store. My grandfather likes to go to the rermes.

FIGURA 5–1: La historia del abuelo de Pablo

de sus maestros bilingües, quienes le han proporcionado una amplia variedad de experiencias de lectura y escritura y quienes además poseen el conocimiento que les permite apoyar y evaluar los inicios y el desarrollo del proceso de la escritura.

En los primeros cuatro capítulos de este libro nos dedicamos fundamentalmente a la lectura; en este capítulo enfatizamos el desarrollo de la escritura. Sin embargo, es necesario aclarar que estos dos procesos están tan íntimamente relacionados que resulta muy difícil separarlos. Cuando discutimos las concepciones acerca de la lectura y los diversos métodos para su enseñanza, ofrecimos ejemplos de clases en las cuales las actividades de lectura y escritura estaban estrechamente vinculadas. De igual manera, al exponer el desarrollo de la escritura, presentamos ejemplos obtenidos en aulas de clase donde se ofrecen enriquecedoras oportunidades para la lectura y la escritura significativas. Los maestros en estas aulas entienden que un buen programa de lectoescritura infantil debe necesariamente relacionar la lectura con la escritura. De igual manera, ellos tienen conocimientos teóricos sobre ambos procesos, lo que les permite transformar la teoría en práctica dentro del aula.

King Cobra.

Había una vez un señor que se llama King Cobra. Y el peleaba con las personas malas y las mataba. Un día su hermano vino y se llama King Snake. El también sabía pelear. Y una vez ellos se metieron en problemas y ellos estaban en la conte con el lider de los malos. El hermano de King Cobra. Y el lider de los malos estaba diciendo mentiras de que ellos querían robar su esposa" pero no le creyeron a King Cobra lo que dijo. Entonces los metieron a la carsel a el y a su hermano. Ellos estaban triste.

1 pg

FIGURA 5–2: La historia de Pablo sobre el Rey Cobra

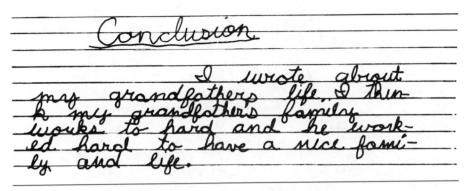

FIGURA 5–3: Conclusión de la historia del abuelo

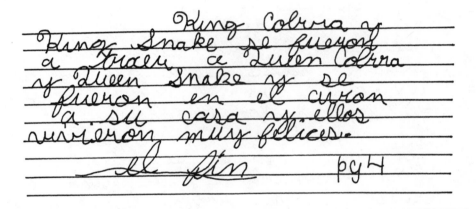

FIGURA 5–4: Conclusión de la historia del Rey Cobra

A continuación contrastamos dos concepciones de la escritura a las cuales denominaremos: la concepción tradicional y la concepción de la escritura como un proceso. Hacemos una revisión de la *Lista de preguntas* contenida en el capítulo uno que enumera los elementos que deben estar presentes en un salón de clases donde se lleva a cabo la enseñanza de la escritura como un proceso. Después de describir los elementos de un programa exitoso de escritura, pasamos a explicar en forma más detallada el desarrollo del proceso de escritura. Nos concentramos luego en el desarrollo natural de la escritura, en inglés y en español, en las aulas donde ésta se percibe como un proceso.

Los niños tienen que desarrollar un control sobre el sistema de escritura, por eso comenzamos explicando cómo funcionan los sistemas de escritura

La enseñanza de la lectura y la escritura en español en el aula bilingüe

alfabética para luego atender al desarrollo de la escritura en inglés. En el siguiente capítulo, hablaremos del desarrollo de la escritura en español.

Dos concepciones de la escritura

Cuando discutimos las teorías de lectura contrastamos dos puntos de vista. Al primero lo denominamos la concepción del reconocimiento de palabras porque para este enfoque, aprender a leer significa aprender a reconocer las palabras. Los métodos tradicionales para enseñar la lectura en español consisten todos en diferentes formas de reconocimiento de las palabras; ellos suponen que una vez que los estudiantes logran hacer esto, podrán también juntar los significados para dar sentido a un texto. La segunda concepción de la lectura, la socio–psicolingüística, sostiene que la lectura es un proceso de construcción de significados. Los lectores se valen de las claves que ofrecen los diferentes sistemas lingüísticos, no para reconocer palabras, sino para construir el significado a partir de los textos.

De igual manera, podemos considerar dos formas de concebir la escritura. En los enfoques tradicionales, los maestros generalmente hacen que los niños copien letras o palabras, posteriormente, juntan las palabras para crear oraciones y finalmente arman las piezas para completar cuentos o mensajes. El enfoque tradicional puede ser contrastado con el de la escritura como un proceso en cuanto a que este último comienza ayudando a los estudiantes a comprender que la escritura involucra mensajes para establecer un nexo de comunicación a través del tiempo y del espacio. Los niños sienten primero la necesidad de comunicar algo y después descubren cómo representar sus ideas en forma escrita.

Los enfoques tradicionales comienzan con la enseñanza de las partes de la escritura las cuales después se juntan para formar los todos o mensajes completos. En contraste, en los enfoques de la escritura como un proceso, los niños se enfrentan primero a la totalidad para luego, con la ayuda de los maestros, atender a las partes que necesitan para comunicar sus mensajes.

Otro contraste entre los dos enfoques tiene que ver con el papel que desempeñan los maestros. En los enfoques tradicionales los maestros instruyen a los niños directamente, les muestran como hacer las letras y luego los guían para que puedan copiarlas. Una vez que los estudiantes saben hacer las letras, los maestros les enseñan a combinarlas para formar palabras y oraciones. La creencia predominante es que los niños llegan a la escritura sin ningún conocimiento válido y la misión de los maestros es transmitirles ese conocimiento.

Los maestros que siguen el enfoque de la escritura como un proceso, por su parte, asumen que los niños llegan a la escuela con un gran conocimiento acerca del lenguaje escrito. Este conocimiento continúa desarrollándose en la escuela con las experiencias diarias. El trabajo de los maestros consiste en crear situaciones para las cuales la escritura es una respuesta natural. Por ejemplo, después de oir la lectura de muchos cuentos, los niños podrían manifestar su deseo de escribir sus propios cuentos; igualmente, después de una fiesta en el salón de clases, los niños podrían desear escribir una nota de agradecimiento a los padres voluntarios que ayudaron a organizar la fiesta. Los maestros no sólo proporcionan experiencias que conducen a la escritura de una manera natural, sino también ayudan a sus alumnos en diferentes momentos del proceso.

Elementos de un programa efectivo de la escritura como un proceso

La enseñanza de la escritura como un proceso implica seguir el desarrollo individual de los niños y a la vez, involucra una profunda comprensión de los patrones normales del desarrollo infantil. En el capítulo uno enumeramos las características de un programa efectivo de escritura en forma de preguntas. En esta sección, volvemos a reproducir la *Lista de preguntas para verificar si la enseñanza de la escritura es efectiva* y comentamos brevemente cada uno de los puntos (véase la Figura 5–5). Recomendamos a los maestros hacer uso de esta lista a medida que construyan y refinen sus propios programas de escritura.

La lista refleja los tres componentes generales de una buena clase de escritura como proceso: actividades de pre–escritura, de escritura y de post–escritura.

Mucho se ha escrito con relación al proceso de escritura en estudiantes angloparlantes (Calkins, 1986, 1991; Graves, 1983). Otros libros y artículos abordan los enfoques de la escritura como un proceso en estudiantes que escriben en una segunda lengua (Hudelson, 1989; Rigg y Enright, 1986). En esta sección sólo comentamos brevemente las preguntas de la lista para luego examinar en detalle la naturaleza de los sistemas de escritura y los patrones normales de desarrollo que los maestros pueden esperar cuando trabajan con escritores principiantes.

En los enfoques tradicionales, los maestros generalmente proponen a los estudiantes los temas específicos que van a desarrollar; pueden hacer esto ofreciendo una lista de temas para que los estudiantes escojan uno, o también, escribiendo el comienzo de un cuento en el pizarrón. Cuando los maestros les dan a los estudiantes el tema, pierden un elemento esencial de

1. ¿Ejemplifican los maestros los pasos que ellos siguen para escoger los temas? ¿Ayudan ellos a sus estudiantes a seguir estos mismos pasos cuando escogen los temas sobre los que quieren escribir?

2. ¿Se estimula a los estudiantes escritores a tomar en cuenta sus propias experiencias y sus lecturas cuando escogen los temas acerca de los cuales desean escribir? ¿Escriben ellos con fines verdaderamente auténticos y comunicativos?

3. ¿Establecen los estudiantes relaciones entre lo que leen y lo que escriben? ¿Pueden percibir que la lectura les proporciona ideas para la escritura?

4. ¿Mantienen los estudiantes una lista actualizada cuando escogen los temas acerca de los cuales desean escribir?

5. ¿Perciben los estudiantes que la escritura es un proceso? ¿Entienden ellos que deben desarrollar una serie de actividades antes de poder llegar a las escritura final de un texto?

6. ¿Disponen los estudiantes en el aula de una amplia variedad de libros de literatura y otros materiales de consulta que les puedan servir de referencia cuando van a escribir?

7. ¿Cuando los estudiantes escriben, ¿se les permite "inventar" su propia ortografía partiendo de sus hipótesis fónicas internas ye de las "imágenes" que se han formado de las palabras a partir de sus experiencias previas con la lectura?

8. ¿Tienen los estudiantes oportunidades de compartir con otras personas lo que escriben? ¿Reciben de estas personas respuestas auténticas que les sirven de apoyo a su sensibilidad y necesidades como escritores?

FIGURA 5–5: Lista de preguntas para la escritura

la escritura: el propio escritor escoger el temo. Los buenos escritores escogen bien el tema sobre el cual quieren escribir. Cuando son los mismos estudiantes quienes escogen sus temas, hay un mayor interés en desarrollar y expresar las ideas. Ellos se posesionan de la escritura y escriben con propósitos auténticos. Esto quiere decir que escriben para expresar ideas que son importantes para ellos y no para, simplemente, responder a una tarea asignada.

Una de las maneras de ayudar a los estudiantes a seleccionar buenos temas sería mostrando el proceso para decidir sobre qué escribir y sobre qué no hacerlo. Por ejemplo, una maestra podría pensar en voz alta frente a la clase: "Hoy pensé en tres cosas sobre las cuales yo podría escribir"; luego, puede hacer la lista de estas tres cosas y discutir por qué una sería mejor que la otra. Algunos maestros usan le técnica de la lluvia de ideas (*brainstorming*) para selección de temas y mantienen en el aula una lista de posibles temas.

La mejor escritura ocurre cuando los estudiantes escogen temas específicos relacionados con su propias experiencias e intereses. Muchos maestros estimulan a los estudiantes a que tengan una lista personal de posibles temas que puede ser actualizada constantemente. Esta lista debe reflejar tanto los temas sobre los que ya han escrito como también aquellos sobre los que desearían escribir en el futuro. Los maestros discuten esos temas con los estudiantes, bien sea en grupos o individualmente, animándolos a compartirlos entre ellos. Los estudiantes también obtienen ideas para escribir a partir de las lecturas que realizan (Hansen, 1987), o escriben sobre temas que han investigado en otras asignaturas como estudios sociales, matemáticas, ciencias naturales y otras.

Los maestros que trabajan en aulas donde la escritura se aprecia como un proceso, ayudan a los estudiantes a que aprendan a seleccionar sus propios temas; también les proporcionan suficiente tiempo para que ellos investiguen sobre ciertos temas y elaboren sus borradores. En un aula como ésta, la mayoría de los maestros crean una atmósfera semejante a la de un taller de trabajo en donde se dedica un largo período de tiempo diario a la lectoescritura. Durante este tiempo los estudiantes son orientados en cuanto al uso productivo de su tiempo. Los estudiantes además de empezar a percibir la escritura como un proceso deben entender el proceso mismo a través de su inmersión en él durante el tiempo de trabajo.

Los buenos escritores no siempre tienen todas las ideas en sus mentes cuando van a escribir sino que ellas van surgiendo a medida que escriben. Por esta razón es importante la utilización de una variedad de recursos como los videos, los bancos de datos de la computadora y la constante lectura lo cual va a permitir el desarrollo de nuevas ideas. Los estudiantes deben ser estimulados a conversar con sus compañeros, con sus padres y con otras personas mientras planifican su escritura. En las aulas tradicionales la escritura es privada e individual, mientras que en las otras, la escritura es compartida y social.

Con frecuencia los jóvenes escritores tienen buenas ideas pero se sienten frustrados por su falta de control con respecto a las convenciones de la escritura

Aulas donde se enseña la escritura de una manera tradicional	Aulas donde se enseña la escritura como un proceso.
Énfasis en el producto.	Énfasis tanto en el proceso como el producto.
Los estudiantes comienzan con las partes para poder llegar a la construcción de mensajes completos.	Comienzan con los mensajes completos para después analizar las partes.
Los maestros enseñan directamente la formación de las letras, después las palabras y finalmente la combinación de palabras para formar oraciones.	Los maestros crean condiciones para que los estudiantes respondan ante la escritura de una manera auténtica.
Los maestros escogen los temas sobre los cuales van a escribir los estudiantes.	Los maestros ayudan a los estudiantes a escoger temas apropiados.
Los temas no siempre se relacionan con la vida y experiencias de los estudiantes.	Los temas surgen de las experiencias e intereses de los estudiantes.
El tiempo destinado para la escritura es restringido e inflexible.	El tiempo destinado para la escritura es abierto y flexible.
Existen pocos recursos disponibles para ser utilizados por los estudiantes en su escritura	Los escritores disponen de muchos recursos que les estimulan a escribir.
Lo que escriben los estudiantes debe ser sin errores (escritura convencional)	La escritura surge de manera natural y procede de la invención hacia la escritura convencional.
Los estudiantes escriben sólo para los maestros.	Los estudiantes escriben para una audiencia real y auténtica.
Los maestros corrigen la escritura.	Otros estudiantes y otras personas responden a la escritura.
La escritura es algo privado e individual.	La escritura es algo compartido y social.

FIGURA 5-6: Dos concepciones para la enseñaza de la escritura

al tratar de plasmar sus ideas en el papel. Ellos pueden tener problemas para formar letras, escribir palabras o utilizar los signos de puntuación; por esa razón los maestros deben animarlos a inventar formas para escribir algunas palabras y a utilizar los signos de puntuación que crean convenientes para representar sus pensamientos. Sin embargo, estos maestros deben observar el desarrollo de los estudiantes para poder guiarlos hacia el manejo de las formas convencionales y hacia la edición y publicación de sus trabajos.

En las aulas donde se comparte la escritura en un ambiente de apoyo afectivo, los estudiantes se hacen cada vez más consciente de la necesidad de utilizar las reglas establecidas de manera tal que los compañeros, los padres y los maestros puedan entender sus mensajes. El dominio de las formas establecidas toma tiempo, pero cuando los estudiantes escriben con fines verdaderamente auténticos, es decir, cuando tienen un mensaje y una audiencia reales, gradualmente refinan sus invenciones y comienzan a evolucionar hacia una escritura que los otros podrán entender. Seguidamente, resumimos las diferencias entre los enfoques tradicionales y los enfoques de la escritura como un proceso (véase la Figura 5–6).

En las secciones que siguen enfocamos más específicamente el desarrollo natural de la escritura a medida que los niños evolucionan de la invención hacia la convención. Primero vemos cómo están organizados los sistemas alfabéticos de escritura ya que ellos son los sistemas que los escritores de habla inglesa o española deben dominar; seguidamente entramos en la discusión de los patrones normales de desarrollo para los niños que escriben en el idioma inglés. Los maestros que entienden esos patrones pueden ayudar mejor a los estudiantes a convertirse en escritores eficientes.

Sistemas de escritura no alfabética

Los niños que están aprendiendo a escribir en español y en inglés deben tener un buen manejo de un sistema alfabético de escritura. En esta sección proporcionamos algunos antecedentes con respecto a la naturaleza de los diversos sistemas de escritura. Los estudiantes no necesitan saber esta información para poder escribir pero los maestros sí deben conocerla porque les va ayudar a orientar el proceso de lectoescritura de los alumnos.

A través de la historia han sido desarrollados diferentes sistemas de escritura entre los que encontramos: el logográfico, el silábico y el alfabético. El idioma chino es un buen ejemplo del sistema logográfico; el japonés, por su parte, usa una combinación de logógrafos y sílabas, mientras el español y el inglés son sistemas alfabéticos. Lo más importante de destacar es que, en cualquier caso, la clase de sistema de escritura que se ha desarrollado satisface las necesidades del pueblo que lo utiliza. Como señala Goodman (1993): "La escritura alfabética evolucionó a partir de la no alfabética y en general funciona bien para sus usuarios. Sin embargo, los sistemas no alfabéticos son los más apropiados para ciertos propósitos específicos" (p. 9). Ningún sistema es mejor que otro ya que cada uno de ellos representa un conjunto de convenciones adoptadas por un grupo social particular.

En el sistema logográfico como el chino cada símbolo escrito representa una palabra. Así, el 日 se utiliza para decir *sol*. Los caracteres chinos poseen un elemento fonético y el sistema es más complejo que el hecho de tener simplemente un símbolo diferente para cada palabra. Podemos decir que en lenguajes como el chino los caracteres generalmente representan palabras en lugar de sonidos. Esta es una ventaja para los chinos porque los hablantes de las principales variedades del idioma (cantonés y mandarín principalmente) no pueden comprenderse entre sí cuando hablan pero en cambio, comparten el mismo lenguaje escrito.

En otros sistemas ampliamente usados, los caracteres representan sonidos. Los sistemas de escritura silábica están constituídos por marcas que representan sílabas; en el idioma japonés por ejemplo, las palabras de función son representadas con un carácter para cada sílaba; el carácter 力 representa /ka/ y マ representa /ma/. Hasta cierto punto sería posible desarrollar un sistema similar para el idioma español y de hecho, los métodos silábicos de lectura reflejan esto. En lugar de usar dos letras para *ma* o *pi*, el español podría haber usado sólo un símbolo para representar el sonido producido por la combinación de la consonante y la vocal.

Sistemas de escritura alfabética

El inglés y el español son sistemas de escritura alfabética y también emplean caracteres que representan sonidos. La diferencia entre los sistemas silábicos y los alfabéticos es que en estos últimos cada carácter representa un solo sonido—bien sea una vocal o una consonante—en lugar de una sílaba completa.

La correspondencia entre los sonidos y las letras no es perfecta, y esto lo sabe toda persona que haya tratado de escribir, bien sea en inglés o en español. Ambos lenguajes, por ejemplo, tienen letras mudas como en *know* o en *hijo* y ambos pueden representar un simple sonido con más de una letra. En inglés, el sonido de *s* puede estar representado por *s*, *ss*, *se*, *ce*, entre otros; en español, el sonido *s* puede ser escrito con una *s*, *c* o *z* y además, una letra puede representar más de un sonido. La letra *g* en inglés tiene un sonido fuerte como en *gate* y un sonido suave como en *gentle* ; en español la letra *g* posee también diferentes sonidos: antes de *e* o *i* como en *gente* o *girasol* la *g* suena como una *h* aspirada pero en otros casos como en la palabra *gato* suena como la *g* fuerte en inglés.

Con frecuencia la gente alude a la falta de correspondencia entre sonidos y letras sugiriendo que el sistema de escritura debe ser reformado; sin embargo, el hecho de que los sistemas alfabéticos no representen perfectamente esa correspondencia, no quiere decir que sean deficientes. Las personas que sugieren la reforma no entienden que los sistemas de escritura son sólo eso: sistemas. Al igual que otros sistemas complejos, la escritura se ha desarrollado en respuesta a diferentes exigencias. Es necesario reconocer cuáles son esas demandas hechas por los lectores así como aquellas que han sido impuestas por los escritores.

La mayoría de los planes para una reforma del sistema de escritura facilitaría la vida de los escritores ya que éstos dispondrían de una letra para cada sonido. Este sistema, sin duda, sería más fácil para escribir, pero sabemos que el ser humano emplea más tiempo leyendo que escribiendo y por tanto, un sistema diseñado exclusivamente para los escritores haría la lectura mucho más difícil. Smith (1971) ofrece un buen ejemplo de los problemas potenciales que podrían presentarse a los angloparlantes en la siguiente oración: "The none tolled hymn she head scene a pare of bear feat inn hour rheum" (p. 125). La mayoría de los lectores se confunden cuando leen por primera vez la oración, pero si ellos leen las palabras en voz alta podrían entenderlas. Este es un buen ejemplo de que los sistemas alfabéticos de escritura hacen algo más que representar sonidos.

El principal problema con un sistema que sólo representa sonidos es que cada lenguaje usa la misma combinación de sonidos para representar más de un significado. Como lo demuestra la oración de Smith podemos escribir una colección de sonidos como *nun* o *none* y podemos escribir otra como *told* o *tolled*. Un sistema de escritura que sólo se base en el sonido no nos permitiría determinar si dos palabras que suenan iguales tienen significados diferentes. Por supuesto que el contexto ayuda a decidir cuál sería el significado correcto, pero con el lenguaje escrito tenemos, además, una pista adicional con relación a la manera como se escribe la palabra. En vista de que los sistemas de escritura son marcas visibles en un papel es lógico que usemos tanto las claves de los sonidos como las claves visuales. Esto significa una carga pesada para el escritor, pero en cambio representa una gran ayuda para el lector.

Nuestro presente sistema de escritura ayuda a los lectores con pistas de significado al usar diferentes formas de escribir palabras como *nun* y *none*, para representar diferentes significados. C. Chomsky (1970) ha señalado que estas formas de escribir muestran que las palabras que se ven diferentes tienen también un significado distinto y que las palabras que se ven parecidas tienen significados similares o relacionados. Cuando agregamos una *b* muda en *bomb* lo hacemos para reconocerla como la base de una palabra como en *bombard*. Si la palabra *sign* no tuviera una *g* muda tendríamos dificultad para hacer las conexiones de significado entre *sign* y *signal*. Otro ejemplo serían las palabras *medicine* y *medical*; ambas son escritas con *c* aunque el sonido de esa letra es diferente en ambas palabras.

En inglés la ortografía de las palabras ayuda con la sintaxis. Los lingüistas dividen las palabras en dos tipos: palabras de contenido y palabras funcionales. Las de contenido incluyen sustantivos, verbos, adjetivos y adverbios; estas palabras imprimen el significado a la oración mientras que las preposiciones, conjunciones, pronombres y artículos son llamadas palabras funcionales porque sirven para mostrar las relaciones y conexiones entre los conceptos representados por las palabras de contenido. Los lectores usan determinadas claves sintácticas, pero una muy importante es la de conocer si una palabra es funcional o de contenido. En parte, los lectores predicen esas palabras según su posición en la oración; pero también toman en consideración la longitud de la palabra. Las palabras funcionales son generalmente cortas (*it, and*) habiendo, por supuesto, ciertas excepciones como *throughout*.

Por otra parte, las palabras de contenido son más largas y deben tener contenido en sí mismas. La regla general parece ser que ellas están formadas por tres letras como mínimo y por esa razón, en inglés, si una palabra de contenido tiene sólo dos letras, doblamos la letra final o agregamos una *e*. El aumento de la longitud en las palabras, indica al lector que se trata de una palabra de contenido y por lo tanto, es responsable en parte del significado de la oración. Por ejemplo, *in* (en) es una palabra funcional pero *inn* (posada-hospedería) es una palabra de contenido, *be* es una palabra funcional (ser o estar) pero *bee* (abeja) es de contenido. Estas variaciones en la ortografía que contradicen la exigencia de que las palabras sean escritas tal como suenan, en realidad lo que hacen es ayudar a los lectores proporcionándoles claves sintácticas.

En español el acento cumple una función similar al de las dobles letras en inglés ya que establece una diferenciación entre las palabras, aunque su pronunciación sea la misma. Por ejemplo, cuando dos palabras son escritas de la misma manera, la más enfática lleva un acento (Ramsey y Spaulding, 1963). Generalmente, las palabras sin acento sirven más como palabras funcionales y las que llevan el acento son con mayor frecuencia palabras de contenido. Así, *dé* (verbo dar) significa *give* en la forma imperativa o subjuntiva y *de* es la preposición que significa *of* o *from* ; *sé* (verbo saber) es una forma verbal que significa *I know* mientras que *se* es un pronombre reflexivo que se usa en una frase como, *se mira en el espejo*; *sí* significa *yes*, pero *si* significa *if*.

Los sistemas alfabéticos de escritura representan entonces, tanto los sonidos como los significados y cuando asimilamos esto entendemos que la escritura es realmente sistemática. Algunas variaciones, sin embargo, no parecen reflejar ni el sonido, ni el significado. Así, en inglés la palabra *avalanche* se escribe con una *e* muda al final; no necesitamos de esa letra para alargar el sonido de la vocal como en la palabra *hope* (comparada con *hop*); el hecho de agregar la *e* muda no nos ayuda a diferenciar esa palabra de otra como *avalanch*. Entonces, ¿Por qué está esa *e* allí? ¿Acaso para probar que la escritura en inglés no posee ritmo o razón de ser?

D. W. Cummings (1988) ha señalado que hay tres fuerzas que actúan en los sistemas alfabéticos de escritura y cada una de ellas hace sus respectivas demandas; ya hemos visto dos de ellas. Tratamos de escribir las palabras de acuerdo a sus sonidos y si esto lo hicieramos perfectamente, escribir sería más fácil. De igual manera tratamos de escribir las palabras para reflejar su significado lo cual hace que la lectura sea más fácil. La tercera fuerza que actúa en nuestro sistema de escritura es la historia o lo que la lingüística refiere como etimología. La exigencia aquí sería que las palabras deben escribirse de forma tal que reflejen su procedencia.

Los nombres de las personas con frecuencia nos dan claves con respecto a su origen. Muchas personas que han emigrado a los Estados Unidos cambian sus nombres para que estos suenen más ingleses; así es como *Juan* puede convertirse en *John*. Las palabras también tienen una historia, y cuando son tomadas de otro idioma pueden cambiar para reflejar las reglas del nuevo lenguaje o retener su identidad, lo cual se refleja en la forma de escribirlas. Por esto, la palabra *avalanche* termina en una *e* porque fue tomada del francés y conserva la vocal final aun cuando no se necesita en inglés. Igual sucede con la palabra *yacht* tomada del holandés que conserva su forma original aunque la *ch* de esa palabra no se pronuncia en inglés.

En español, por otra parte, encontramos palabras que comienzan con la sílaba *hie*, como en *hiena*, *hierro*, que se escriben de esa forma debido a su historia y a su relación con las palabras originales en la lengua griega. Asímismo, *el deficit* y *el ultimátum* son un par de ejemplos interesantes de palabras tomadas prestadas de otro idioma que no siguen los patrones normales de escritura del idioma español.

Es importante, entonces, saber que los sistemas alfabéticos de escritura son realmente sistemáticos; ellos se han desarrollado en el tiempo en respuesta a ciertas necesidades humanas y al igual que los sistemas políticos, los sistemas de escritura se modifican según las necesidades de los lectores y escritores. Ahora bien, como los sistemas alfabéticos son complejos el niño debe tomar su tiempo para entender cómo funcionan.

Desarrollo de la escritura

Goodman y Goodman (1990) describen el aprendizaje de la lectura y la escritura como un equilibrio entre la invención y la convención. Los niños inventan escrituras de palabras para expresar sus ideas, también inventan palabras y signos de puntuación y progresivamente, a medida que leen, toman conciencia de que la comunidad de lectores y escritores ha establecido ciertas formas convencionales para la escritura que varían de una comunidad a otra. De esta forma, tenemos que en español las preguntas son marcadas con el signo de interrogación al comienzo y al final de la oración; los gentilicios (como por ej. *español*) se escriben con minúscula pero no así en inglés. Estas convenciones deben ser aprendidas por los niños.

Con el fin de facilitar el desarrollo de la escritura en los nuevos escritores, los maestros deben conocer los patrones normales que se dan en el mismo, para así poder interpretar y apoyar las invenciones de los estudiantes y guiarlos hacia las formas convencionales. Si las invenciones son pasadas por alto, nadie podría leer el mensaje de un niño; si por el contrario, desde el principio hay una imposición excesiva de ellas, los niños podrían perder de vista la noción de la escritura como el proceso de construir sus propios significados. Los maestros bilingües, indudablemente, tienen aún más que aprender; necesitan conocer los patrones de desarrollo de la escritura tanto en inglés como en español y estar conscientes de lo que se espera de los hablantes del español que se desempeñan en una sociedad angloparlante.

Las investigaciones de Read (1971), Chomsky (1970) y otros, han proporcionado importantes datos con relación al proceso natural que los niños experimentan mientras pasan de la invención a la convención. Las contínuas investigaciones de Goodman y Wilde (1992) y Wilde (1992) sugieren formas más específicas para que los maestros fomenten el desarrollo de la escritura en los niños.

Antes de entrar a comentar estas investigaciones es necesario señalar en primer lugar, que los datos tomados por los investigadores en relación al desarrollo de la escritura fueron obtenidos en aulas de clase donde la escritura se realiza con propósitos auténticos; en segundo lugar, queremos hacer notar que cuando usamos el término *etapa* para describir diferentes momentos del progreso de los estudiantes en la escritura, deseamos enfatizar que esto es simplemente una manera conveniente de discutir conductas que forman parte de un contínuo. Los niños entran y salen de estas etapas o estadios sin que haya una progresión lineal clara. Sin embargo, las categorías a las que hacemos referencia como etapas reflejan nuestra comprensión acerca de los principales conocimientos que los niños alcanzan a medida que su escritura se acerca más a lo convencional. La siguiente discusión se basa en el trabajo realizado por Buchanan (1989) en su excelante libro *La escritura en las aulas de lenguaje integral*.

Buchanan divide el desarrollo de la escritura en cuatro etapas principales: la prefonética, la fonética, la fónica y la sintáctica–semántica. En cada etapa la autora destaca el concepto más importante que los niños desarrollan y sugiere, además, formas de ayudarlos a progresar hasta alcanzar la siguiente etapa. Por ello recomienda a los maestros recoger muestras de la escritura de los estudiantes para identificar los patrones de escritura de cada uno y realizar el seguimiento de su progreso.

La etapa prefonética

Blanca pidió a sus estudiantes que escribieran sobre el día de Acción de Gracias (Thanksgiving). Anthony hizo un dibujo y escribió algo debajo y luego señaló a la maestra que allí decía "Fuí a la casa de mi abuela el Día de Acción de Gracias" (véase la Figura 5–7). Esta muestra es representativa de la etapa pre–fonética en la cual el principal concepto que los niños desarrollan es que "las cosas pueden ser representadas en el papel por símbolos diferentes a los dibujos" (Buchanan, 1989, p. 134). Es fácil distinguir el dibujo de Anthony de su escritura; sus letras no están aún bien formadas pero claramente intentan representar escritura en lugar de dibujo y, además, tienden a corresponderse, como ocurre con los niños que hablan un primer idioma, con los símbolos que usan los adultos para escribir en ese lenguaje.

La etapa prefonética es llamada así porque los niños usan símbolos para representar las cosas en lugar de los nombres de ellas; una marca en el papel puede representar a un oso de peluche y no el nombre del animal. A medida que los niños progresan de los garabatos a letras reconocibles, con frecuencia mezclan letras y números; generalmente usan las letras de sus propios nombres y pudiera suceder que no entiendan la diferencia entre escribir y dibujar a pesar de que las marcas en el papel demuestran que pueden hacer ambas cosas.

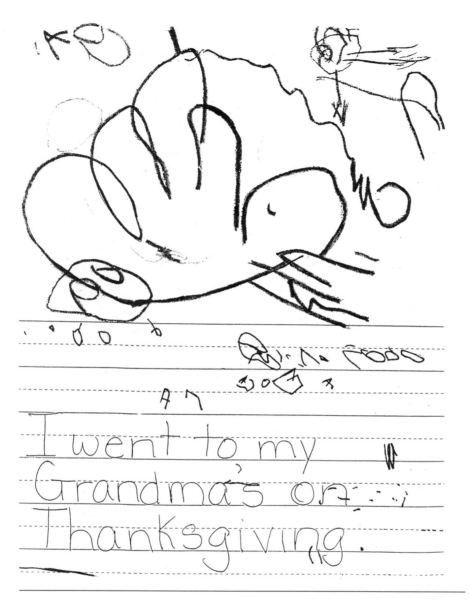

FIGURA 5–7: El dibujo del Día de Acción de Gracias de Anthony

La tarea más importante de los maestros en esta etapa es estimular a los niños a continuar escribiendo y una forma de hacerlo es rodeándolos de material impreso significativo. Muchos maestros identifican con el nombre de los niños sus dibujos y sus pupitres. También colocan las letras del alfabeto en las paredes del aula, les leen a los niños los libros grandes y libros sobre el alfabeto que contienen escritura fácilmente visible. Igualmente hacen que los niños les dicten cuentos que ellos copian para después leerlos junto con los niños.

La etapa fonética

A medida que pasa el tiempo, los niños avanzan hacia la etapa fonética en la cual ellos adquieren un importante concepto: "existe una relación entre los aspectos físicos de la producción de una palabra y la escritura de la misma" (Buchanan, 1989, p. 135). En esta etapa los niños no establecen todavía la conexión entre los sonidos y la escritura; más bién lo que hacen es relacionar la producción física del sonido con la escritura. Esto parece ser una extraña distinción, pero el desarrollo de la escritura va gradualmente de lo concreto a lo abstracto y las acciones físicas que se realizan para producir un sonido son más concretas que el sonido mismo.

Los niños pequeños son buenos fonetistas; ellos están muy conscientes de cómo y dónde se producen los sonidos dentro de su boca. Read (1971) demostró que lo que parecía ser una escritura extraña reflejaba simplemente la confianza del niño en los mecanismos de producción del sonido. Por ejemplo, un niño escribió *truck* con las letras *chrak*; la sustitución de la *t* por *ch* parece extraña a los adultos, pero si uno dice *truck* (camión) y luego *chruck* se notará que las acciones que se ejecutan y el movimiento de la lengua en la articulación de los sonidos son casi los mismos. La regla en inglés es que se use la *t* antes de *r* para representar ese sonido en lugar de usar una *ch*; pero desde el punto de vista de la producción del sonido un lingüista o un niño pequeño podrían justificar cualquiera de las dos opciones.

Al comienzo de la etapa fonética los niños usan con frecuencia una letra para cada palabra y posteriormente, una letra para cada sílaba. En dos trabajos de Rosalinda (véase las Figuras 5–8 y 5–9) se puede observar el uso de consonantes iniciales y finales; en el primer ejemplo ella escribe *house* (casa) como *hs* y *rainbow* (arcoiris) como *rbl*, la *l* final de esta palabra puede haber resultado de su pronunciación como *rainbowl*. En el segundo ejemplo, Rosalinda escribe *ladybug* como *ldbg*, cambiando la forma de la *g*; aquí ella coloca la consonante inicial de cada sílaba más la consonante final; a medida que escribe está consciente de cómo va pronunciando los sonidos y las consonantes iniciales de cada sílaba junto con la consonante final son las que ella nota más. Ella hace lo mismo que hacen otros niños, es decir, pronuncia las palabras en voz alta mientras escribe aunque a veces exagera la pronunciación.

De la misma manera que Rosalinda, los niños que escriben en inglés, con frecuencia representan las sílabas con consonantes porque en este

FIGURA 5–8: Arcoiris y casa por Rosalinda

idioma las consonantes son más consistentes que las vocales. Regularmente usamos la misma consonante para representar un sonido, especialmente al comienzo o al final de una palabra; una excepción sería el sonido de la /k/ que puede ser representado con *c* o *k*. En inglés las consonantes actúan más consistentemente que las vocales. El alfabeto inglés tiene cinco vocales para quince sonidos distintos; muchos de estos sonidos vocálicos se reducen a un sonido no acentuado (schwa) y el sonido puede ser representado por cualquier vocal; por esa razón podemos encontrar que estudiantes avanzados escriben *grammar* como *grammer*.

En contraste, los niños que escriben en español con frecuencia representan las sílabas con vocales; en este idioma hay cinco sonidos vocálicos que se acoplan perfectamente a las cinco letras vocales. Como veremos en el próximo capítulo, los niños hispano–hablantes que aprenden a escribir en español, responden al patrón regular comenzando a escribir con vocales.

Al comienzo de la etapa fonética los niños se benefician con las mismas estrategias que usan en la etapa prefonética. Los maestros deben leerles, involucrarlos en actividades y experiencias con el lenguaje y asegurarse de

FIGURA 5–9: Mariquita por Rosalinda

que haya gran cantidad de mensajes escritos en el aula. También pueden comenzar a usar libros sobre el alfabeto y canciones. Los niños por su lado, pueden jugar con tarjetas que tengan las letras del alfabeto y junto con la maestra pueden elaborar libros grandes con mensajes escritos. Por encima de todo, en esta etapa los niños deben ser estimulados a mantenerse escribiendo todo el tiempo.

Buchanan divide la etapa fonética en dos: una fase inicial que se caracteriza por el uso de una letra para cada sílaba o palabra y una segunda etapa en la que el niño comienza a conectar cada sonido con una letra. Esto quiere decir, que el niño avanza de una hipótesis silábica a una alfabética. Sus invenciones todavía no concuerdan con las convenciones de la escritura ya que el sistema no está basado solamente en la producción de sonidos. Sin embargo, él comienza a usar tanto las vocales como las consonantes.

Un tercer ejemplo de Rosalinda (ver Figura 5–10) muestra su progresión hacia una etapa fonética avanzada. Ella altera el orden de la *l* y *f* en *butterfly* lo cual no es motivo de preocupación. Esto evidencia que la escritura es para

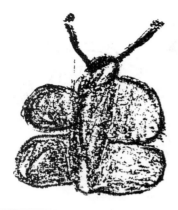

BRLFI

FIGURA 5–10: La mariposa de Rosalinda

los niños una actividad física difícil al comienzo y a veces, ellos tienen problemas para representar los sonidos que dicen en voz alta por medio de las letras que están justamente aprendiendo a hacer. Lo más significativo es que Rosalinda agrega una *i* final a la palabra como para demostrar que ella puede estar evolucionando hacia la segunda etapa fonética donde es característico el uso de consonantes y vocales. Una cuarta muestra de Rosalinda (véase la Figura 5–11) exhibe más claramente su avance por cuanto su escritura de la palabra *star* como *stor* muestra su conocimiento de la producción de vocales junto con consonantes.

En una etapa fonética ya más avanzada los niños asumen que el nombre de una letra es el mismo que el de su sonido. Norma, por ejemplo, escribe: "My favorite ting is a shine dress". Aquí ella cree que la *e* de *shine* dice el propio nombre de la letra.

Los estudiantes cuyo idioma materno no es el inglés, cuando escriben pueden también basarse en los nombres de las letras. Pero, también pueden llegar a pensar que los nombres para las letras en inglés son los mismos que los sonidos de ellas en su idioma materno. Un buen ejemplo viene de una niña preescolar bilingüe quien escribe a su amiga Dolly (véase la Figura 5–12). Ella escribe *take* como *tec*, *me* como *mi* y *please* como *plis* porque en cada una de esas palabras usa el nombre correcto en español del sonido que desea representar.

Los niños bilingües tienen dos sistemas de escritura para escoger y lo hacen muy bien si se les proporcionan muchas oportunidades para leer y escribir en ambos idiomas. Por supuesto que la tarea sería más fácil si ellos hubiesen desarrollado la lectoescritura completamente en su idioma original. Sin embargo, en los casos en que esto no es así, se puede observar que

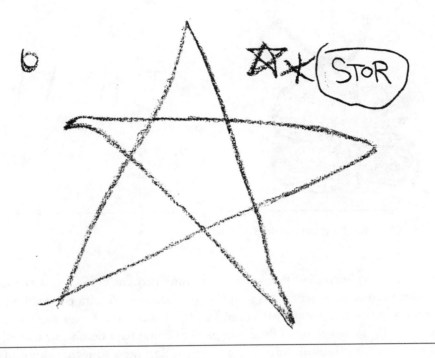

FIGURA 5–11: La estrella de Rosalinda

los niños no tienden a confundirse al ser expuestos a los dos idiomas. Los maestros, por supuesto deben estar conscientes de las influencias que ejerce la lengua materna cuando analizan la producción escrita en inglés de estos niños bilingües.

Las mismas actividades que son útiles en las etapas iniciales son válidas también para la etapa fonética avanzada; los niños necesitan oír la lectura de cuentos y deben escribir mucho y leer junto con los maestros. Con el uso de los libros grandes o de láminas que contengan poemas, los maestros pueden indicar a los niños las diferentes formas de representar los sonidos y conducirlos hacia las formas convencionales a medida que ellos progresan en la lectura y la escritura. Es importante también hacer el seguimiento del progreso de los niños con el fin de poder trabajar individualmente o en pequeños grupos con aquellos que parecen no darse cuenta de que su forma de escribir es irregular. En realidad, la clave está en que haya mucha lectura y escritura dentro del aula, especialmente si los niños escriben con fines auténticos. Ellos llegarán a las convenciones de la escritura si tienen un mensaje que ofrecer a sus compañeros y si notan que dicho mensaje no puede ser leído porque la escritura del mismo no es la apropiada.

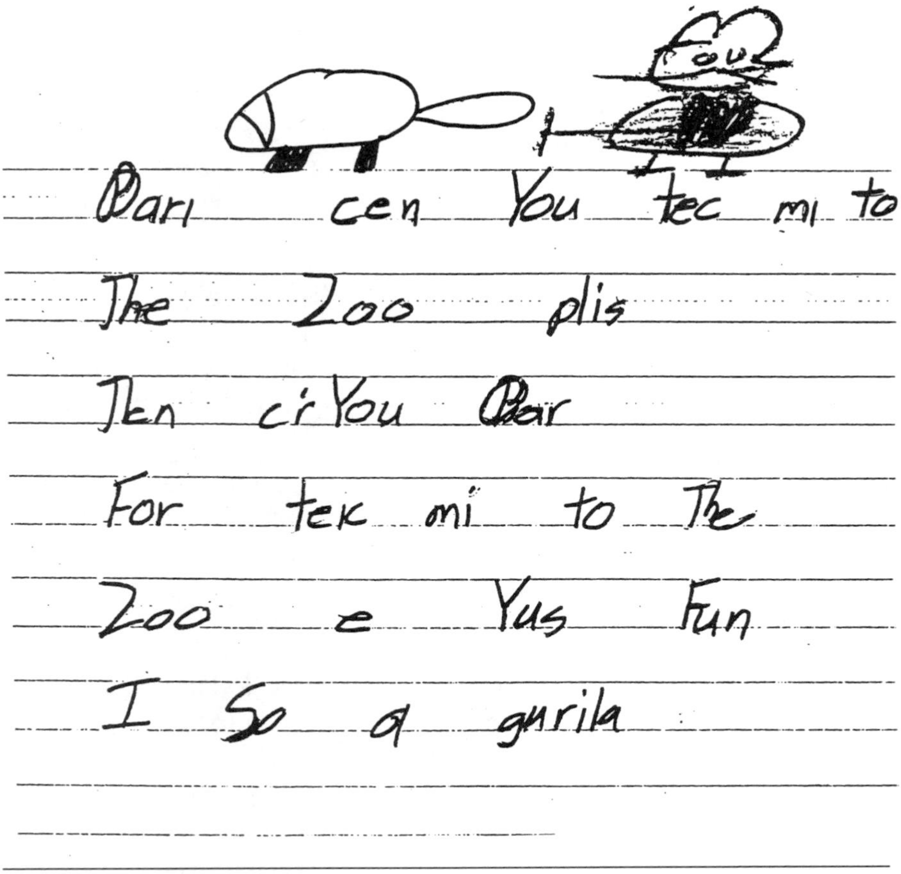

Dari cen You tec mi to

The Zoo plis

Ten cr You Dar

For tek mi to The

Zoo e Yus Fun

I So a gurila

FIGURA 5–12: Nota de un estudiante bilingüe para Dolly

La etapa fónica

Buchanan nombre a esta próxima etapa en el desarrollo de la escritura la etapa fónica. En esta etapa los niños se dan cuenta de la importancia que tienen los sonidos, se interesan en las acciones físicas involucradas en su producción y enfatizan los sonidos que resultan de su acción; también pueden comenzar a usar claves sintácticas y semánticas. Muchas de las equivocaciones de los niños al escribir muestran cómo ellos exageran sus generalizaciones acerca de las relaciones entre el sonido y la escritura; por ejemplo, pueden escribir todos los sonidos *s* con una *s* y usar *c* para representar el sonido /k/.

La escritura de Benita (véase la Figura 5–13) tiene mucha de las características de la etapa fónica. Ella escribe *phone* como *fon* porque *ph* y *f*

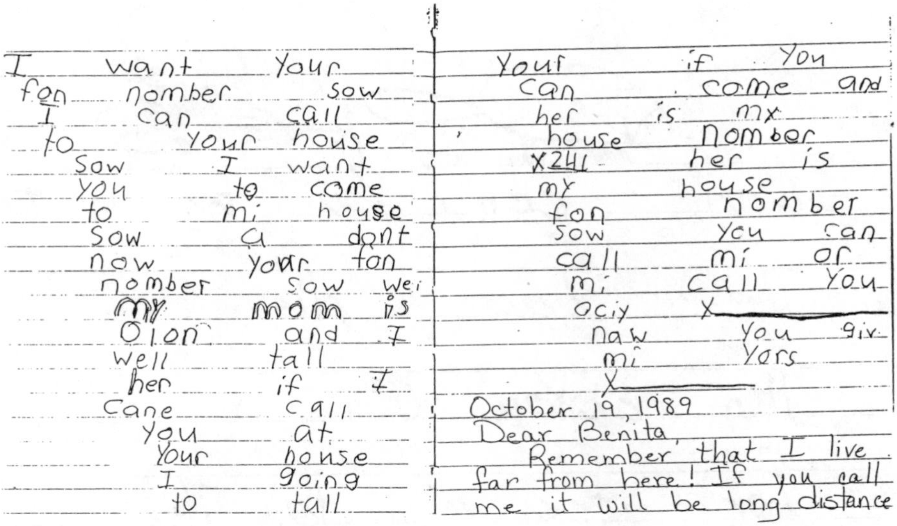

FIGURA 5–13: La nota de Benita a su maestra

pueden representar al sonido /f/ y la niña aún no puede decidir cuál de las dos formas usar. También escribe *so* como *sow*; sabe que el sonido /ow/ puede ser representado en cualquiera de las dos formas pero aún no tiene claro cuál de ellas debe usar en esa palabra. Notamos que escribe *know* como *now* y comienza a estar consciente de la *e* muda al final al escribir *cane* en lugar de *can*. Su escritura muestra todavía algunos rasgos de la etapa fonética avanzada; igualmente se observa que no ha trabajado con todas las vocales y usa la escritura del nombre de la letra como en *mi* en lugar de *my* (*to mi house*).

Otro ejemplo de la etapa fónica se puede encontrar en los trabajos de Kelly, una niña de primer grado cuya lengua nativa es el inglés (véase la Figura 5–14). Su cuento contiene muchas formas convencionales de la escritura pero todavía necesita trabajar en la representación de algunas vocales. Por ejemplo, la palabra *town* está escrita como *tone* y *they* como *thea*; además ella piensa que *little* puede ser escrita como suena, *littel*, con la vocal antes de la consonante. Su escritura de *decided* como *desideit* muestra que aún trabaja con la forma correcta de representar el sonido /s/ en esa palabra. Como otros niños, ella piensa que el pasado simple del verbo debe ser escrito de una manera diferente, según la palabra, para reflejar distintos sonidos de ese tiempo verbal. Con la contínua práctica de la escritura Kelly comenzará a dominar algunas de las convenciones y, como la pequeña niña de su cuento, vivirá *haplee aver after* (feliz para siempre).

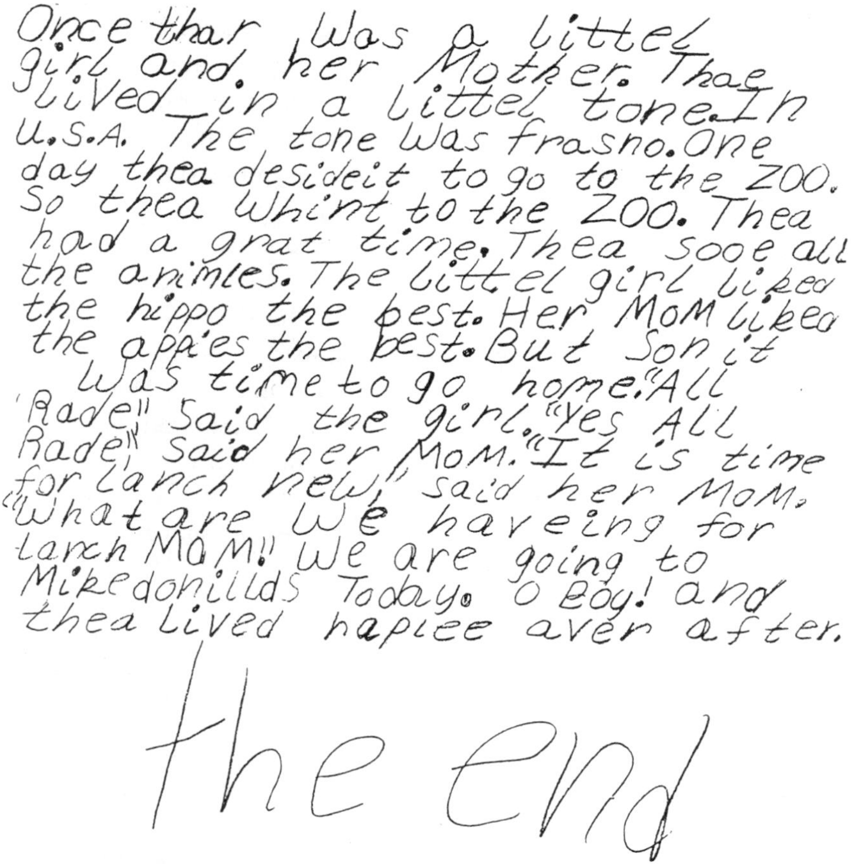

Once thar was a littel
girl and her Mother. Thae
lived in a littel tone. In
U.S.A. The tone was frasno. One
day thea desideit to go to the ZOO.
So thea whint to the ZOO. Thea
had a grat time. Thea sooe all
the animles. The littel girl liked
the hippo the best. Her Mom liked
the appes the best. But son it
was time to go home. "All
Rade" said the girl. "Yes All
Rade," said her Mom. "It is time
for Lanch new," said her Mom.
"What are we haveing for
Lanch Mom!" We are going to
Mikedonillds Today. O Boy! and
thea lived haplee aver after.

the end

FIGURA 5–14: La historia de Kelly

Una manera de ayudar a los niños que han alcanzado la etapa fónica es pidiéndoles que encuentren palabras que sigan el mismo patrón con el que ellos están teniendo problemas. Un niño podría hacer una lista de palabras donde *ea* representa el sonido largo de *e* como en *tea*. Otra forma de ayudarlos es escribiendo una palabra clave en una lámina grande de papel como por ejemplo, la palabra *night*, y luego hacer que los niños agreguen otras de las que aparezcan en las actividades de lectura y escritura y que sigan el mismo patrón.

Otra actividad que resulta de gran ayuda es la de conversar con los niños acerca de la idea de que un sonido puede ser representado por más de una letra o por la combinación de ellas, y que igualmente, es posible que una letra o combinación de letras representen diferentes sonidos. Los maestros pueden invitar a los niños a formular hipótesis y a recolectar y categorizar palabras para comprobar esas hipótesis. Por ejemplo, una maestra puede pedir les a los niños que busquen palabras con *ea* y categorizarlas según los diferentes sonidos asociados con esta combinación de letras para luego tratar de elaborar una regla que explique los patrones que ellos van encontrando.

Como ya lo hemos recalcado para las etapas anteriores, en esta etapa también es necesaria la dedicación permanente a la lectura y escritura por parte de los estudiantes con el fin de poder asistirlos en su progreso. Los juegos de palabras y sonidos y otras actividades pueden hacer que los niños tomen conciencia de los patrones de escritura. Sin embargo, hay que destacar que muchas de las nociones que los niños desarrollan son inconscientes y surgen como consecuencia de la lectura y escritura que ellos realizan. Pero es muy importante saber que mientras más interés demuestren los maestros en la escritura, más capaces serán los niños de mostrar un interés similar, especialmente, si los maestros consideran que éste es un asunto que merece la pena investigar y no una información que deba ser memorizada.

Un corto desvío—Conciencia fonémica   En algunos trabajos y documentos que claman por una reforma en la enseñanza de la lectura, tales como *The Report of the California Reading Task Force* (1995), se plantea que los lectores necesitan desarrollar un aspecto al que ellos denominan *conciencia fonémica*. Cuando hablamos de cómo se desarrolla la escritura nos parece que la conciencia fonémica es, al menos, una parte de lo que los niños demuestran en la etapa fónica. En los trabajos de Kelly, la niña mencionada anteriormente, se puede observar que ella está encaminada en el proceso de detectar las relaciones entre los patrones de sonido y los de la escritura.

A pesar de que este capítulo trata especialmente el desarrollo de la escritura, nos gustaría desviarnos un poco y hacer referencia de nuevo a la lectura. Con esto queremos demostrar que las solicitudes de reforma de la enseñanza de la lectura están mal encaminadas. Esto ocurre debido a que los proponentes de dicha reforma no reconocen que lo que ellos mismos llaman conciencia fonémica se desarrolla de manera natural a través de la frecuente práctica de la escritura y que, por el contrario, no es una destreza que deba enseñarse explícitamente como pre—requisito para una instrucción fónica efectiva. Por lo tanto, insistir en que los niños desarrollen la conciencia fonémica tempranamente podría propiciar una desviación potencial en el camino hacia el desarrollo de la lectoescritura.

Para comprender esta confusión es necesario revisar de nuevo diferentes puntos de vista en cuanto a la lectura. Aunque muchos investigadores

(Goodman, 1986a; Goodman, 1990; Smith, 1985; Weaver, 1994) argumentan que la lectura es un proceso de construcción del conocimiento a través del uso de diferentes claves, otro grupo afirma que aprender a leer es identificar palabras y que leer es un proceso constituído por dos momentos: la identificación de las palabras y la combinación de significados para llegar al verdadero significado de las oraciones. Para los defensores de este punto de vista la mejor manera de identificar las palabras es usando claves fónicas; entonces, primero es lo fónico y luego el significado. Esto conduce a enunciados como "Los niños necesitan aprender a leer primero y luego leer para aprender".

La teoría de los dos momentos es lógica, pero no refleja las varias décadas de investigación socio–psicolingüística. Aun hoy, los enfoques que dan prioridad a lo fónico como primer paso para la lectura son bastante populares y algunos, continúan apareciendo. El argumento corriente que esgrimen los proponentes de ese enfoque es que lo fónico es el camino correcto a seguir y que si esto no funcionó bien en el pasado fue debido a su incorrecta ejecución.

En su nuevo libro *How Should We Teach Our Children to Read?* (*¿Cómo enseñar a leer a nuestros niños?*), Honig (1996) basándose en las investigaciones de Juel (1994) y otros autores, afirma que los estudiantes necesitan conocer los nombres de las letras y sus sonidos para desarrollar la conciencia fonémica. Sólo así pueden ellos beneficiarse de una instrucción sistemática sobre las reglas fónicas que deben acatar para identificar las palabras como un primer paso en el aprendizaje de la lectura.

¿Qué es la concien cia fonémica? Todos los niños que llegan a la escuela hablando una lengua pueden usar los sonidos (fonemas) para comprender y producir oraciones significativas. Los niños bilingües llegan a controlar dos sistemas fonológicos. Sin embargo, el argumento es que los niños necesitan tener un control consciente del sistema fonológico.

En su estudio con niños que están aprendiendo a leer, Juel usó una prueba de consciencia fonémica diseñada por Roper/Schneider (1984) para medir la habilidad de los estudiantes con relación a la segmentación de las palabras, la combinación de los sonidos, la omisión del primer o del último fonema, y la sustitución del primero o del último sonido. Juel relaciona la puntuación obtenida en la prueba con la eficiencia en la lectura.

En esta prueba se les da a los estudiantes una palabra como *cat* y se les pide que determinen cuántos sonidos tiene la palabra; ellos deberán ser capaces de decir cada sonido. También si se les presentan sonidos ellos deberán ser capaces de combinarlos para formar palabras. De igual manera se espera que ellos puedan eliminar el primero o el último sonido en una palabra (*cat* se convierte en *ca* o *at*) y usar un nuevo sonido al comienzo o al final para convertir una palabra en otra (*cat* se convierte en *rat* o *car*). Esta tarea resulta bastante abstracta para los niños pero según los defensores de la prueba, los maestros pueden ayudar a sus estudiantes con el uso de canciones y poemas, entre otros. Además, ellos consideran que sólo si los niños han desarrollado la conciencia fonémica junto con el conocimiento de los nombres y sonidos de las letras, podrán las reglas fónicas ser enseñadas en forma efectiva.

Al observar las muestras de escritura que hemos presentado en este capítulo, lo que apreciamos es el desarrollo natural de la conciencia fonémica; a medida que los niños avanzan en la escritura convencional se hacen cada vez más conscientes de la relación que existe entre el sistema de sonidos y la representación escrita de las palabras. Desde el mismo momento en que los niños tratan de escribir mensajes para los demás, comienzan realmente a apropiarse de la consciencia fonémica. Quizás una razón para explicar nuestra perspectiva diferente a autores como Juel es que hemos observado lo que los niños hacen en aulas donde la lectura y la escritura se realizan con fines reales y auténticos, en lugar de aplicarles pruebas que exigen la manipulación descontextualizada de algunas partes del lenguaje.

Debido a que muchos niños no pueden demostrar su consciencia fonémica, tal y como es medida en las pruebas, algunos libros como el de Honig recomiendan una intervención temprana. El afirma, "los estudiantes necesitan ser evaluados tempranamente para determinar su nivel de conciencia fonémica y luego se debe ofrecer un programa organizado de ayuda a aquellos niños cuya puntuación esté por debajo de los niveles necesarios para beneficiarse de la instrucción fónica" (p. 50). Honig señala que si los niños no desarrollan el conocimiento fónico a mediados del primer grado, deberían ser sometidos a un programa especial que enfatice el desarrollo de habilidades de lectoescritura. Esta intervención temprana ignora las diferencias de desarrollo entre los niños así como las diferencias en cuanto a su desempeño lingüístico cuando entran a la escuela. Muchos niños sólo necesitan más tiempo para convertirse en lectores y escritores eficientes.

Se espera que los niños que hablan un idioma diferente aprendan a leer y a escribir en inglés al mismo ritmo que los anglo–parlantes; se les exige demasiado cuando se espera que para mediados del primer grado sean capaces de escribir en ambos idiomas según el nivel general del grado. La intervención temprana haría mucho daño a algunos niños bilingües por cuanto tendrían que emplear su tiempo en aprender habilidades descontextualizadas en lugar de estar involucrados en actividades auténticas de lectura y escritura. La insistencia en que todos los niños desarrollen una consciencia fonémica puede producir una desviación o un verdadero obstáculo en su progreso educacional.

Ya hemos expresado que creemos que la consciencia fonémica se desarrolla en forma natural a medida que los niños escriben, pero Honig parece considerar los ejercicios de escritura como una forma de llegar mejor a la lectura. El autor afirma:

> Otra estrategia esencial para ayudar a los estudiantes a alcanzar la conciencia fonémica y fónica es a través de la práctica diaria en la codificación de las correspondencias letra/sonido que están siendo enseñadas en ese momento. Esto incluye la asignación de actividades de escritura, la escritura que forma parte de las sesiones de lectura guiada y la escritura de palabras que han sido leídas para ilustrar los principios fónicos que se han enseñado (p. 58).

Creemos que la escritura que se lleva a cabo con el sólo propósito de ayudar a los estudiantes a ejercitar la correspondencia letra–sonido, es muy distinta de aquella que se realiza en un aula donde esa actividad se cumple como un proceso.

Los autores como Juel y Honig que enfatizan la necesidad de la existencia de la conciencia fonémica como prerequisito para la lectura, no entienden en realidad cómo funciona la lectura (o la escritura) ya que su objetivo principal es preparar a los niños para lo fónico. Este enfoque vuelve al pasado al proponer que los niños trabajen primero con lo fónico. Anteriormente, los libros seriados para enseñar a leer en inglés (*basals*) incluían libros de aprestamiento para poder preparar a los niños en su enfrentamiento con la lectura. Ciertamente, si los niños pueden manipular fonemas serán más capaces de realizar ejercicios fónicos, pero, ¿es esto realmente necesario?

Goodman (1993) define la fónica como "un conjunto de complejas relaciones entre la fonología (sistema de sonidos de un lenguaje oral) y la ortografía (sistema de escritura y puntuación de un lenguaje escrito)" (p. 8). Tal como planteamos anteriormente, ni la ortografía del inglés ni la del español están basadas solamente en el sistema de sonidos del lenguaje, por lo tanto, no hay una perfecta relación de uno a uno entre los sonidos y la escritura. Lo que sí encontramos es que ciertos patrones de escritura se corresponden generalmente con patrones de sonido; en inglés, por ejemplo, el patrón consonante–vocal–consonante de palabras de tres letras, como *rat*, indica a los lectores que la vocal tiene un sonido corto, pero si agregamos otra vocal al final de la palabra, usualmente la *e* muda, cambiamos el patrón y creamos uno nuevo en el que la vocal es larga, como en *rate*. La fónica implica conocimiento, usualmente subconsciente, de estos tipos de patrones.

Goodman también señala que los lectores y escritores construyen el significado haciendo uso de lo grafofónico como uno de los tres sistemas de claves. Lo grafofónico es una combinación de claves provenientes de la fonología, la ortografía y la fónica. Los estudiantes no sólo necesitan la conciencia fonémica y el conocimiento de las letras para escribir sino que también necesitan la fónica. La combinación del conocimiento de los sonidos, de las letras y de los complejos patrones que los relacionan entre sí es lo que desarrollan los jóvenes lectores y escritores. Cualquier enfoque sobre la enseñanza de la lectura basado exclusivamente en lo fónico, ignora el hecho de que los sonidos son sólo un elemento en uno de los tres sistemas de claves y, como es sabido, los lectores y escritores usan también claves sintácticas y semánticas a medida que construyen el significado. Podemos observar este desarrollo en las muestras de escritura presentadas; en ellas los niños comienzan a utilizar las claves de los tres sistemas y continúan con este desarrollo hasta su etapa final.

La etapa sintáctica–semántica

En la etapa sintáctica–semántica los niños adquieren cada vez mayor consciencia de que los sistemas de escritura reflejan algo más que sonidos. Es decir, la escritura es también moldeada por la sintaxis y por el significado. Los estudiantes en esta etapa escriben la mayoría de las palabras correctamente, pero podrían tener problemas con los homófonos o los homógrafos. Como ejemplo citamos a Carmen quien está entrando en la etapa sintáctica–semántica (véase la Figura 5–15). Ella todavía tiene dificultades con la segmentación de la palabra *tomorrow* y no todas sus vocales son escritas de la forma convencional, pero muchos de sus aparentes errores son realmente palabras. La niña escribe *fell* en lugar de *feel*, *end* en lugar de *and*, y *sum* en lugar de *some*. Esto indica que ella puede haber visto esas palabras en los textos que ha leído y que simplemente no puede recordar cuál es la forma correcta que debe usar en esos contextos.

Los estudiantes que han alcanzado esta etapa se benefician grandemente con la lectura y escritura constantes; sin embargo, pueden hacerse más conscientes de la escritura de ciertas palabras investigando la historia de las mismas. Muchos estudiantes también disfrutan con los juegos de palabras los cuales en su mayoría están basados en el uso de homófonos y homógrafos. Si los estudiantes mantienen un vivo interés en las palabras, comenzarán a

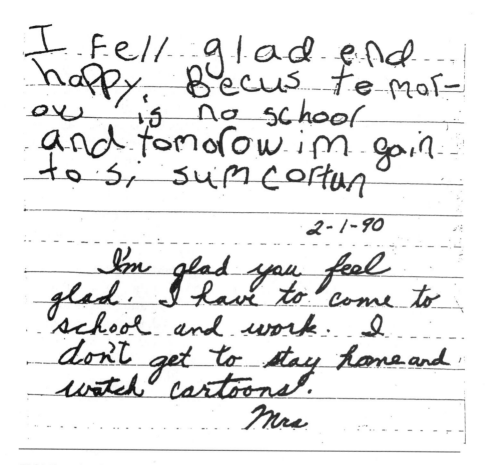

I fell glad end
happy. Becus temor-
ow is no school
and tomorow im goin
to si sum cortun

2-1-90

I'm glad you feel
glad. I have to come to
school and work. I
don't get to stay home and
watch cartoons.
Mrs

FIGURA 5–15: Anotación del diario de Carmen

escribir más convencionalmente y ya que escriben para una audiencia de mayor amplitud estarán pendientes de la importancia de la escritura convencional para comunicarse de una manera más eficiente.

Conclusión

Comenzamos este capítulo compartiendo muestras de la escritura de Pablo, un estudiante que está adquiriendo proficiencia tanto en inglés como en español. Su trabajo es el resultado de experiencias en un aula donde se enseña la escritura como un proceso. En contraste, en las aulas tradicionales los maestros ofrecen a los niños modelos de buena escritura, asignan tareas y les dan la retroalimentación necesaria, de acuerdo a sus esfuerzos, en forma de correcciones gramaticales. La instrucción en estas aulas enfatiza la correcta formación de letras, palabras y posteriormente oraciones y la forma de la escritura es más importante que el propio contenido.

En las aulas como la de Pablo, los maestros ayudan a los niños a desarrollar y a expresar ideas a través de la escritura. El enfoque se hace sobre el proceso real que los estudiantes experimentan a través de la formulación de ideas, elaboración de borradores, conversaciones, revisión del material y finalmente, la edición del trabajo. Los estudiantes escriben con propósitos reales y para audiencias que trascienden los límites del aula. Los cuentos de Pablo acerca de su abuelo y el Rey Cobra muestran su comprensión de que la escritura puede comunicar mensajes importantes o también mensajes que sirvan para el disfrute o entretenimiento personal.

La *Lista para verificar si la enseñanza de la escritura es efectiva* requiere de experiencias como las que Pablo ha vivido con la escritura. En su salón, él y sus compañeros tienen numerosas oportunidades para utilizar la lectura y la escritura en forma auténtica, significativa y funcional, y en ese contexto, el control de las convenciones del lenguaje escrito ocurre en forma natural. Con el fin de responder en forma apropiada a lo que escribe Pablo, su maestra necesita conocer las etapas de desarrollo por las que los niños atraviesan normalmente mientras sus invenciones se acercan cada vez más a la forma convencional. También la maestra debe saber que la conciencia fonémica evoluciona en el niño de una manera espontánea a medida que éste produce un mayor número de mensajes escritos. Por lo tanto, no hay necesidad de instruir al niño explícitamente para que desarrolle su conciencia fonémica como un pre–requisito para la lectura.

En este capítulo hemos considerado cómo se desarrolla la escritura en los estudiantes hispanos que también están aprendiendo a escribir en inglés. En el siguiente, volvemos a hablar del desarrollo de la escritura en español y a la vez tratamos algunas de las diferencias que se observan entre este desarrollo y el de la escritura en inglés.

6

El desarrollo de la escritura
en español

Las siguientes muestras (véase las Figuras 6–1, 6–2, 6–3) fueron escritas por estudiantes de segundo grado en un aula bilingüe, español–inglés, de una escuela rural. Muchos de los estudiantes de esta escuela pertenecen a familias inmigrantes, las cuales en su mayoría trabajan en la agricultura. En vista de que la clase ha venido estudiando los dinosaurios, Carolina, la maestra, ha solicitado a los niños que escriban acerca de lo que han aprendido sobre estos animales para incorporarlo al portafolio que la escuela exige. Aunque los tres niños estudian en el mismo salón, sus trabajos muestran que ellos se encuentran en muy diferentes niveles del desarrollo de la escritura en español.

La escritura de Alejandra se encuentra en una etapa de desarrollo más temprana que la de sus compañeros Joel y José. Ella coloca letras para sus palabras y algunas de éstas se pueden entender. La niña le dijo a su maestra que el título de su trabajo era: *Los dinosaurios comen mucho* y que la primera oración decía "Unos comen hojas". Podemos observar que pocas palabras excepto *los* e *y* son escritas convencionalmente. Alejandra no usa letras mayúsculas y sólo usa un punto después de la primera oración, hace dibujos y enumera sus oraciones en lugar de usar párrafos y encierra en un círculo algunas partes de su texto (título, cuerpo y conclusión) en vez de usar sangrías. Este tipo de convenciones usado por Alejandra es común en las primeras etapas; en este momento, sin embargo, su escritura se caracteriza más por sus invenciones que por su conocimiento de las convenciones de la escritura.

En contraste, el trabajo de Joel tiene sólo tres errores: en la quinta línea escribe especiales sin la *c*, no coloca la *n* en el verbo *tiene* de la línea siete, y en la última oración se equivoca al escribir la palabra *pescuezo*, la cual es una palabra bastante difícil. Las oraciones comienzan con una letra mayúscula y terminan con un punto. Lo escrito representa una lista de las características de los dinosaurios en donde usa la misma estructura para cada una de las seis oraciones cambiando sólamente la forma verbal *son* por *tienen* en las dos

FIGURA 6–1: El escrito de Alejandra sobre los dinosaurios

últimas. A pesar de que esta muestra escrita es casi perfecta (muy pocos errores), carece de variedad e imaginación; Joel evita los riesgos en su escritura y, en lugar de inventar nuevas formas de expresar sus ideas, sigue cuidadosamente un patrón convencional.

La tercera muestra nos presenta a un escritor que está experimentando con el uso de vocabulario, ideas y oraciones estructurados de una manera más compleja. José comienza refiriéndose al tiempo y al ambiente en que vivieron los dinosaurios y establece una comparación con el presente para

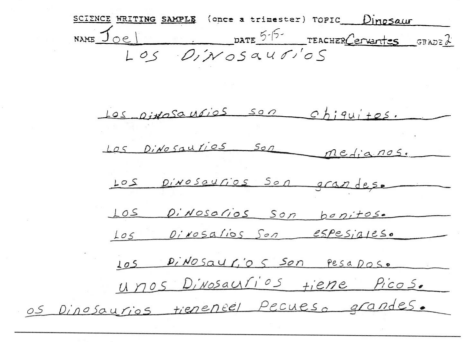

SCIENCE WRITING SAMPLE (once a trimester) TOPIC Dinosaur

NAME Joel   DATE 5-15-   TEACHER Cervantes   GRADE 2

LOS DINOSAURIOS

Los dinosaurios son chiquitos.

Los Dinosaurios son medianos.

Los Dinosaurios Son grandes.

Los Dinosarios son bonitos.

Los Dinosalios Son espesiales.

Los Dinosaurios son pesados.

Unos Dinosaurios tiene picos.

os Dinosaurios tieneneel pecueso grandes.

FIGURA 6–2: El escrito de Joel sobre los dinosaurios

luego describir diferentes tipos de dinosaurios. Aunque en la muestra se observan algunos ejemplos de escritura, ortografía y puntuación no convencionales, el niño hace un buen trabajo no sólo para demostrar su dominio de la estructura y el vocabulario en español, sino también para comunicar lo que ha aprendido acerca de los dinosaurios.

Los tres escritores intentan expresar lo que aprendieron a partir de las lecturas y discusiones en el aula y sus producciones evidencian su conocimiento con respecto a algunas convenciones del lenguaje; los niños se encuentran en diferentes etapas de su desarrollo y muestran diferentes grados de disposición para arriesgarse a inventar nuevas formas de expresar sus significados. Es sólo a través del proceso de invención de formas escritas y de recibir una retroalimentación significativa que los escritores alcanzan su desarrollo dentro una comunidad de aprendices. Es importante que los maestros entiendan de qué manera ocurren los patrones normales de desarrollo de las convenciones de la escritura en los estudiantes hispanos. Esto puede ayudarlos a validar el conocimiento de los niños y guiarlos para proporcionarles el estímulo y la instrucción necesarios a fin de que se conviertan en escritores eficientes.

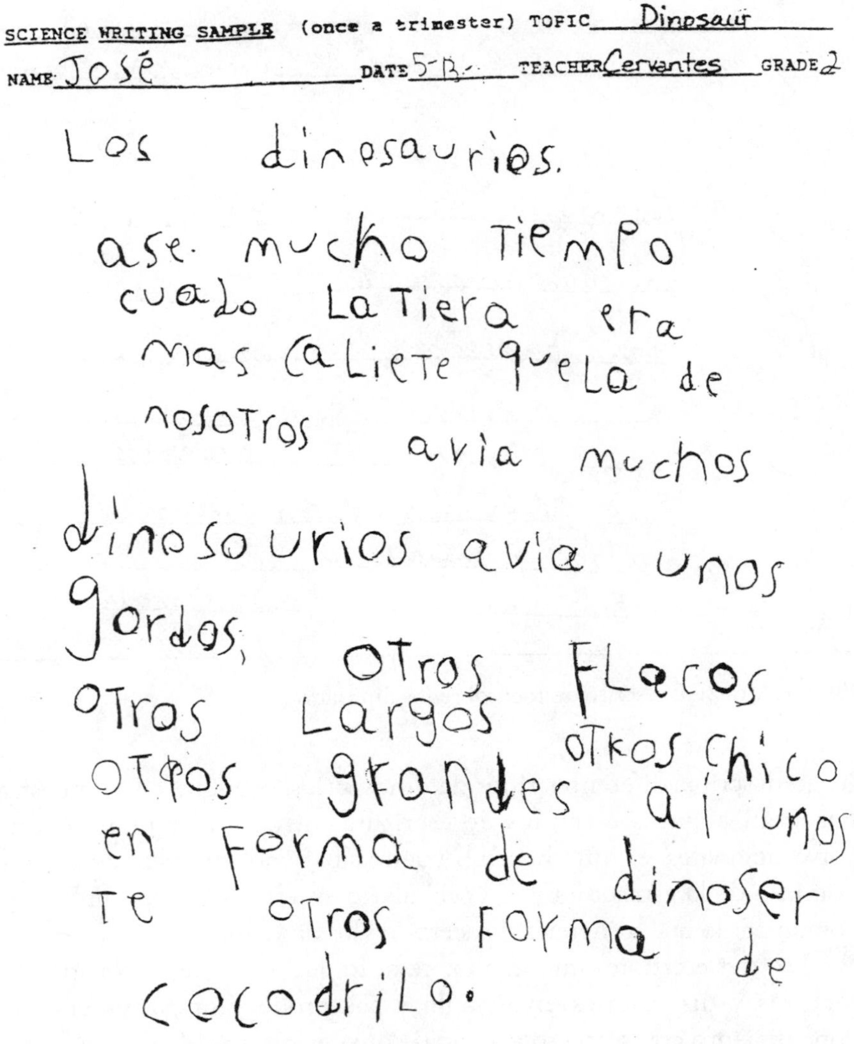

Los dinosaurios.

ase mucho Tiempo
cualo La Tiera era
mas caLiete quela de
nosoTros avia muchos

dinosaurios avia unos
gordos, otros flacos
oTros Largos otkos chico
otros grandes ai unos
en forma de dinoser
Te otros forma de
cocodrilo.

FIGURA 6–3: El escrito de José sobre los dinosaurios

En el capítulo anterior consideramos la naturaleza de los sistemas de escritura alfabética y delineamos las etapas de desarrollo que generalmente se cumplen en niños que aprenden a escribir en inglés. En el presente capítulo atendemos más específicamente a los niños que escriben en español, y aunque encontramos similitudes en el desarrollo de la escritura en ambos idiomas, también encontramos diferencias que deben ser conocidas por los maestros de aulas bilingües.

El desarrollo de la escritura en español

Ferreiro y Teberosky (1979, 1982) en su clásico estudio del desarrollo de la lectoescritura en niños hispano–hablantes de la Argentina, identificaron varias etapas características de ese desarrollo. A medida que discutamos estas etapas estableceremos paralelos con las etapas del desarrollo de la escritura en inglés, discutidas en el capítulo precedente.

Debemos hacer notar que Ferreiro y Teberosky tienen una formación piagetiana y por tanto, el marco teórico utilizado por ellas para analizar la escritura es en cierto modo diferente del enfoque de Buchanan que describimos anteriormente. Hay también diferencias en el desarrollo de la escritura entre los estudiantes que escriben en inglés y los que lo hacen en español; sin embargo, las similitudes son mayores que las diferencias. Ambos enfoques se complementan entre sí y proporcionan a los maestros una mejor percepción de los patrones normales de desarrollo en los jóvenes escritores.

Los niños hispanos en los Estados Unidos, dependiendo de su exposición y contacto con el lenguaje impreso tanto en inglés como en español, siguen patrones similares a los obtenidos en el estudio argentino. Una conclusión que parece ser universal y, que será evidente a lo largo de nuestra discusión, es que el nombre del niño es extremadamente importante en el comienzo del desarrollo de la escritura. El gráfico de la Figura 6–4 proporciona un resumen, en inglés y en español, de las conclusiones de Ferreiro y Teberosky.

En esta sección expondremos las etapas de la escritura identificadas por ambas autoras mostrando ejemplos de esas etapas que han sido recogidos en niños tanto de Argentina como de los Estados Unidos y haremos referencia a la notoria influencia del inglés impreso que aparece en la escritura de los niños de los Estados Unidos. Es importante también señalar que la producción de los niños en el estudio de Ferreiro y Teberosky fue el resultado de palabras y oraciones dictadas a esos niños por las investigadoras, mientras que las muestras recogidas en los Estados Unidos se tomaron de los niños que, por lo general, escogieron las palabras que escribirían en sus diarios o que usarían para responder a las actividades de aula o a la literatura leída.

Nivel uno de la escritura

El nivel Uno en el gráfico de Ferreiro y Teberosky corresponde con la etapa pre–fonética de Buchanan porque a este nivel los niños todavía no asocian la escritura con los sonidos. Según las autoras argentinas existen tres características de la escritura de los niños en este Nivel Uno. La primera es que la escritura en esta etapa es egocéntrica, es decir, los niños no tienen idea sobre la responsabilidad que implica escribir algo para que pueda ser

DESARROLLO DE LA ESCRITURA EN ESPANOL

Ferreiro y Teberosky, *Los sistemas de escritura en el desarrollo del niño*, 1979. preparado por Yvonne S. Freeman. Traducido por Marisela B. Serra.

Nivel Uno
a. Egocéntrico—La escritura no sirve para transmitir información.
b. Figurativo—Correspondencia entre la escritura y el objeto de la escritura.
   pato . . . oso   hermano . . . papá
   Veronica . . . (la *b* grande)
c. No diferenciación entre el dibujo y la escritura.

Nivel Dos
a. Número fijo y variedad de los grafismos.
b. En esta etapa es interesante observar cómo los niños utilizan primero las letras de su nombre.
   A r o n = sapo
   A o r n = pato
   I a o n = casa
   r A o l = Mamá sale de casa.

Nivel Tres
a. Cada letra corresponde a una sílaba.
b. Las vocales son estables y convencionales.
   I E A O A O = Mi nena toma sol.

Nivel Quatro
a. Los niños van del nivel silábico al nivel alfabético.
b. Las hipótesis que hacen los niños en el nivel silábico no se corresponden con lo que ellos ven impreso en el ambiente. Por eso, comienzan a añadir más consonantes.
   PAO = palo   MCA = mesa   MAP = mapa
   MINENATOMCSO = Mi nena toma sol

Nivel Cinqo
a. En este nivel los niños comienzan a prestar atención a los grafismos que están dentro de las sílabas.
b. Los problemas son ortográficos y no de escritura.
   mesa— ¿s? o ¿z?
   casa— ¿c? o ¿k?
   cielo— ¿c? o ¿s?
   queso—¿k? o ¿c? o ¿qu?
   yo—   ¿ll? o ¿y?
c. Los niños comienzan a segmentar el sujeto del predicado.
   MINENA TOMASOL

FIGURA 6–4: Las etapas en el desarrollo de la escritura de Ferreiro y Teberosky

leído por otros. A veces ellos saben lo que están escribiendo, pero no esperan que otras personas lo lean, así como tampoco esperan poder leer lo que otros escriben. A pesar de esto, aun en este nivel, los niños comienzan a desarrollar un sentido acerca de lo que representa la audiencia y se va despertando en ellos el deseo de que otros puedan leer sus mensajes.

La segunda característica es que los niños suponen que la longitud de la palabra escrita debe corresponderse con el tamaño del objeto que ella representa. A este nivel, los niños piensan que la palabra *papá* debe ser más larga que *hermano* porque para la mayoría de los niños el padre es más grande que un hermano. Cuando Ferreiro y Teberosky (1979) le pidieron a Gustavo, un niño de cuatro años, que escribiera la palabra *pato* él dibujó unas líneas onduladas. El siguiente diálogo muestra el pensamiento del niño:

Investigador:	Gustavo:
¿Podés escribir "oso"?	
¿Será más largo o más corto?	Más grande.
¿Por qué?	(Gustavo comienza a hacer una escritura enteramente similar, pero que resulta más larga que la anterior, mientras silabea) O-so. ¿Viste que sale más grande?
Sí, pero ¿por qué?	Porque es un nombre más grande que el pato (p. 242).

Gustavo argumenta que como los osos son más grandes que los patos, la representación escrita para *oso* debe ser más grande. Otros dos ejemplos de Ferreiro y Teberosky (1979) clarifican la forma en que los niños relacionan aspectos cuantificables de las palabras con aspectos cuantificables del significado. Una niña de cinco años en México, en una consulta con el médico, le pidió a éste que escribiera el nombre de ella más largo porque su cumpleaños había sido el día anterior, por tanto, ahora ella tiene más años y su nombre debe ser más largo.

El siguiente ejemplo nos muestra otra manera que tienen los niños que están en el Nivel uno para conectar la escritura con el tamaño de las cosas:

una niña mexicana de 5 años, llamada Verónica, escribe su nombre así: VERO; pero piensa que cuando sea grande lo va a escribir "con la be grande" (es decir, BERO, ya que en México la V es llamada "be chica" y la B es la "be grande") (p. 243).

La tercera característica en el Nivel uno se refiere a que los niños no distinguen claramente entre la escritura y el dibujo. Por ejemplo, si uno de los padres pide a un niño que "escriba la palabra *mamá*" quizás lo que haga será dibujar a una mamá, pero en otra ocasión, el niño puede decir que va a dibujar algo y lo que hará será escribir letras. En un estudio que repitió partes de la investigación de Ferreiro y Teberosky, las investigadoras Freeman y Whitesell (1985) encontraron esa misma confusión de términos entre niños de Tucson, Arizona. Los niños parecieron distinguir la escritura del dibujo pero no tienen coherencia para usar las palabras *escribir* y *dibujar* cuando describen lo que hacen. También sucede con frecuencia que ellos mezclan números y letras cuando escriben.

Las investigadoras argentinas también señalan que los niños con frecuencia invierten los caracteres de las letras y los números, cuestión que, "en este nivel y en los subsiguientes, no puede ser tomada como índice patológico (preanuncio de dislexia o disgrafía), sino como algo totalmente normal" (p. 248).

Vicente, por ejemplo, dibujó el sol y algunos juguetes (véase la Figura 6–5) y escribió sobre el dibujo. Luego le dijo a su maestra que allí decía lo siguiente: "Había mucho sol y jugué afuera muchos días".

Como puede observarse, el número *4* y las letras *n*, *S*, *R* y *v* están invertidas, aunque la *r* minúscula, la *n* y la *R* mayúscula fueron escritas correctamente. Es importante que los maestros se den cuenta que las inversiones como éstas son parte natural del desarrollo de la escritura.

No se trata de que los niños *ven* las letras o los números al revés sino que están comenzando a elaborar hipótesis acerca de su direccionalidad y por ello, tienen que decidir hacia qué lado deben 'mirar' las letras. La mayoría de las letras del alfabeto, podría pensarse que 'miran' hacia el lado derecho, sin embargo, letras como la *d* lo hacen hacia la izquierda. Otras letras como la *g* pueden 'mirar' hacia ambos lados dependiendo del tipo de letra, aunque la *G* mayúscula lo hace hacia la derecha. Los números por su lado 'miran' hacia la izquierda excepto el *5* y el *6*. Los niños usualmente buscan la consistencia y sobregeneralizan a medida que elaboran sus hipótesis.

Desafortunadamente, el sistema no es completamente consistente. Los niños están construyendo una regla subyacente y no simplemente imitando las formas superficiales, pero como la regla que ellos necesitan es compleja, la cuestión toma tiempo. Lo lamentable es que a algunos niños no se les da el tiempo que necesitan y son calificados como disléxicos cuando apenas se inician en la escuela, a pesar de que las inversiones son un aspecto natural del desarrollo de la escritura.

Nivel dos de la escritura
En el Nivel dos, Ferreiro y Teberosky encontraron que las formas gráficas hechas por los niños eran más definidas y convencionales y la mayoría de las

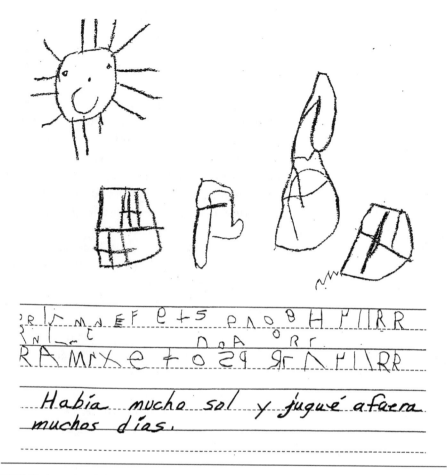

FIGURA 6–5: El dibujo del sol realizado por Vicente

letras eran reconocibles aunque a veces estuvieran invertidas. Otro hallazgo de las investigadoras fue que los niños en este nivel se basan en la hipótesis que consiste en suponer que las palabras deben tener un número fijo de letras y que además se requiere una variedad en las mismas.

Aunque la escritura en el Nivel dos muestra ciertos avances con respecto al anterior, todavía se ubica en el nivel pre–fonético de Buchanan ya que los niños en esta etapa aún no asocian la producción del sonido con las letras. Más bién, éstas simplemente representan la cosa o idea misma, y no el sonido de las palabras.

Por ejemplo, cuando Ferreiro y Teberosky pidieron a Romina que escribiera tres palabras y una oración, ella escribió lo siguiente, usando las letras de su nombre:

```
R  I  O  A
O  A  I     R
A     R  O  I
O     I     R     A (p. 251)
```

Igual que muchos de los niños estudiados por Ferreiro y Teberosky, Romina cree que las palabras deben estar formadas como mínimo por cuatro letras. Ella sabe que diferentes palabras tienen diferentes secuencias de letras, por eso, mezcla las letras de su nombre para lograrlo. Es interesante observar que para esta niña no hay ninguna diferencia entre el número de letras en una palabra o en una oración; esto ocurre porque los términos *palabra* y *oración* son muy abstractos y al principio, es posible que los niños no puedan distinguir entre ambos.

Las muestras de escritura de niños preescolares bilingües en los Estados Unidos confirman las conclusiones de Ferreiro y Teberosky. Un ejemplo es el de José, un preescolar en el aula de Blanca donde los niños son animados a escribir diariamente. Ellos leen sus escritos a Blanca y ella copia lo que ellos dicen usando una escritura convencional.

Los escritos de José (véase la Figura 6–6) muestran que él también cree que las palabras u oraciones deben tener un número mínimo de letras y una variedad de ellas. Él escribe diez letras en cada línea y, aunque éstas sean repetidas, su orden es variado. Es importante destacar que José está comenzando a confiar en otras letras que no forman parte de su nombre y que está intentando experimentar con dobles letras que quizás haya visto en el ambiente impreso que lo rodea.

Si observamos su escritura veremos que es más difícil determinar lo que José piensa con respecto al número mínimo de letras para una palabra. El escribe grupos de letras que representan sus ideas. Ferreiro y Teberosky controlaron las muestras que recogieron solicitando a los niños que escribieran *palabras* u *oraciones* que ellas les dictaban. En contraste, las muestras recolectadas por nosotros, provienen de salones de clase en donde los niños escogen lo que desean escribir. Como las palabras u oraciones no son dictadas, ellos escriben con frecuencia líneas o grupos de letras sin hacer uso del espacio entre palabras. Esto hace más difícil conocer qué es lo que piensan ellos con respecto a lo qué representa una palabra, aunque sí observamos que los niños esperan que las palabras tengan varias letras y que éstas a la vez sean diferentes.

Estas ideas en cuanto al desarrollo de la escritura en los niños tienen implicaciones importantes para la enseñanza de la lectura. Cuando los niños observan el lenguaje impreso que los rodea, notan cuáles son las palabras más

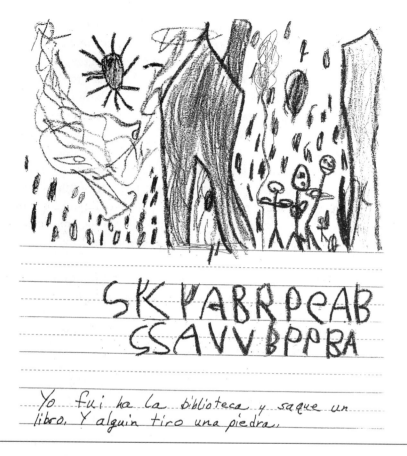

FIGURA 6–6: La escritura de José

largas o las letras más sobresalientes. La mayoría de los avisos de los almacenes o los nombres de los productos como por ejemplo, los cereales para el desayuno, tienen varias letras. Los niños a menudo ignoran las palabras cortas. Tanto en inglés como en español las palabras de contenido—sustantivos, verbos, adjetivos y adverbios—son casi siempre de mayor longitud que las palabras funcionales—artículos, conjunciones, preposiciones y otros. Cuando escribimos un telegrama, dejamos por fuera las palabras funcionales ya que las de contenido llevan el mensaje esencial; esto mismo es lo que hacen los niños de manera natural, es decir, fijarse más en las palabras más largas porque las consideran más importantes.

Aun cuando los niños llegan a la escuela con una consciencia acerca de las palabras largas, mayor que la que tienen acerca de las cortas, y a pesar de que sus escrituras demuestran que las palabras deben tener un número mínimo y una variedad de letras, los libros para los lectores principiantess contienen muchas palabras cortas con letras que se repiten (*casa, está, es, oso, el, la*). La idea de estos libros, es que si se usan palabras simples con pocas letras, la lectura se hace más fácil para los niños. Sin embargo, puede suceder que éstos crean que las palabras cortas no sirven para leer, por cuanto que, cuando ellos entran a la escuela ya han hecho hipótesis acerca de las palabras, basándose en las que ellos ven en su entorno diario. Al principio los niños captan los pedazos más grandes y completos y, sólo después, atienden a las partes más pequeñas; por esta razón, si los materiales de lectura comienzan con las partes, aprender a leer resultará mucho más difícil para los niños.

Una diferencia que hemos notado al comparar las muestras de escritura entre los niños argentinos y estadounidenses, es que muchos de los niños argentinos tienen pocas palabras fijas dentro de su repertorio. Ellos parecen haber adquirido estas palabras dentro de su entorno familiar o bien pueden haberlas visto varias veces en otro lugar. Laura, por ejemplo, podía escribir cuatro palabras: *mamá, papá, oso* y *Laura*, y esto lo explicó a las investigadoras diciendo: "*Laura* me enseñó mi mamá, y *papá, oso* y *mamá* aprendí yo de un librito para empezar a leer".

La memorización de palabras para escribir parece ser menos común en las muestras que nosotros obtuvimos en los salones de clase. No obstante, los escritores principiantes con frecuencia copian palabras que han visto en el aula y en las portadas de los libros que han leído en clase.

Como parte de una actividad de experiencia con el lenguage, Rhonda hizo que sus estudiantes seleccionaran su cuento favorito, lo ilustraran y luego le narraran lo que pasaba en el cuento. En la Figura 6–7 vemos el dibujo de Anita el cual tituló *La bella durmiente* y debajo, las notas que escribió la maestra acerca de lo que la niña le contó. A pesar de que Anita está en la etapa inicial de la escritura, reconoce el título de la historia y es capaz de copiarlo bastante bien. Anita tiene problemas para escribir el artículo *La* de una sola vez sobre la línea del título. Por eso hace primero una *L* torcida, la borra, y luego al mostrar su trabajo a la maestra, entre las dos deciden que falta la *a* después de la *L* y por ello Rhonda la agrega.

Un ejemplo final del Nivel dos proviene de Ramón un preescolar de cinco años que estudia en el aula de Priscila (véase la Figura 6–8). Este trabajo muestra la hipótesis que generalmente formulan los niños que se encuentran en este nivel. Ramón hizo un dibujo y escribió utilizando algunas letras de su nombre, repite letras (algunas invertidas) y parece mezclarlas con números. En cada línea escribe por lo menos siete letras y

La Bella Durmiente Anita

No invitaron a la hada mala a la fiesta de la princesita. Se enojó la hada olvidada y su regalo que le dió fue que se picara el dedo y morirá.

FIGURA 6–7: El dibujo de Anita

varía el orden de ellas tratando de no repetirlas. Se ve que este niño conoce la diferencia entre el dibujo y la escritura y está comenzando a usar representaciones convencionales de las letras del alfabeto para expresar sus significados.

Nivel tres de la escritura

En este nivel, Ferreiro y Teberosky advirtieron que los niños comienzan a asignar un valor sonoro a las letras mientras pronuncian en voz alta las palabras que van a escribir. Hasta ese momento los niños piensan que las letras representan los objetos directamente; ahora, se dan cuenta que las letras se unen a los sonidos de las palabras para representar el nombre de los objetos. En realidad, ellos prestan más atención a las acciones físicas requeridas para producir los sonidos que a los sonidos mismos, y es por eso que este nivel se corresponde con la etapa fonética temprana según Buchanan, en la cual "hay una correspondencia entre los aspectos físicos para la producción de una palabra y la escritura de esa palabra" (Buchanan, 1989, p. 135).

También en esta etapa los jóvenes escritores elaboran la hipótesis silábica, es decir, usan una letra para representar cada sílaba de la palabra. Este es un momento interesante porque, por primera vez, los niños comienzan a relacionar el sonido de los segmentos del habla con las letras en

FIGURA 6–8: La escritura de Ramón

el texto y por eso es importante que los maestros observen cuidadosamente a los niños mientras escriben para comprender mejor el proceso.

Para los niños hispanohablantes, que aprenden a escribir tanto en español como en inglés, este momento es muy significativo porque en los países de habla hispana los niños que se inician en la escritura, generalmente usan primero las vocales antes que las consonantes. Esto puede atribuirse al hecho de que en español los sonidos de las vocales corresponden con las cinco letras que representan. Por el contrario, los escritores principiantes de habla inglesa generalmente comienzan a escribir con las consonantes y de allí que, los niños hispanohablantes que crecen en un ambiente dominado por estímulos impresos en inglés (el caso de los niños hispanos que viven en los Estados Unidos) pueden mostrar una mezcla de vocales y consonantes. Más adelante compartiremos ejemplos que demuestran cómo los niños de habla hispana en los Estados Unidos presentan un desarrollo similar a los del estudio argentino, en el cual los niños, definitivamente usan más las vocales. También mostraremos un ejemplo que difiere de los anteriores.

En el estudio argentino, como se ha dicho anteriormente, los niños escribieron palabras y oraciones dictadas por las investigadoras. En un ejemplo vemos como Mariano escribió su nombre correctamente y luego usó letras del mismo para representar otras palabras. Cuando se le pidió que escribiera *sapo* lo hizo así: *A O*. Fue capaz de usar las letras de su nombre para escribir las vocales de las dos sílabas de la palabra *sapo*; luego cuando se le solicitó que escribiera *Mi nena toma el sol* escribió todas las vocales de la oración *I E A O A O* para representar cada una de las sílabas que estaban allí. Al pedírsele que escribiera *pato* escribió *P O* para demostrar que las consonantes no siempre son omitidas.

El hallazgo de que los niños hispanos que se inician en la escritura con frecuencia comienzan con las vocales, representa una información particularmente importante para los maestros bilingües que estimulan la invención de la escritura en sus estudiantes hispanos. Mientras en el pasado la escritura de líneas o grupos de vocales pudo haber sido interpretada como una práctica al azar, los maestros ahora reconocen que esas vocales pueden estar relacionadas directamente con un mensaje que el niño intenta comunicar a través de su escritura.

La escritura de Efraín es una buena señal del uso de las vocales para representar las sílabas de las palabras (véase la Figura 6–9). Carolina, su maestra, transcribió las palabras del niño cuando éste le leyó su historia acoplando cada palabra con lo que había escrito. La recolección de este material proporciona una valiosa información que puede ser utilizada a medida que se registra el progreso del niño. Sin embargo, es necesario que los maestros, luego de escuchar al niño, escriban lo que éste dice ya que de lo contrario le será imposible recordarlo después. Además, el hecho de escucharlo e inmediatamente escribir lo expresado por él, hará que el niño perciba mejor la naturaleza comunicativa de la escritura.

La primera línea de lo que escribió Efraín incluye todas las vocales de las palabras en orden, con la excepción de las letras *d* y *a* que aparecen después de *ea* en *está*. El puede haber repetido la última sílaba de la palabra para sí mismo a medida que la escribía; luego agregó la consonante *d* y repitió la vocal final. Tanto la *d* como la *t* son articuladas en la boca de la misma manera y los niños en esta etapa confían en tales características de la producción física de los sonidos. En la segunda línea la maestra Carolina escribió sólo las dos primeras palabras; el niño agrega una *o* extra después de la *e* para significar *el*, y luego incluye dos consonantes en *submarino* y tres más en el resto de la línea de letras. Todo esto demuestra que el niño está

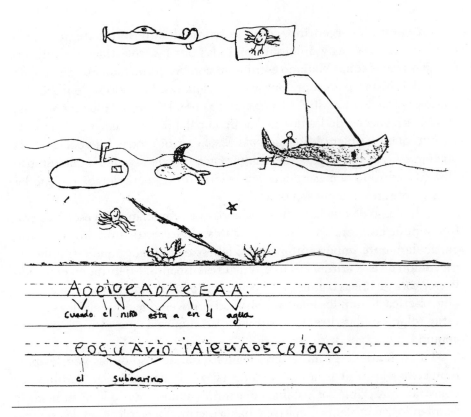

FIGURA 6–9: La escritura de Efraín

aprendiendo que la escritura implica el uso tanto de consonantes como de vocales aun cuando todavía sigue usando una vocal para cada sílaba.

Rosa, otra estudiante de Carolina, muestra un dibujo y dice *"La niña está en la casa. Tiene mucho frío"*; la maestra escribe en el papel *"¿Por qué tiene frío?"* y lo lee a la niña; ésta escribe en respuesta O E A E L O: *"porque hay hielo"* (véase la Figura 6–10). Aquí la niña escribe cada sílaba con una vocal para las primeras dos palabras; usa *e* para *ie* y tal como lo hace Efraín, demuestra una incipiente consciencia de las consonantes al incluir *l* en *hielo*.

Los niños hispanos residentes en los Estados Unidos están expuestos a materiales impresos en inglés tanto en la escuela como en la calle y en la televisión, y su escritura inicial sin duda refleja esta influencia. Ana, estudiante una preescolar, muestra su conocimiento de la escritura tanto en inglés como en español (véase la Figura 6–11) ya que las letras que usa para identificar dos de sus dibujos incluyen varias vocales y también consonantes

FIGURA 6–10: La escritura de Rosa

como la *K*, además de combinaciones de letras tales como *PH* y *SH* que no son comunes en español.

Ya sea que usen vocales, consonantes o combinaciones de las dos, los escritores en el Nivel tres operan bajo la hipótesis silábica. Generalmente escriben una letra para cada sílaba en una hilera de palabras. Para los maestros es más difícil leer la escritura de los niños cuando está constituída enteramente por vocales; sin embargo, los niños hispanos comienzan por vocales y cuando se les pide leer lo que han escrito (tan pronto como lo terminen) se puede notar la estrecha correspondencia entre las letras que ellos hacen y las vocales en las palabras que contiene su mensaje. A este nivel los niños han dado un salto importante: han comenzado a juntar letras y sonidos; por eso es necesario que los maestros reconozcan y apoyen este avance.

Nivel cuatro de la escritura
De acuerdo con Ferreiro y Teberosky, los niños que alcanzan este nivel son aquellos que pasan de la hipótesis silábica a la alfabética (lo que Buchanan

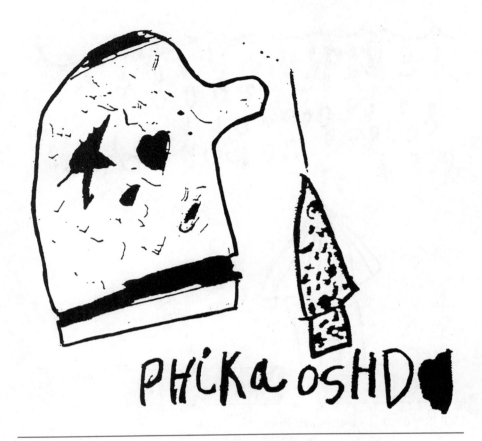

FIGURA 6–11: La escritura de Ana en una fase inicial

llama etapa fonética avanzada). Los aprendices a esta altura del proceso comienzan a darse cuentas de que "cada elemento de producción de sonido de una palabra debe ser representado en la escritura de esa palabra" (Buchanan, 1989, p. 136).

Los niños hispanohablantes comienzan a utilizar primero las vocales aunque, un poco más tarde, notan que las vocales y las consonantes son usadas con la misma intensidad en el lenguaje impreso que los rodea. Este conocimiento los conduce a la hipótesis alfabética que propone que cada sonido en una palabra debe ser representado por una letra suponiendo, además, que la escritura sólo reflejada por las vocales de cada sílaba no es suficiente; por eso comienzan a agregar las consonantes.

En el aula de Kindergarten de la maestra Rhonda, un grupo de niños únicamente sabían escribir sus nombres o hileras de vocales para expresar sus ideas, pero Susi dibujó una escena de la incubación del patito feo y escribió

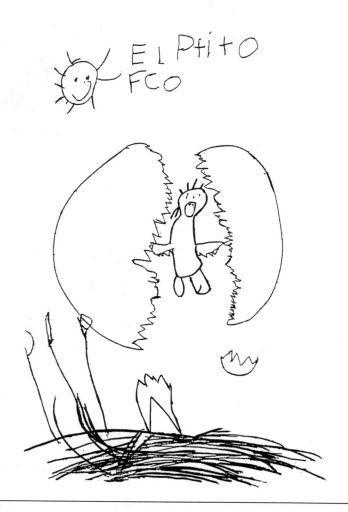

FIGURA 6–12: El dibujo de Susi: El patito feo

sobre el dibujo usando vocales y consonantes (véase la Figura 6–12), lo que demuestra que al parecer la niña está ya alcanzando el Nivel cuatro. Es importante aclarar, sin embargo, que estas etapas no son fijas y que a veces los niños retroceden o avanzan entre las hipótesis silábica y la alfabética.

Ariana, estudiante de primer grado en la clase bilingüe de Sam, ha visto las palabras *Valentine* y *San Valentín* escritas alrededor del salón de clases y cuando le correspondió hacer su tarjeta de San Valentín escribió *sanvavenn* usando vocales y consonantes (véase la Figura 6–13). Ella representó los once sonidos de las palabras con nueve letras, sustituyó la *l* por *v* y omitió *ti*. Aquí la niña aparenta estar operando según la hipótesis alfabética pero, posteriormente, al pronunciar cuidadosamente las sílabas de *¿Cómo está su*

FIGURA 6–13: La tarjeta de San Valentín de Ariana

familia? escribió sólo vocales. En la palabra *familia* Ariana invierte las dos últimas vocales y luego agrega la *f* inicial.

La escritura de esta niña constituye un buen ejemplo de un estudiante que se desplaza del Nivel tres al Nivel cuatro. Está comenzando a usar las consonantes que ve en su ambiente lo que indica que ha empezado a notar el lenguaje impreso que ve en el aula y fuera de ésta; su escritura refleja su nuevo conocimiento y sus invenciones se están haciendo cada vez más convencionales. Este ejemplo también refleja la importancia que tiene para los niños el hecho de que sus maestros los expongan al contacto con el lenguaje impreso tanto como sea posible.

Nivel cinco de la escritura

El Nivel cinco de Ferreiro y Teberosky corresponde con la etapa fónica de Buchanan. Según las investigadoras argentinas, en este nivel los niños refinan su hipótesis alfabética usando tanto las vocales como las consonantes para representar, en forma más consistente, todos los sonidos de cada palabra. También la escritura se hace más convencional y muchos de los errores de los niños reflejan confusiones entre las diferentes maneras de representar un sonido particular; un ejemplo de esto sería la inseguridad que muestran en cuanto al uso de *s* o *z* en la palabra *mesa*.

La Figura 6–14 es una muestra sumamente interesante de un niño en el aula preescolar de Blanca. A primera vista, el trabajo escrito de Daniel podría causar la preocupación de su maestra por cuanto él escribe su nombre al revés, sus otras letras tienen inversiones y no están bien formadas. Sin embargo, el niño leyó lo que había escrito, y una comparación de su trabajo con el mensaje deseado demuestra que aún en Kindergarten ya está interpretando el código y escribiendo palabras con vocales y consonantes.

Los estudiantes en este nivel deben resolver problemas ortográficos pero con la ventaja de que ahora tienen un conocimiento subyacente de cómo funciona el sistema de escritura. En español los niños luchan con los sonidos en los cuales es posible una ortografía alterna tales como la *ll* y la *y*, o entre la *s*, *c*, y *z*. Un buen ejemplo lo constituye la escritura de Angélica quien también está en la clase de Blanca. La niña da sus primeros pasos hacia la forma convencional cuando escribe acerca de Martin Luther King (véase la Figura 6–15). Ella escribe *CEiA CE IA EDE no BEIE* para decir: "*Quería que la gente no peleara*".

Angélica aún omite algunas consonantes pero las usa junto con las vocales, separa claramente las palabras y aunque podría parecer a primera vista que sólo escribe letras al azar, ella está muy cercana a la escritura convencional y ciertamente, está usando la correspondencia entre sonidos y letras cuando intenta escribir con *c* las palabras *quería* y *que*. Probablemente esta niña sabe que la *c* puede tener un sonido de /k/ como en *cada*. En estas palabras el sonido de la /k/ es representado por *qu*. Angélica simplemente se ha equivocado al hacer su elección.

Por otro lado, no es sorprendente que Angélica omita la *g* en *gente* debido a que la consonante tiene un sonido muy suave, y que sustituya la *t* por *d* lo cual es un error común debido a que los dos sonidos son articulados en el mismo sitio en la boca; su omisión de la *n* también es predecible ya que los sonidos nasales como *n* son con frecuencia omitidos antes de las consonantes porque igualmente se producen en el mismo lugar en la boca. En la producción real del lenguaje, la *n* representa un sonido nasal de la vocal que le precede. Finalmente, Angélica escribe *b* en lugar de *p*, otro error predecible para un escritor principiante de habla hispana, ya que los dos sonidos tienen el mismo lugar de articulación y sólo se diferencian por su sonoridad. La niña pasa por alto los sonidos finales que reciben poca

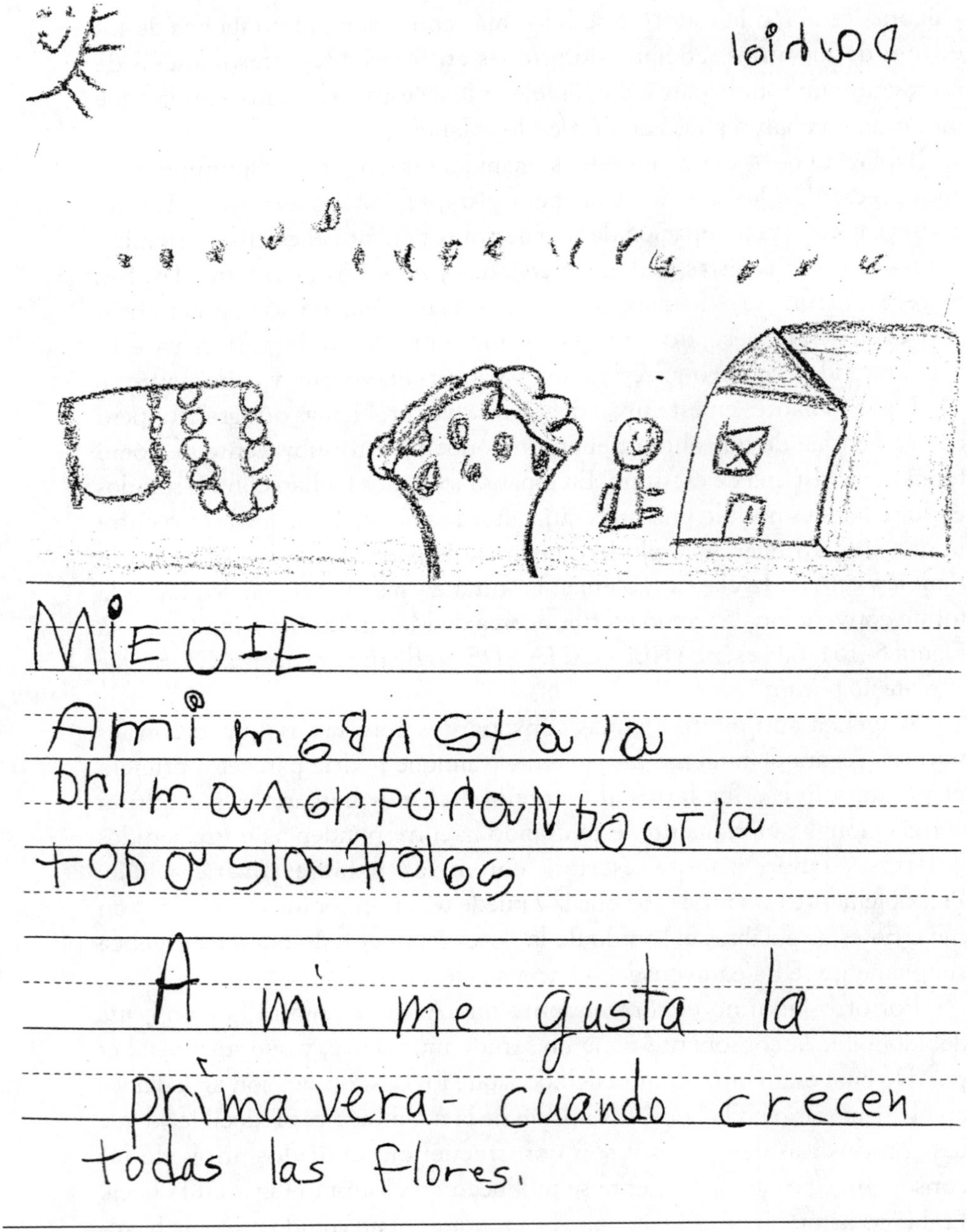

Daniel

MIEOIE
Ami m68ASta la
bhima6rporaNbouTla
Toba SiaAolo6S

A mi me gusta la
primavera- cuando crecen
todas las flores.

FIGURA 6–14: La escritura de Daniel

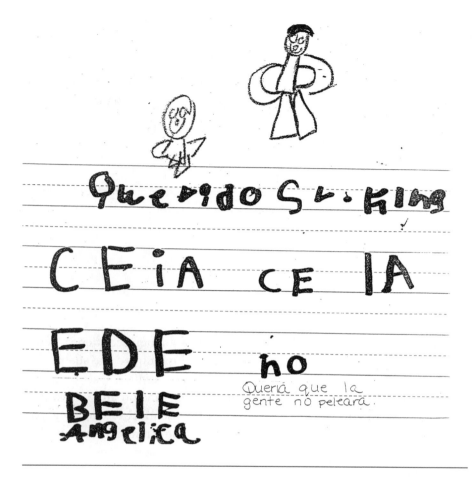

Figura 6–15: La escritura de Angélica

acentuación cuando se dicen dentro de una oración. En resumen, la escritura de las palabras en este ejemplo muestra un intento para representar los sonidos sobresalientes en las palabras y los errores son debidos a la incorrecta selección entre las alternativas que presenta el sistema español. En este Nivel cinco los estudiantes están más preocupados por escoger entre estas opciones que les ofrece el idioma.

Un bello ejemplo de las características del Nivel cinco procede de Ana cuyos primeros intentos de escritura vimos en la Figura 6–11. Su escritura más avanzada se puede observar ahora en la Figura 6–16. Si comparamos ambas muestras veremos un progreso notable. En ésta, su última muestra de escritura en kindergarten, la niña escribe a su maestra y le cuenta que ahora ya está lista para ingresar a primer grado.

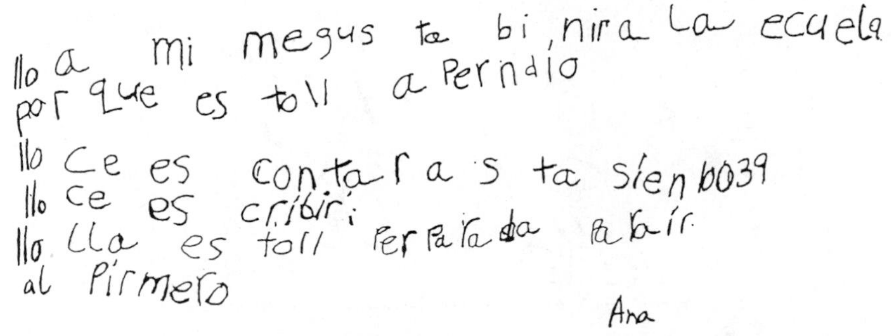

llo a mi megus ta bi ,nira La ecuela
por que es toll a Perndio
llo ce es contaras ta sien b039
llo ce es cribir
llo lla es toll Perparada ta bir
al Pirmero

Ana

FIGURA 6–16: La escritura de Ana en una fase posterior

Español convencional
Yo a mí me gusta venir a la escuela
porque estoy aprendiendo
Yo sé es contar hasta cien
Yo sé escribir
Yo ya estoy preparada para ir al primero

Es de notar que su escritura es bastante legible y aunque contiene algunos problemas de espacio, exhibe un buen sentido de los límites de las sílabas. Por ejemplo, Ana escribe *megus ta bi nira* por *me gusta venir a*. Casi todos sus errores en la escritura de las palabras son la representación alternativa para un sonido en particular. Ella insistentemente representa el sonido de /y/ con /ll/ en los casos en que la regla requiere que sea *y* como también sustituye la *v* por *b* en *venir* y la *c* por *s* en *cien*, pero definitivamente la niña "está preparada para ir a primero".

Resumen: niveles o etapas del desarrollo de la escritura

Los niños que se inician en la escritura avanzan a través de una serie de etapas o niveles; la escritura en cada uno de ellos refleja sus hipótesis para representar sus ideas en forma escrita. En el Capítulo cinco estudiamos el desarrollo típico de la escritura en los niños angloparlantes y en el presente capítulo consideramos su desarrollo en los hispanohablantes. Comenzamos presentando el análisis de los cinco niveles de Ferreiro y Teberosky quienes en Argentina trabajaron con niños inmersos dentro de un ambiente de habla hispana. Posteriormente consideramos la manera en la que su modelo puede aplicarse a los niños bilingües en los Estados Unidos en aulas donde los maestros trabajan con el enfoque de la escritura como un proceso. Nuestras muestras confirman muchas de las características del desarrollo de la escritura aportadas por Ferreiro y Teberosky; sin embargo, también notamos algunas diferencias las cuales se deben probablemente a dos razones fundamentales: los estudiantes cuya escritura mostramos están también expuestos a una gran cantidad de estímulos impresos en inglés y están aprendiendo a leer y a escribir en este idioma, al mismo tiempo que también aprenden a leer y a escribir en español. Por otra parte, el estudio de Ferreiro y Teberosky fue cuidadosamente controlado; como ya hemos visto, las palabras u oraciones escritas por los niños fueron dictadas por ellas, mientras que las muestras tomadas en el aula bilingüe fueron textos completos producidos por los niños en forma espontánea, en un ambiente donde se permite a los niños escoger sus temas y donde se escribe con variados y auténticos propósitos.

Los ejemplos que hemos ofrecido explican cómo se desarrolla la escritura de los niños en español; los maestros bilingües que aportaron estas muestras, han visto los beneficios del desarrollo de la escritura en la lengua materna de sus estudiantes. Sin embargo, en muchas escuelas aún se debate si los niños hispanohablantes deberían aprender a escribir en ese idioma o si ellos deberían estar inmersos sólo en el idioma inglés. Por esta razón, antes de dejar nuestra discusión del desarrollo de la escritura, deseamos resumir brevemente un estudio importante de la escritura temprana de los niños bilingües.

Edelsky (1986, 1989) condujo un extenso estudio de la escritura de los niños en español. Ella analizó trabajos de veintiseis niños bilingües de primero, segundo y tercer grado en una escuela semirural de niños inmigrantes. Edelsky (1989) describió el propósito del estudio de la siguiente manera:

> El estudio fue un esfuerzo de investigación cualitativa en el cual un equipo de investigadores analizó más de 500 muestras de escritura de tres salones diferentes para: cambio de código, invención de escritura, convenciones para puntuación y segmentación, recursos de estilo, características estructurales (ej: comienzos, finalizaciones, enlazamiento entre cláusulas), y la calidad del contenido, con el fin de notar los cambios a través del tiempo y hacer las comparaciones de tipo transversal (p. 166).

Los datos obtenidos por Edelsky condujeron a importantes conclusiones que han ayudado a disipar algunos mitos en relación al proceso de lecto-escritura en dos lenguas y a la educación bilingüe, así como otros mitos con respecto a la enseñanza y aprendizaje de la escritura. Quizás la creencia más importante que disipó el estudio fue que "empezar a aprender a leer y a escribir en español y luego, hacerlo en inglés, interfiere con la lectoescritura en este último idioma" (1986, p. 73). En lugar de eso Edelsky concluyó que la lectoescritura en el lenguaje materno lo que hizo fue más bien apoyar la adquisición de la lectura y la escritura en inglés. Cuando los niños estudiados por Edelsky escribieron en inglés, usaron lo que sabían en su propio idioma y este conocimiento no interfirió en absoluto con su adquisición del inglés.

El estudio también demostró que los niños hispanohablantes en aulas bilingües inventan formas de escritura en español aun cuando la ortografía española corresponde bastante bién con su fonología y aun cuando los estudiantes reciben instrucción fónica. En efecto, muchos rasgos de la escritura de los estudiantes reflejaron los patrones de desarrollo que ya hemos expuesto, pero la escritura no mostró efectos notables de la instrucción directa que algunos de los niños recibieron. Esta instrucción, al parecer, puede ayudar a los estudiantes a pasar de una etapa a la próxima, pero no conduce a un camino más corto. Los niños todavía deben inventar formas de escribir y formas de puntuación, entre otros, y probar sus invenciones contra las convenciones sociales a medida que leen.

El estudio demostró además, que los estudiantes necesitan el contacto permanente con variados tipos de literatura y otros textos en español para alcanzar la escritura convencional. Los niños produjeron sus mejores trabajos cuando escribieron con auténticas razones para responder a audiencias reales. El estudio de Edelsky confirma muchas de las prácticas ejercidas por maestros bilingües eficientes y, a la vez, proporciona un importante apoyo investigativo para aquellos maestros que ayudan a sus estudiantes bilingües a escribir en su idioma materno.

Funciones de la escritura

En los dos últimos capítulos hemos enfocado principalmente el desarrollo de la escritura en niños a los cuales se les brinda oportunidades frecuentes para leer y escribir dentro de un aula de constante estímulo y valoración. Estamos convencidos de que los maestros necesitan conocer los patrones normales de desarrollo con el fin de ofrecer a los niños el soporte que ellos necesitan. Este conocimiento es esencial para establecer un programa efectivo de escritura.

Los maestros que desarrollan programas efectivos involucran a los estudiantes en la escritura de acuerdo a variados propósitos; ésta fue una de las características importantes del estudio realizado por Edelsky. En muchas aulas los maestros sólo exigen a los niños escribir respuestas personales en diarios o bien escribir cuentos. Sin embargo, la gente escribe por muchas otras razones y por ello, estas otras funciones de la escritura también deben ser desarrolladas. Para los maestros que desean involucrar

1. Instrumental: (Uso del lenguaje para obtener cosas- "Yo quiero")

2. Reguladora: (Uso del lenguaje para controlar la conducta de los demás- "Haz lo que te digo")

3. Interaccional: (Uso del lenguaje para crear interacción con los demás- "Tú y yo")

4. Personal: (Uso del lenguaje para expresar significados y sentimientos personales- "Estoy aquí")

5. Heurística: (Uso del lenguaje para aprender y descubrir- "Dime por qué")

6. Representadora: (Uso del lenguaje para comunicar información- "Tengo algo que decirte")

7. Imaginadora: (Uso del lenguaje para crear un mundo de imaginación- "Imagínate que . . . ")

FIGURA 6–17: Funciones del lenguaje según Halliday

a sus estudiantes en la escritura con diferentes propósitos, Halliday (1975) (véase la Figura 6–17) compiló una útil e interesante lista de las diversas funciones que cumple el lenguaje.

En las secciones que siguen, discutiremos de qué manera esas funciones se aplican al lenguaje escrito y proporcionaremos ejemplos de trabajos de los niños para cada una de ellas. Como podrá notarse muchos de los escritoss cumplen con más de una función.

La escritura instrumental

La primera función del lenguaje escrito que Halliday identifica es la función instrumental. La gente usa la escritura como un instrumento para obtener las cosas que desea. Esta función es con frecuencia expresada a través de notas donde se solicita algo. Las Cartas a San Nicolás son una forma común de escribir *Yo quiero*. Roberto, de tres años, le pidió a su madre que escribiera una carta por él donde le dictó una larga lista de "*yo quiero . . . . .y quiero . . . . .y quiero. . . .*" Edelsky (1986) proporcionó un ejemplo de una carta a San Nicolás en la cual el escritor no sólo hace una solicitud de una motocicleta sino que también explica las formas de introducir el regalo por otro sitio que no sea la ventana y en caso de que Santa no supiera la dirección, el niño se la dice en la carta:

Yo le voy a llevar esta carta a usted, Santa Clos, para que me de una moto. Y la casa tiene un cuartito y allí puede meter la moto para que no

FIGURA 6–18: Ejemplo de escritura instrumental realizada por María Elena

batalle mucho metiéndolo por una ventana. Y mi casa es 13574.
Gracias (p. 62).

Otro ejemplo de escritura instrumental lo tenemos en lo que escribió
Maria Elena, una niña preescolar, quien estaba muy emocionada por la fiesta
de graduación que su clase iba a tener (véase la Figura 6–18). Ella y los otros
niños hablaron acerca de la fiesta y entonces dibujó una cara y escribió
"Vamos a bailar". Su mensaje claramente expresa una característica de la
fiesta que ella desea.

La escritura reguladora
Esta forma de escritura está diseñada para regular la conducta de los otros.
Como los niños ven una gran cantidad de escritura reguladora en carteles
colocados en el ambiente, es natural que ellos también los escriban. Los
niños se valen de diferentes formas para regular la conducta de los demás. En
el aula de Cristina, Marisa estaba molesta porque los compañeros le pedían

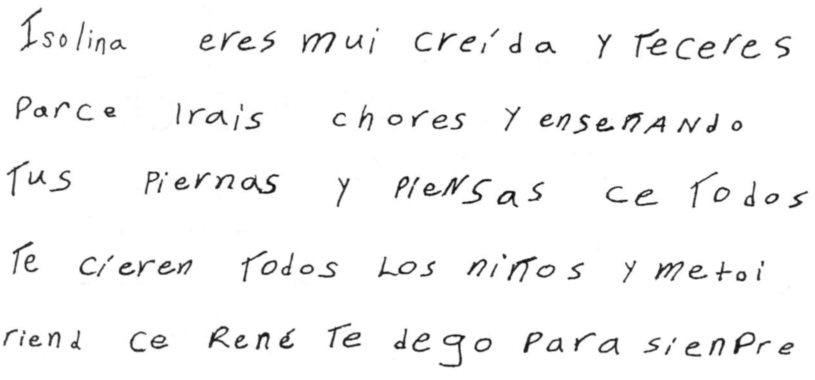

Isolina eres mui creída y Teceres
Parce Irais chores y enseñando
Tus Piernas y PieNSas ce Todos
Te cieren Todos Los niños y metoi
riend ce René Te dego Para sienPre

FIGURA 6–19: Ejemplo de escritura reguladora

prestados sus crayones y sus lápice. Para resolver el problema escribió varios papelitos con su nombre, y los pegó en cada una de sus pertenencias, *"para que no toquen lo mío"*.

Otro ejemplo de escritura reguladora viene de uno de los niños de segundo grado de Carolina (véase la Figura 6–19). La niña estaba furiosa con su compañera Isolina porque coqueteaba con los varones; a la vez se sentía muy feliz de saber que René había terminado su relación con Isolina. Aunque la niña no le dice exactamente a Isolina lo que debe hacer, el mensaje es un claro intento de regular su conducta. La maestra sugirió que es posible que este tipo de nota y lenguaje provenga de estudiantes que ven muchas telenovelas.

La escritura interactiva
Esta tercera función es la que ayuda a establecer o mantener una relación social. Las cartas amistosas o notas de agradecimiento son ejemplos de escritura interactiva. La nota a Isolina podría considerarse de este tipo porque promueve una relación negativa. Algunos ejemplos más positivos provienen de tres grados diferentes; Rhonda recibió a fin de año una nota de uno de sus preescolares pidiéndole que se cuidara y diciéndole que la amaba mucho; la niña usó el apellido de la maestra, Dutton, probablemente porque ella la llamaba Señora Dutton (véase la Figura 6–20).

Un segundo ejemplo de escritura interactiva puede ser observado en la respuesta de Erika, estudiante de segundo grado en el salón de Sam, a su compañera Caro, una estudiante universitaria a quién ella le escribe cartas. El ejemplo de Erika muestra la importancia que tiene este tipo de escritura aun para niños muy pequeños; ella había recibido una carta de Caro donde

Dutton
qesecuid e mucho
la cieromucho

FIGURA 6–20: Ejemplo de escritura interactiva positiva

ésta le contaba que tenía una mascota y le preguntaba cuándo era su cumpleaños y lo que le gustaba hacer. La Figura 6–21 contiene la respuesta de Erika y el frente y la parte de atrás del sobre que hizo para colocar la carta. Nótese cómo ella dirige la carta a "Caro" en Fresno Pacific College y en la parte de atrás del sobre coloca un mensaje de amistad: *"Tú eres mi amiga"*.

Un último ejemplo está representado en la carta que fue escrita por un estudiante de séptimo grado, durante la Guerra del Golfo (véase la Figura 6–22). Los niños en las escuela decidieron escribirle a todos los hombres que fueron enviados a la guerra. Como el inglés de César no es muy fluído, él decide escribir una elocuente y emotiva carta a un soldado que hable español.

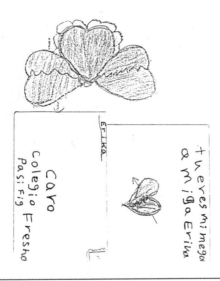

FIGURA 6–21: Ejemplo de escritura interactiva realizada por Erika

La escritura personal

La escritura que cumple una función personal se basa principalmente en los intereses y sentimientos del escritor. Nuestro ejemplo de la escritura de Ana (véase la Figura 6–16) corresponde a la escritura personal. En su trabajo la niña habla confiadamente de quién es ella y de lo que es capaz de hacer; ella puede hacer muchas cosas y está *"preparada para primero"*.

La niña de segundo grado, Berta, (véase la Figura 6–23) nos ofrece otra muestra de escritura con una función personal. Ella dice cómo se siente cuando se balancea en el columpio; este escrito también cumple una función heurística porque la niña explica la razón por la cual el mecerse en los columpios la hace feliz.

Queridos Soldados.

Espero que cuando reciban esta carta les de la alegría que me va a dar a mí cuando yo sepa que ya la recibieron.

Miren nosotros sabemos que no es nada fácil andar en la guerra porque no se sabe lo que va a pasar, pueden perder la vida y sin saber en que momento.

Al haberse ido a la guerra ustedes nos demuestran que son hombres valientes y que se arriesgan a perder la vida sin importarles nada, lo único que les importa es pelear por la nación y defenderla sin temor a perder sus vidas.

Yo y todos nosotros estamos orgullosos de todos ustedes porque ustedes están lejos de sus familias y sus amigos pero sin embargo ustedes no se vencen.

Al pelear ustedes por la nación nosotros sentimos que están peleando por nosotros porque nosotros venimos aquí a progresar y si ustedes no hubieran ido en realidad no sabemos que pasaría.

Esperamos que se cuiden mucho y que regresen con vida y con mucha felicidad para que puedan otra vez mirar sus seres queridos.

Yo se que van a regresar victoriosos y con una sonrisa en su cara.

" Sinceramente César

FIGURA 6–22: Ejemplo de escritura interactiva realizada por César

En la imagen, texto escrito a mano:

Amimease feliz Loscolupios

por que pienso que doiabolar

Al sielo como superman

Tdolar Como el es supern

an fin

FIGURA 6–23: Ejemplo de escritura personal realizada por Berta

La escritura heurística

Cuando la escritura se usa con una función heurística, el escritor usa el lenguaje para aprender y para descubrir; mucha de la escritura heurística explica el por qué de algunos fenómenos. La muestra de Naomi, estudiante de segundo grado, describe lo que sucede cuando la lluvia cesa y aparece el arcoiris. Aunque sus letras no están claramente formadas, ella hace un buen trabajo para organizar sus ideas (véase la Figura 6–24).

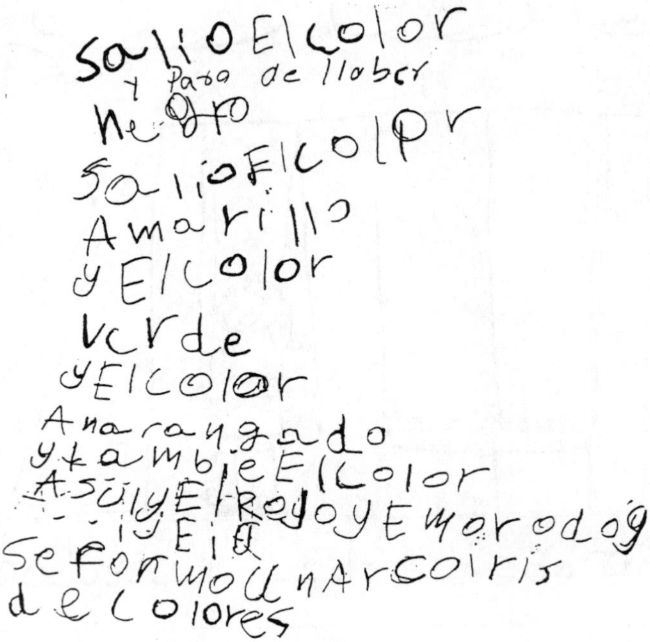

SaljO El color
y paso de llober
negro
SaljOElcolpr
Amarillo
yElcolor
verde
yElcolor
Anarangado
ytambieElcolor
ASúlyEIRojoyEmorodoy
...jElQ
seformoUnArcoiris
de colores

FIGURA 6–24: Ejemplo de escritura heurística realizada por Naomi

Un ejemplo final que también cumple con una función heurística viene de José, de segundo grado también (véase la Figura 6–25). Después que Carolina llevó sus estudiantes a un paseo en tren, el niño escribió acerca de esta primera experiencia en un tren. Hay varios borrones en la copia que demuestran que José empleó tiempo reordenando y corrigiendo su trabajo. El viaje había constituído una experiencia importante para él y deseaba decirle a sus lectores porqué lo había sido.

La escritura representativa
Este tipo de escritura es similar a la heurística pero es menos exploratoria o inquisitiva. Es más bien usada para reportar información como, por ejemplo, en el salón de Rhonda donde los preescolares siempre tuvieron numerosas experiencias que contarle durante todo el año, y así, al final del año escolar pudieron hacerlo sin problemas utilizando la escritura representativa. En lo que escribe Felipe en su diario (véase la Figura 6–26) explica con toda claridad dónde se encuentran todos los miembros de la familia ese día.

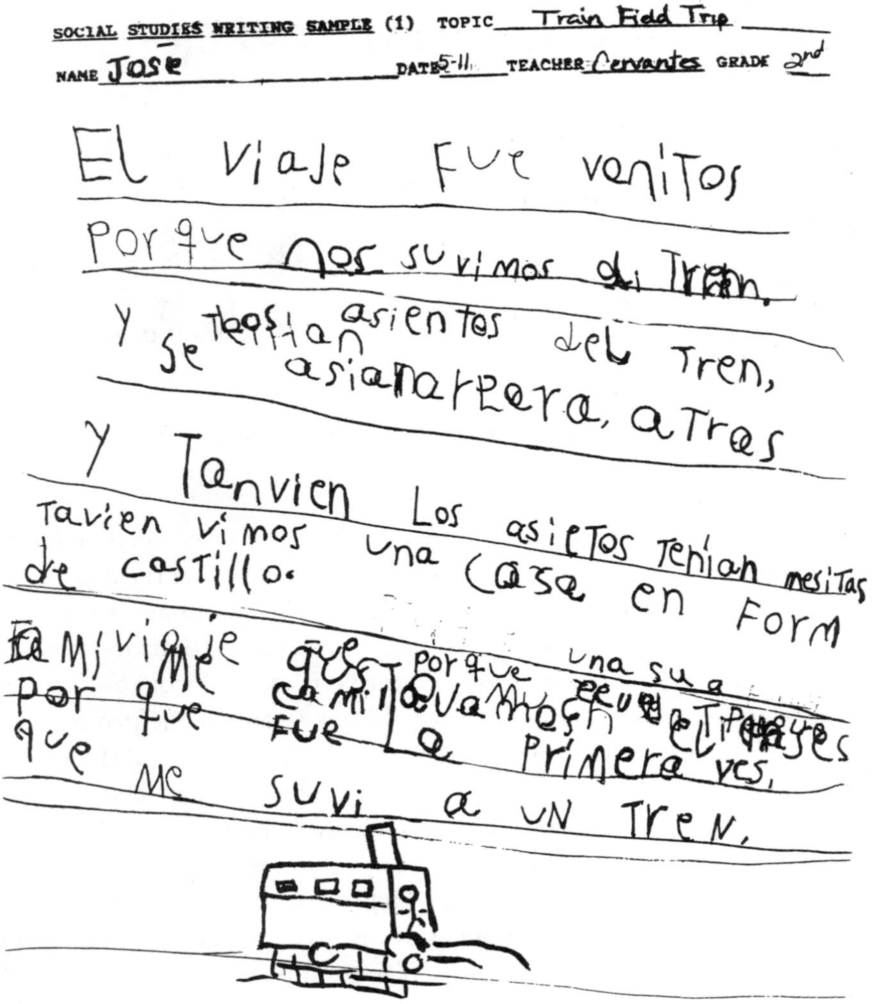

El viaje fue venitos
porque nos suvimos al Tren,
y se teostian asientos del Tren,
asianareera, aTres
Y Tanvien Los asietos Tenian mesitas
Tavien vimos una Case en Form
de castillo.
famiviaje que porque una su a
por que camilovamos…
que fue fue la primera ves,
que me suvi a un Tren.

FIGURA 6–25: Ejemplo de escritura heurística realizada por José

La escritura imaginativa

Un tipo de escritura que condensa la heurística, la representativa y la imaginativa es realizada por Santiago, un niño de quinto grado, quien sólo tenía tres meses de haber llegado a los Estados Unidos cuando escribió su historia. Por las demostraciones que su maestra Carol le había proporcionado al leer literatura auténtica, y por las demostraciones de sus compañeros al publicar sus propios cuentos, Santiago decidió escribir su

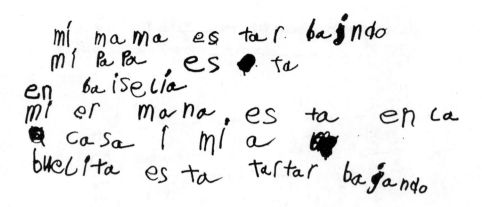

FIGURA 6–26: Ejemplo de escritura representativa realizada por Felipe

propia historia aunque su experiencia escolar previa en Colombia le había proporcionado muy pocas vivencias con este tipo de actividad en la escritura. Su cuento, apenas el segundo que había hecho en este grado, muestra cómo este niño pudo combinar los contenidos estudiados sobre el espacio y la astronomía con el género narrativo (véase la Figura 6–27).

La escritura imaginativa puede ser observada en los cuentos que los niños crean. Cuando ellos leen o escuchan cuentos con frecuencia durante el día, esto hace que se animen a escribirlos. Carolina le lee muchos libros a sus estudiantes y los estimula a que ellos también lo hagan por su cuenta al escoger entre la diversidad de libros que se encuentran en el salón de clases. Durante el *taller del escritor* (*writer's workshop*) los niños escriben borradores de sus cuentos, sostienen conversaciones con sus compañeros y su maestra acerca de lo que escriben, les leen a los demás sus producciones y publican sus propios libros escribiéndolos en el laboratorio de computación con la orientación de la maestra o su ayudante. A menudo estos escritos se ven claramente influenciados por lo que los niños han leído. Angélica escribió sobre *El sueño de ver a las ballenas* (véase la Figura 6–28). Carolina y Angélica hablaron de cómo el libro fue inspirado por los cuentos de hadas que la clase había estado leyendo, así como también por las historias que leyeron durante el estudio de las ballenas incluyendo *El canto de las ballenas* (Sheldon, 1993), *Swimmy* (Lionni, 1963), *Big Al* (Clements, 1991) y *Humphrey the Lost Whale* (Tokuda y Hall, 1986). Resulta bastante claro que Angélica se basó en la literatura que había leído para escribir esta adorable historia imaginativa.

LAS noches

cuando yo era pequeño no me
gustaba la noche porque no
savia que era lo que alumbraba

un dia me di cuente de que
bion cumo animales en el cielo

era cuando fui creciendo me di
uento de que eran bonitos y me
ustaban mucho mas

y que servion para alumbrar
el camino en las noches para
la jente de las fincas.

y que caian meteoritos y mes
gustaban.

FIGURA 6–27 Parte 1: Ejemplo de escritura imaginativa realizada por Santiago

pregunte a mi papa
era eso que ava ariba.

el me digo to que era
desde que naci me gusta
las estrellas.

EI FIN

FIGURA 6–27 Parte 2: Ejemplo de escritura imaginativa realizada por Santiago

Por último, otro ejemplo de escritura imaginativa procede de un escrito incompleto de Isolina (véase la Figura 6–29), la misma niña que recibió la indignante nota de su compañera (Figura 6–19). Su maestra Carolina estaba muy emocionada por la forma en que Isolina fue capaz de construir el escenario para crear los personajes y producir una atmósfera de suspenso. Para la maestra resultaba evidente que la lectura y la discusión que tuvo lugar en la clase ayudó a la niña a escribir de esta manera.

Este cuento de una niña de segundo grado resume, de muchas formas, todo lo que hemos venido diciendo en los dos últimos capítulos acerca de la escritura. Isolina inventa formas de ortografía para las palabras que ella aún no conoce. Sin embargo, la mayor parte de su escritura ya es convencional. Debido al estímulo que a ella se le da para escribir y también a las muchas lecturas que realiza en su grado, su cuento refleja una gran imaginación y una tendencia a querer correr riesgos en la escritura sin sentir ningún temor. La niña usa un vocabulario sofisticado como *abandonado* y *falleció*, palabras que no tienen posibilidad de aparecer en las listas controladas de vocabulario que se les dan a los niños en segundo grado. Como ha señalado su maestra, Isolina entiende y usa los elementos críticos de un buen cuento, incluyendo

El Sueño
de Ver
A Las Ballenas

Escrito e Ilustrado
por
Angélica Martínez

Había una niña llamada
Moníca. Soñaba con ver
a las ballenas. Las quería
ver porque era bonito ver
a las ballenas orcas.

Un día le iban a dar una
sorpresa a Mónica.
-¿A dónde vamos a ir?-
preguntó ella.
Su mamá le contestó:
-Es una sorpresa.
Le taparon los ojos
para que no mirara el mar
ni las ballenas.

FIGURA 6–28 Parte 1: Ejemplo de escritura imaginativa realizada por Angélica

Cuando llegó al mar no pudo ver las ballenas porque no salieron. Se sintió triste porque no pudo mirar ninguna ballena.

-Vamos al apartamento. Allá te contaré lo que sé de las ballenas- dijo su mamá.

Mientras su mamá le contaba el cuento a Mónica de la ballena que se fue a San Francisco, Mónica se quedó dormida.

5

El próximo día Mónica se levantó. Escuchó un sonido de ballenas. Por éso salió a ver y miró que estaban atrapando a las ballenas para comérselas.

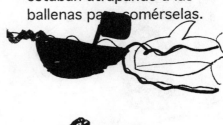

6

FIGURA 6–28 Parte 2: Ejemplo de escritura imaginativa realizada por Angélica

De repente, salió una hada detrás de una ballena y las desató. Las ballenas estaban felices porque ya no las iban a matar porque tenían una hada mágica.

Al día siguiente, los cazadores regresaron porque todavía las querían matar. Pero Mónica no iba a dejar que mataran a las ballenas. Mónica y la hada mágica espantaron a los cazadores convirtiendo a todas las ballenas en una ballena enorme.

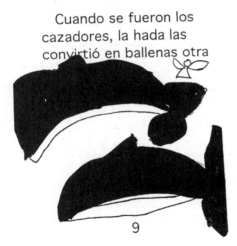

Cuando se fueron los cazadores, la hada las convirtió en ballenas otra

Las ballenas estaban cantándole una canción a Mónica.
Estaba feliz como las ballenas.

Fin

FIGURA 6–28 Parte 3: Ejemplo de escritura imaginativa realizada por Angélica

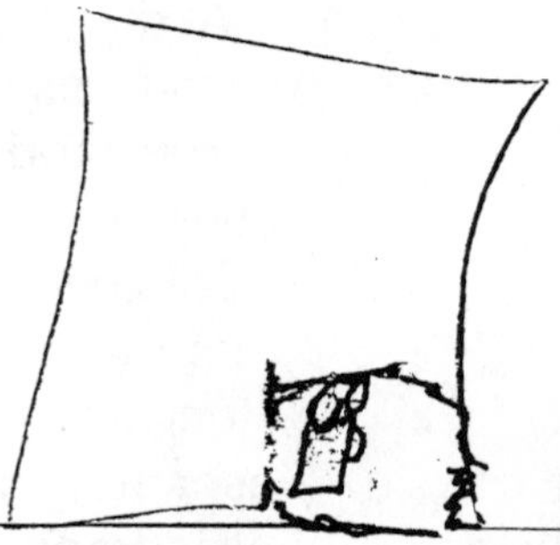

¡Que interesante y emocionante comienza tu cuento! ¿Y luego que sucede?

Tan Esoro Escondido

ne una casa abandona
Había un Tesor El Tesoro
abía Estado desde muchos
años ay cuado un biegito
a biabido ay y Es biegito
era b rug El abia Trabagado
Como piyata en un byaco
Pasero y pasaron los años
y El biegito falleció un dia
Una familia sefue a bibri
ay co su y gos
como la Casa Era
de dos piso los niños
do

FIGURA 6–29: Ejemplo de escritura imaginativa escrita por Isolina

personajes, ambiente y la presentación del problema. La versión final del cuento de la niña es editado cuidadosamente de manera que la ortografía y la puntuación sean convencionales. Isolina demuestra que reconoce la importancia de producir un texto convencional que puede ser leído por una audiencia que traspasa los límites del salón de clases; también sabe que como ella escribe en español, esto le permitirá compartir su cuento con los miembros de su familia.

Comenzamos y terminamos este capítulo con muestras de los estudiantes de Carolina. Esta maestra ha diseñado un programa de escritura muy efectivo y ha estudiado cómo se desarrolla la escritura tanto en inglés como en español. Este conocimiento le permite apoyar a todos los niños en su clase a medida que ellos utilizan la escritura con una diversidad de propósitos. En el próximo capítulo, enfocamos con mayor detenimiento los medios que utilizan los maestros como Carolina para ayudar a sus estudiantes en el desarrollo de su lectoescritura, integrando actividades en base a temas pertinentes e interesantes para los niños.

7

El desarrollo de la lectoescritura bilingüe: El puente de comunicación entre dos culturas

FRANCISCO

> Ser bilingüe es como vivir en dos mundos. Uno puede hablar con personas en español y entrar en su mundo. Lo mismo pasa cuando hablas, escribes y lees en inglés. Ahora que empecé el programa de educación bilingüe, puedo ver qué tan valioso es ser bilingüe porque hay tantos niños que puedo ayudar en su primer idioma.

Francisco, el autor de la anterior cita, llegó a los Estados Unidos procedente de El Salvador cuando estaba en noveno grado. Su madre, una inmigrante, trajo a sus hijos uno por uno desde una zona rural salvadoreña hasta los Estados Unidos, ya que deseaba que tuviesen una vida mejor que la que habían llevado en su país de origen. El fue ubicado en una escuela donde recibía clases de inglés como segunda lengua. Igual que la mayoría de los estudiantes hispanos que llegan a ese país habiendo cursado algunos años en la escuela secundaria, Francisco no recibió ningún apoyo en su lengua nativa.

Este joven fue el primer miembro de la familia que logró graduarse en la universidad, hazaña que no resultó nada fácil para un estudiante como él que no hablaba inglés cuando arribó a Norteamérica. En cierto modo él tuvo suerte ya que, como era un buen jugador de fútbol, obtuvo una beca para estudiar en una pequeña universidad donde los profesores, y especialmente su entrenador, lo apoyaron para seguir adelante. Fue bastante difícil para él y sólo hasta hace poco fue cuando comenzó a valorarse a sí mismo como un individuo capaz y a considerar su bilingüismo como un logro y no como una deficiencia. Debido a su lucha con el aprendizaje del inglés para alcanzar el éxito académico, su actitud era bastante callada en las clases. Cuando estaba en su último año de universidad observó una clase bilingüe en el primer grado de Sam y por primera vez vió cómo los niños bilingües, en aulas bilingües, eran capaces de participar activamente en su propio aprendizaje; además pudo apreciar lo bien que los estudiantes se sentían como aprendices porque podían usar las ventajas que les ofrecía su lengua materna. Ahora, Francisco se ha dado cuenta que su bilingüismo le va a permitir ayudar a otros para que no tengan que enfrentarse a una lucha tan difícil como la que él vivió.

JANIE

> Para mí es importante ser bilingüe porque es una parte de mi cultura que estaba perdida para mí. Como niña yo me sentí incompleta y sólo como adulta he sido capaz de redescubrir lo que había perdido. Soy bilingüe y me siento orgullosa de mi cultura y lenguaje porque todo esto añade una intensa riqueza a mi vida. Quiero transmitir ese orgullo a los demás, principalmente a los niños para que ellos sepan que son especiales por el hecho de ser bilingües y para que no permitan a nadie despojarlos de su idioma.

Janie es una estudiante de educación que está haciendo sus prácticas para finalizar su carrera como maestra bilingüe. En cierta forma, su situación es similar a la de Francisco pero diferente en algunos aspectos. Francisco comenzó a asistir a la escuela en los Estados Unidos cuando ya estaba en secundaria y continuó usando el español en su hogar. Janie, nacida en México, comenzó la escuela a los cinco años cuando su familia se mudó a los Estados Unidos; ella tampoco recibió apoyo en su lengua materna sino por el contrario, fue incluída directamente en las clases de inglés como segunda lengua y se le animaba a usar sólo el inglés y a abandonar el español. Como resultado de esto y a pesar de que ella hablaba español en el hogar, no aprendió a leer y a escribir en este idioma ya que su propia familia estuvo de acuerdo con la escuela y los maestros en cuanto a que lo más importante para ella era convertirse en una hablante fluida del inglés.

Otra diferencia entre Janie y Francisco es la de sus distintos antecedentes culturales. Janie había vivido toda su vida como una latina en una cultura predominantemente anglosajona, mientras Francisco creció en una cultura exclusivamente latina con tradiciones muy arraigadas y por tanto, completamente diferentes a las que encontró en los Estados Unidos.

Cuando algunos problemas familiares afectaron a Janie mientras cursaba la secundaria, ella sintió una fuerte necesidad de volver a conectarse con su familia y su cultura en México. Comenzó a escribir a su abuela en español y aunque su escritura era muy poco convencional, la abuela dio la bienvenida a esta nueva comunicación. Siendo una adulta, Janie regresó a su país natal con su esposo y tres hijos y la visita representó algo verdaderamente importante para ella.

Años más tarde cuando sus hijos eran lo suficientemente mayores como para ingresar a la escuela, Janie se inscribió en la universidad para continuar sus estudios de Educación. Fue en ese entonces cuando volvió al estudio formal del español aunque sintiéndose más cómoda hablando, escribiendo o leyendo en inglés. A veces se sintió desalentada por su lento progreso; ahora, su escritura en español está mejorando y trabaja arduamente para lograr una completa proficiencia en ese idioma.

Ann

> Para mí es importante ser bilingüe porque me gusta poder comunicarme con la gente que sabe español pero que no sabe inglés. No sólo me gusta poder estar en contacto con mis amigos de países donde hablan español, pero mis amigos de aquí también. Yo sé que no es fácil venir a un nuevo país y no saber el idioma. Por eso, como maestra, quiero poder ayudar a mis estudiantes que no hablan inglés. Sé que cuando apoyo su primer idioma podrán mejorar (o aprender) inglés mejor y no perder sus otras materias.

La cita que presentamos corresponde a Ann, estudiante norteamericana, aspirante a maestra bilingüe y con una experiencia diferente en relación con el aprendizaje del español. Ha vivido en México y Venezuela, habla el español casi como una nativa y dentro de su familia se valora y se apoya el bilingüismo. Comenzó sus estudios en México, y luego asistió a una escuela bilingüe en los Estados Unidos para, posteriormente, regresar a México y finalizar allí su secundaria. Estas experiencias le permitieron desarrollar el idioma español tanto a nivel conversacional como a nivel académico. Ann constituye un verdadero ejemplo de persona bilingüe y bicultural; se siente bien en ambientes donde hay personas que sólo hablan inglés y que tienen tradiciones muy diferentes a las de los latinos; así mismo, disfruta en reuniones y fiestas de hispanos o latinos en donde ella es la única que no pertenece a estos grupos.

Nuestro objetivo como educadores bilingües debe consistir en la formación de individuos que lean y escriban en ambos idiomas y que a la vez, manejen y sientan las dos culturas. En los primeros seis capítulos de este libro hemos presentado diferentes enfoques para la enseñanza de la lectura y la escritura los cuales pueden ayudar a los estudiantes bilingües a alcanzar el éxito. En este capítulo exponemos ideas acerca del uso conjunto de la lectura y la escritura para demostrar de qué manera los maestros bilingües como Francisco, Janie y Ann pueden conducir a sus estudiantes hacia la lectoescritura en inglés y español y al mismo tiempo, hacia la biculturización.

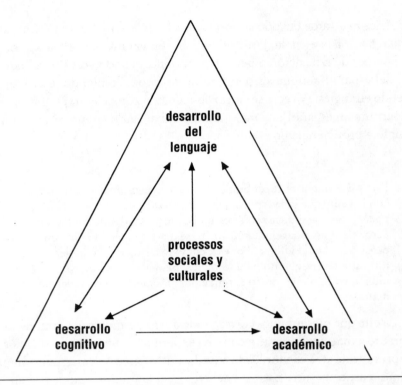

**desarrollo
del
lenguaje**

**processos
sociales y
culturales**

**desarrollo
cognitivo**

**desarrollo
académico**

FIGURA 7–1: Modelo de Collier para la adquisición del lenguaje en la escuela

En primer lugar presentamos un marco teórico para la conceptualización de un currículo en el cual el desarrollo de la lectura y la escritura constituye la piedra angular para lograr el éxito académico. Posteriormente discutimos tres unidades temáticas que no sólo apoyan a los estudiantes bilingües (español–inglés) con su idioma materno, sino que los conducen al dominio de la lectoescritura en la segunda lengua, el inglés. Por otra parte, enfatizamos la importancia de temas que validan la biculturización y una visión multicultural del mundo.

El modelo de Collier para la adquisición del lenguaje en la escuela

Collier (1995) desarrolló un modelo de adquisición del lenguaje en la escuela el cual es pertinente para los estudiantes y maestros bilingües. En este modelo (véase la Figura 7–1) se plantea que la adquisición del lenguaje incluye tres elementos: desarrollo del lenguaje, desarrollo cognitivo y desarrollo académico. Es importante que los maestros entiendan que sus estudiantes deben crecer lingüística, cognitiva y académicamente para lograr proficiencia en el idioma inglés.

El desarrollo de las áreas mencionadas está influenciado por los procesos culturales y sociales. Los factores socioculturales están representados en el centro del modelo y ellos incluyen variables individuales tales como la ansiedad y la autoestima, al igual que otros factores sociales de mayor envergadura como la discriminación ya sea evidente o enmascarada. Por esa razón, aunque la escuela proporcione oportunidades para un lenguaje positivo y un desarrollo cognitivo y académico, los procesos sociales y culturales deben también ser examinados por cuanto ellos ejercen una fuerte influencia, positiva o negativa, en la adquisición del lenguaje por parte de los estudiantes y en su desempeño académico.

Una mirada cuidadosa a las experiencias escolares de Francisco, ayuda a ilustrar los componentes del modelo de Collier. Francisco llegó a los Estados Unidos con un alto nivel de proficiencia en español. Sin embargo, debido a los limitados recursos de la escuela rural donde asistía en su país, sus maestros no pudieron darle una adecuada preparación para su ingreso al sistema escolar norteamericano ya que el idioma inglés ni siquiera formaba parte del currículo.

Cuando este joven llegó a los Estados Unidos para iniciar su secundaria, fue repentinamente inmerso en un ambiente sociocultural completamente nuevo y en una escuela urbana para la cual no estaba preparado y donde la mayoría de sus maestros y compañeros no tenían ningún conocimiento acerca de sus antecedentes culturales.

En esa misma escuela de Francisco habían algunos estudiantes procedentes de El Salvador pero realmente la mayoría de los latinos eran de México y por ello muchos de sus maestros asumieron que él también era mejicano. Francisco no recibió ningún apoyo en su lengua materna en asignaturas como matemáticas, ciencias y estudios sociales. En consecuencia, el joven fue colocado en clases preparatorias de inglés como segunda lengua, en las cuales era ayudado por maestros bastante preocupados, pero con exceso de trabajo, y con bajas expectativas con respecto a sus estudiantes.

El sentía que su inglés no era bueno y ante el temor de que lo molestaran o se burlaran de él, raramente intervenía en clase. Sus maestros le exigían muy poco y como él mismo llegó a reflexionar más tarde, jamás le pidieron que leyera un libro completo o que escribiera en inglés algo más que simples palabras. La mayor parte del tiempo en las clases lo invertía llenando hojas de ejercicios y mientras aprendía el inglés conversacional básico, su potencial cognitivo y académico no se estaba desarrollando. Aun cuando no experimentó un gran éxito académico, obtuvo calificaciones bastante buenas porque no dejó nunca de cumplir con sus trabajos. Al mismo tiempo, logró el apoyo de su familia y disfrutó jugando fútbol en el equipo de la escuela en el que la mayoría de sus integrantes hablaba español.

Al terminar su secundaria Francisco fue aceptado para estudiar en la universidad y recibió una beca deportiva, pero no tenía la misma preparación académica de sus compañeros. Se sintió completamente perdido cuando los profesores comenzaron a asignar trabajos y todavía recuerda la sorpresa que le causó el hecho de que una profesora les asignara la lectura de varios libros durante el semestre y peor todavía, ¡les pidiera leer un libro semanalmente! Jamás había leído un libro completo en inglés y sabía que la tarea resultaba imposible para él. Sus calificaciones en este primer semestre fueron un desastre esperado y Francisco se sintió desesperado y decidió abandonar sus estudios.

Ante esta situación, su entrenador intervino, habló incluso con su madre y logró convencerlos de desistir de tan descabellado plan. El estímulo del entrenador y el de la familia fueron dos influencias socioculturales determinantes que hicieron reflexionar a Francisco en relación con una nueva visión de sí mismo y de su futuro al sentir que otras personas confiaban en sus capacidades para lograr el éxito. A partir de ese momento pasaba horas en la biblioteca dedicado firmemente a desarrollar su propio potencial lingüístico, académico y cognitivo. Sus primeros dos años de la universidad constituyeron una lucha permanente hacia su logro académico.

Francisco también consiguió un apoyo adicional cuando en su tercer año universitario conoció a una joven norteamericana que había vivido en México y con la cual comenzó a salir. Esta relación lo ayudó a entrar en el mundo y en la cultura de los hablantes nativos del inglés. Los padres de ella, profesores universitarios, y ella misma le proporcionaron apoyo tanto en el aspecto académico como en el lingüístico, lo que contribuyó a reforzar su capacidad cognitiva. En estos momentos, Francisco es un joven bilingüe competente que lee y escribe en su idioma y en inglés y que debido a su relación con su novia norteamericana ha tenido también la oportunidad de convertirse en una persona bicultural.

Como futuro maestro Francisco reconoce la necesidad de ayuda que tienen los estudiantes hispanos para poder alcanzar el éxito académico. El considera importante que los estudiantes conserven su primer idioma y que sientan orgullo de su herencia cultural, al mismo tiempo que se integran a la nueva cultura. Para lograr esto los estudiantes deben desarrollar la lectoescritura, tanto en inglés como en español, contando siempre con el apoyo de la escuela y de la comunidad que los rodea, lo cual les permitirá su crecimiento desde el punto de vista lingüístico, cognitivo y académico.)

Cuando a Francisco le correspondió la realización de sus prácticas para maestro, propiciamos que se involucrara con maestros que estuviesen desarrollando un currículo cuyo eje central fuese el completo desarrollo de la lectura y la escritura de una manera acorde con nuestros conocimientos en relación a la manera más efectiva de obtener tal desarrollo. En el Capítulo Uno planteamos que los buenos maestros deben organizarse alrededor de temas específicos y describimos la unidad temática de los animales desarrollada por cuatro maestros bilingües de diversos grados. A continuación describimos en detalle tres unidades temáticas extraídas de la práctica de aula de eficientes y destacados maestros bilingües, observados por Francisco, como ejemplificación del tipo de currículo que podría ayudar a niños hispanohablantes a lograr el dominio de la lectura y la escritura en español y en inglés y a comprender y valorar las dos culturas.

Todos somos iguales. . . . Todos somos diferentes

Lorena enseña en un aula bilingüe combinada –primero y segundo grado– en una escuela urbana donde existe una gran diversidad lingüística y cultural. Algunos de sus estudiantes han vivido en la ciudad toda su vida; otros han llegado de pequeños pueblos rurales de los alrededores y otros vienen de México y Centroamérica. Todos ellos, por lo tanto, poseen variados antecedentes académicos. Mientras la mayoría, cuando llegan al salón de Lorena tienen muy poco o ningún dominio del inglés, otros, aunque son hispanos, parecen hablar más inglés que español. Como los lineamientos del currículo exigen a los estudiantes observarse a sí mismos y a sus alrededores, Lorena decide organizar dicho currículo alrededor de un tema: "Todos somos iguales. Todos somos diferentes".

Con el propósito de que sus estudiantes piensen sobre el tema, Lorena les lee *Canción de todos los niños del mundo* (Ada, 1993), un libro grande en español que presenta a todos los niños del mundo y explica cómo ellos, aunque diferentes en algunos aspectos superficiales, son realmente lo mismo: seres humanos. En base a las preguntas de Hansen (1989) mencionadas en el Capítulo 2 (véase la Figura 7–2), ella les pregunta "*¿Qué recuerdan?*" y luego va registrando en un pliego de papel grande (butcher paper) todo lo que los niños van diciendo. Estos observan y comentan cuán diferentes lucen las escuelas en China y en Libia y cómo los niños de Lesotho tienen una pelota de fútbol igual a la de ellos.

PREGUNTAS DE COMPRENSIÓN (según Jane Hansen, 1989)

1. ¿Qué recuerdas (recuerdan) de lo que leíste (leyeron)?
2. ¿Qué más quieres (quieren) saber?
3. ¿Qué te (les) recuerda lo que leíste (leyeron)?
4. ¿Qué otros libras has (han) leído que te (les) recuerden esto que leíste (leyeron)?

FIGURA 7–2: Las preguntas de Hansen

La discusión entre los estudiantes lleva a la maestra a leer el libro: *Todos somos iguales . . . Todos somos diferentes* (Cheltenham, 1994). Este libro fue originalmente escrito en inglés por un grupo de preescolares en una clase y fue posteriormente publicado por la editorial Scholastic. Los estudiantes de Lorena se maravillaron al saber que el libro había sido escrito por preescolares y disfrutaron mucho viendo los dibujos realizados por los niños. La maestra hace que los niños discutan distintas secciones del libro en donde se compara cómo la gente luce igual y, a la vez, diferente, cómo las familias, los lugares para vivir y la comida son iguales y también diferentes. Ella les pide a los niños que observen a la gente que está a su alrededor y digan si ellos son iguales o diferentes. Roberto dice: "Unos tienen los ojos oscuros y otros claros". Marta dice: "Unos son más claros y otros más oscuros de piel"; Esteban señala: "Unos tienen el pelo liso y otros el pelo chino (rizado)". Después de esto Lorena pide a los niños que dibujen a algún compañero y que escriban en qué se parece o se diferencia la persona dibujada con quien hace el dibujo.

Juanita, quien generalmente permanece silenciosa en el salón, hace un dibujo que no le gusta pero escribe claramente sus ideas en un español sofisticado (véase la Figura 7–3).

Mientras están realizando esta actividad, los niños recuerdan un libro que leyeron al comienzo del año escolar, *Espejito, ¡mira!* (Avalos, 1991). Este libro, que contiene un espejo en su interior, habla de los ojos, la nariz, el pelo y la cara que ven los niños cuando se miran en él. Lorena decide que al día siguiente leerá de nuevo este libro y revisará junto con ellos los poemas que han leído con relación al hecho de mirar a un espejo y verse reflejado a sí mismo.

Para finalizar el tiempo que diariamente dedica a la clase de lenguaje, Lorena presenta para su lección de ELD (*English Language Development*) la versión en inglés (*We are all alike . . . We are all different*) del libro

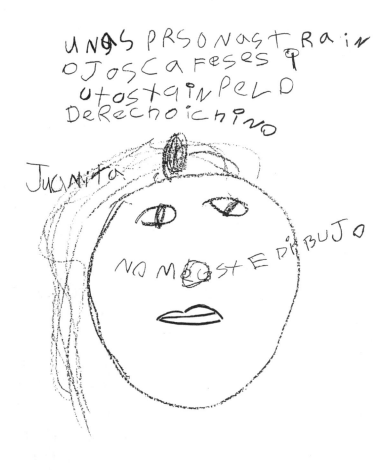

FIGURA 7–3: La escritura de Juanita

mencionado anteriormente *Todos somos iguales . . . Todos somos diferentes*
(Cheltenham, 1991). Seguidamente pide a los niños que miren y piensen en
las semejanzas o diferencias que existen entre ellos y sus compañeros.
Después de utilizar la técnica de la lluvia de ideas, la maestra escribe una lista
de todo lo que los niños dicen (véase la Figura 7–4). Posteriormente éstos
toman pequeños papeles cuadrados, escriben su nombre en ellos y los
colocan al lado de las palabras de la lista que concuerdan mejor con su
descripción. Luego de esto el grupo cuenta cuántos nombres hay en cada
categoría (cuántos niños tienen el peo liso, cuántos lo tienen rizado, cuántos
son blancos o morenos y así sucesivamente).

Al día siguiente la maestra comienza su clase de español leyendo junto
con los niños el libro *Espejito, ¡mira!* Los estudiantes ríen juntos mientras

Brown eyes

Black eyes

Blue eyes

Long hair

Short hair

Curly hair

Straight hair

Glasses

No glasses

FIGURA 7–4: Lista de lo expresado por los niños mediante la lluvia de ideas

siguen las instrucciones del texto viéndose en el espejo que está en el libro: "denme una guiñada"; "pellizquen sus mejillas"; "toquen su cabello"; "arruguen su nariz". La maestra lee también el libro grande *Mis cinco sentidos* (Miller, 1994) y los niños discuten acerca de los cinco sentidos que ellos también poseen.

Después de esto la maestra pone en la pared una lámina de papel con dos poemas conocidos por los niños para que los lean. Los poemas tratan de unos niños que se miran al espejo y aprecian sus individualidades. En el primer poema *Imagínate* (Mirtín, 1993) un niño estudia sus facciones a través de la lectura de los versos que siguen un mismo patrón: "Yo veo mi cara que tiene dos ojos. Imagínate, mi cara con dos ojos" (p. 46). En el segundo poema *Yo* (Ferre, 1993), una niña afirma su individualidad cuando se contempla en un espejo y repite: "Esta es mi cara, mi pelo; este es mi cuerpo y mi voz" (p. 64).

Continuando la actividad la maestra hace alusión a un libro, en inglés y en español, que leyeron el día anterior: *Todos somos iguales . . . Todos somos diferentes*. Seguidamente Lorena lee un cuento de una jirafa que no estaba contenta con su propia cola: *Los seis deseos de la jirafa* (Ada, 1989). Los niños comentan el cuento y deciden escribir uno acerca de "un elefante que no le gusta su trompa"; discuten con respecto a lo que el elefante desearía para reemplazar su trompa y ordenan sus ideas con el propósito de crear una historia. La maestra divide la clase en grupos y cada uno de ellos ilustra y escribe una página del cuento.

Durante la clase de inglés, esa misma tarde, Lorena lee: *Here Are My Hands* (Aquí están mis manos)(Martin y Archanbault, 1985); posteriormente escribe el texto en una lámina y la muestra a los niños los dibujos del libro. Mientras leen junto con la maestra, los niños hacen movimientos con las manos que corresponden con la lectura; por ejemplo, cuando leyeron: "Aquí están mis manos para agarrar y lanzar" se colocaron en parejas para imitar los movimientos que se realiza cuando se lanza y captura una pelota. La maestra los estimula a recordar otras cosas que hicieron cuando leyeron: *Espejito, ¡mira!* y les pide que digan en inglés palabras como *gruñir, pellizcar, tocar* y *arrugar*. Los niños siguen el patrón básico: "Here are my _____ for _____ing" (Aquí están mis _____ para _____) para decir las palabras *wink* (guiñar), *pinch* (pellizcar), *touch* (tocar) y *wrinkle* (arrugar).

Al día siguiente la maestra comienza su clase en español haciendo que los niños recuerden *Los seis deseos de la jirafa* y el libro que escribieron sobre la trompa del elefante; de esta forma introduce una nueva historia acerca de "un niño que es diferente pero no puede cambiarse como la jirafa". Lee el cuento *El niño que tenía dos ojos* (Sánchez y Pacheco, 1988) que trata de un niño con dos ojos en un planeta donde todo el mundo tiene sólo uno; la gente de ese planeta podía ver a través de las cosas y a largas distancias pero en cambio, eran incapaces de ver el color como sí lo hacía el niño; por esto, el niño se hizo muy famoso en el planeta debido a esta habilidad diferente que poseía. Una vez que la maestra solicita la opinión de los niños sobre el cuento, Felipe responde: "El niño estaba triste al principio pero cuando pudo ver el color se puso muy contento"; María dijo: "Yo estaba triste cuando él no podía ver bien y lo llevan al doctor".

Lorena continúa con el tema de apreciación de las diferencias por unas semanas más; lee varios libros para ser discutidos; entre ellos tenemos: *La niña sin nombre* (Sánchez y Pacheco, 1988) el cual trata de una niña en tierra extraña que no puede hablar la lengua de allí ni ser comprendida por los demás. También la maestra leyó *El amigo nuevo* (D'Atri, 1993) que narra la historia de un niño, recién llegado de Japón, que se muda a un nuevo vecindario. Después que los niños escuchan los cuentos y los comparan entre sí, la maestra les lee *Somos un arcoiris* (Tabor, 1995); este libro está escrito en español y fue extraído de un libro bilingüe donde el narrador cuenta cómo su hogar en México es diferente a su nuevo hogar en los Estados Unidos y la importancia que tiene entenderse y apreciarse unos a otros.

La maestra lee el mismo libro en inglés y además, los libros *Hats, Hats, Hats* (Sombreros, sombreros y sombreros) y *Houses and Homes* (Casas y *hogares*)(Morris, 1989, 1993) los cuales contienen bellas fotografías de gente y lugares del mundo. El corto texto que ofrecen estos libros apoya el tema de la apreciación de las diferencias entre los individuos.

Ya para terminar la unidad, Lorena lee el libro *People* (Spier, 1980), que también describe las variadas maneras en que la gente se parece o difiere entre sí; lee el mismo libro en español *Gente* (Spier, 1993), luego de lo cual los niños elaboran una lista de "similitudes" y "diferencias" entre las personas incluyendo ideas como: "Tenemos todo tipo de formas y tamaños". "Somos de distintos colores". "Algunos somos buenos y otros no". "Vivimos en casas diferentes". "Celebramos fiestas diferentes". "Tenemos religiones diferentes". y "Hablamos idiomas diferentes".

Para la clausura del tema los niños tomaron uno de los aspectos descritos en los libros *We Are All Alike . . . We Are All Different* (*Todos somos iguales. . . . Todos somos diferentes*) y *People* (*Gente*) para elaborar sus propios libros bilingües acerca de sí mismos. Lorena lee dos libros grandes que tratan de la familia: *Con mi familia* (*With my Family*)(Romero, 1996) en el que una niña narra las diferentes formas en que su familia le demuestra el amor y *Con cariño* (*With Affection*) (Morris, 1990) que trata de la familia en diferentes partes del mundo.

Los niños escriben e ilustran sus propios libros; el de María, por ejemplo, cuenta cómo "todo el mundo come" y además, presenta una lista de las diferentes comidas: carne, pescado, espaguetti, chow mein, entre otros. Roberto, por su parte, escribe acerca de cómo "todos viven en una casa" : "Unas casas son grandes y otras son pequeñas" y "unas son de madera y otras son de adobe".

Quizás el resultado más importante del trabajo de Lorena es la manera en que los niños comienzan a aceptar las diferencias entre ellos. Por eso, cuando un niño se burla de otro por lucir diferente o por hacer algo distinto, siempre alguien en la clase recuerda la frase del libro de Cheltenham: "Recuerden, todos somos diferentes y todos somos iguales también".

La literatura que Lorena usa para el desarrollo de esta unidad temática se encuentra en la Tabla 7–1.

La poesía

Silvio trabaja en una escuela rural en un aula de tercero y cuarto grado integrados y la mayoría de las familias de los niños están asociadas con la agricultura ya sea como trabajadores o como supervisores. Silvio comprende bien a sus estudiantes quienes también se desplazan de un lugar a otro con

Ada, Alma Flor. *Canción de todos los niños del mundo.* Boston: Houghton Mifflin Company, 1993.

Ada, Alma Flor. *Los seis deseos de la girafa.* Carmel, CA: Hampton-Brown, 1989.

Avalos, Cecilia. *Espejito, !mira!* Cleveland, OH: Modern Curriculum Press, 1991.

Cheltenham, Elementary School. *Todos somos iguales…todos somos diferentes.* New York: Scholastic, 1994.

Cheltenham, Elementary School. *We Are All Alike….We Are All Different.* New York: Scholastic, 1991.

D'Atri, Adriana. *El amigo nuevo, Nuestro Barrio.* Orlando: Harcourt Brace Jovanovich, 1993.

Ferre, Ela. "Yo." In *Juegos y sueños: HBJ estrellas de literatura.* Orlando: Harcourt Brace Jovanovich, 1993.

Martin, Jr, Bill, and John Archanbault. *Here Are My Hands.* New York: Henry Holt and Co., 1985.

Miller, Margaret. *Mis cinco sentidos.* Carmel, CA: Hampton-Brown, 1994.

Mirtín, Teresa Clerc. "Imagínate." In *Yo soy yo.* Boston: Houghton Mifflin Company, 1993.

Morris, Ann. *Con cariño.* Carmel, CA: Hampton-Brown, 1990.

Morris, A. *Hats, Hats, Hats.* New York: Lothrop, Lee & Shepard Books, 1989.

Morris, Ann. *Houses and Homes.* New York: Lothrop, Lee and Shepard Books, 1992.

Romero, Olga. *Con mi familia.* Carmel, CA: Hampton-Brown, 1996.

Sánchez, García Y., and M.A. Pacheco. *El niño que tenía dos ojos.* Edited by Miguel Azaola, *Los derechos del niños.* Madrid: Altea, 1988.

Sánchez, J.L. García, and M. A. Pacheco. *La niña sin nombre.* Edited by Azaola, *Los derechos del niño.* Madrid: Altea, 1988.

Spier, Peter. *Gente.* Barcelona: Editorial Lumen, 1993.

Spier, Peter. *People.* New York, NY: The Trumpet Club, 1980.

Tabor, Nancy María Grande. *Somos un arco iris: We Are a Rainbow.* Watertown, MA: Charlesbridge Publishing, 1995.

TABLA 7–1: Literatura para Todos somos iguales . . . Todos somos diferentes

sus familias de acuerdo a las cosechas en las diferentes regiones, al igual que lo hacía él cuando era niño. Cuando joven recibió ayuda de un profesor para poder salir adelante en sus estudios universitarios con el fin de convertirse en un educador.

A él le inquieta profundamente el hecho de que sus colegas en la escuela no parecen esperar mucho de los estudiantes hispanos a quienes les corresponde educar. El currículo que se ofrece a la mayoría de los estudiantes en la escuela es simplificado, fragmentado y sin relación alguna con sus intereses e inquietudes ni con la realidad de sus vidas. Los estudiantes de Silvio tienen diferentes antecedentes; algunos han asistido a la misma escuela desde el nivel preescolar, otros provienen de escuelas cercanas. La mayoría habla español e inglés pero muestran poco interés para leer o escribir en cualquiera de los dos idiomas. Algunos estudiantes que proceden de México o El Salvador sólo hablan español; otros que provienen de Oaxaca, México, hablan muy poco español—y por supuesto nada de inglés—ya que allí la lengua de mayor uso es la lengua Mixteca.

Una de las principales metas de Silvio es lograr que los estudiantes lean y escriban en ambos idiomas, comenzando con textos cortos y sencillos. Por esta razón, cuando se acercaba un festival de poesía regional, él decide comenzar con una unidad de poesía seleccionando algunos poemas en español, los cuales lee al grupo, pidiéndoles que piensen en qué se parecen y diferencian dichos poemas. Posteriormente, lee poesía más sofisticada de autores como Fernando del Paso (1990) y Pablo Neruda (1987), poemas cortos de Broeck (1983) y Sempere (1987), así como algunos simpáticos poemas tradicionales de Alma Flor Ada (1992).

Después de la lectura de cada poema los estudiantes comentan sus impresiones y el maestro escribe en un pliego de papel grande lo que los niños manifiestan. Es por eso que, después de haber leído diez poemas diferentes, el papel contiene una serie de pensamientos y preguntas sobre la poesía como por ejemplo: "Tiene rima". "Me hace sentir confundido". "Me gusta porque es alegre". "Algunos poemas no tienen rima". "¿Una canción puede ser un poema también?" "Algunos poemas son difíciles de entender" ¿"Por qué escribe poesía un poeta?" "Algunos poemas tienen palabras extrañas".

Silvio y los estudiantes observan lo escrito en el papel y comentan lo que leen; el maestro menciona el festival de poesía y se discute cómo deberán prepararse para ello. Juntos deciden la forma en que estudiarán la poesía en la clase y llegan al acuerdo de que deben leer muchos poemas en español y que cada estudiante memorizará algunos poemas para practicarlos en grupos pequeños, presentarlos a la clase y quizás, en el festival.

Los estudiantes se preguntan si además de leer poesía de autores conocidos, ellos podrían también escribir sus propios poemas durante el período diario de escritura. Llegan a la conclusión de que sí podrían hacerlo siempre que hayan leído mucha poesía. También comentan acerca de la posibilidad de escribir poemas bilingües, tanto en español como en inglés, o bien sólo en inglés.

Los niños comienzan y terminan el año escolar leyendo y revisando material poético. Leen *Días y días de poesía* (Ada, 1991) para estimularlos a expresar ideas poéticas acerca de las estaciones del año; también leen poemas de Bartolomé (1991), Cross (1992), Forcada (1992), Sabinas (1990) que aparecen en la serie mejicana *Relojes de versos*. Para la lectura de la poesía bilingüe el maestro escoge de las fuentes: *A Chorus of Cultures: Developing Literacy Through Multicultural Poetry* (*Un coro de culturas: El desarrollo de la lectoescritura a través de la poesía multicultural*) (Ada, et al., 1993) y de poetas locales. En la Tabla 7–2 se ofrece una lista de la literatura que este maestro utiliza para el desarrollo de esta unidad.

La importancia de la agricultura

Al observar el entusiamo de los estudiantes mientras trabajan con rimas conocidas y poemas nuevos, Silvio decide extender la lectura y la escritura a las áreas de contenido. Algunos niños aún no son lectores proficientes ni en español ni en inglés; otros, por el contrario, lo hacen bastante bien.

El maestro entiende que debe proporcionar experiencias de lectoescritura que interesen e involucren a los niños, que como sabemos, poseen diferentes antecedentes académicos y diferentes niveles de desempeño lingüístico. El comprende que para desarrollar la competencia académica de los estudiantes y para que éstos se conviertan en eficientes lectores y escritores en los dos idiomas, debe enseñar los contenidos basándose en temas que tomen en cuenta las experiencias de cada uno de ellos.

La pequeña comunidad donde Silvio vive y enseña depende fuertemente de la agricultura; muchos de sus estudiantes pertenecen a familias migratorias y otros, en alguna oportunidad lo fueron, teniendo que trasladarse de un pueblo a otro según las cosechas. Los niños, en verdad comprenden la importancia de la tierra y de los cultivos, incluso aquellos cuyos padres son capataces o propietarios de tierras. Silvio les pide a los niños que reflexionen sobre la pregunta: "¿Por qué es importante la agricultura?", debido a que él sabe que las experiencias de ellos les serán de mucha ayuda a medida que lean literatura y/o textos de contenido sobre el tema.

"Alborada." In *Yo soy yo*, edited by Rosalinda Barrera. Boston: Houghton Mifflin, 1993.

Ada, Alma Flor. *Caballito blanco y otras poesías favoritas, Días y días de poesía.* Carmel: Hampton-Brown Books, 1992.

Ada, Alma Flor. *Canción de todos los niños del mundo.* Boston: Houghton Mifflin Company, 1993.

Ada, Alma Flor. *Cinco pollitos y otras poesías favoritas, Días y días de poesía.* Carmel: Hampton-Brown Books, 1992.

Ada, Alma Flor. *Días y días de poesía.* Carmel: Hampton-Brown Books, 1991.

Ada, Alma Flor. *El cuento del gato y otras poesías favoritas, Días y días de poesía.* Carmel: Hampton-Brown Books, 1992.

Ada, Alma Flor, Violet J. Harris, and Lee Bennett Hopkins. *A Chorus of Cultures: Developing Literacy Through Multicultural Poetry.* Carmel: Hampton-Brown Books, 1993.

Bartolomé, Efraín. *Mínima Animalia, Reloj de versos.* México, D.F.: CIDCLI, 1991.

Bracho, Coral. *Jardín del mar, Reloj de versos.* México, D.F.: CIDCLI, 1993.

Broeck, Fabricio Vanden. *ABC animales, Colección Piñata.* México, D.F.: Editorial Patria, 1983.

Cabrera, Miguel. *Chiquilín.* Caracas, Venezuela: Conceptos.

Cross, Elsa. *El himno de las ranas, Reloj de versos.* México, D.F.: CIDCLI, 1992.

Del Paso, Fernando. *De la A a la Z por un poeta.* México, D.F.: Grupo Editorial Diana, 1990.

TABLA 7–2: La unidad de poesía de Silvio

En vista de que los niños comenzaron el año escolar con poesía, parece lógico que lleguen al tema de la agricultura a través de la misma. Silvio comienza la unidad leyendo poemas populares, adivinanzas y proverbios (Ada, 1991; Dubin, 1984; Garza, 1990; Peña, 1989; Ramírez, 1984) cuyas ideas capturan el interés de los jóvenes. Seguidamente él lee una estrofa del poema *Son del pueblo trabajador* :

> Cuando sale el sol
> las tierras de mi tierra
> cultivo yo,
> cuando sale el sol,

Dubin, Susana Dultzín. *Sonidos y ritmos*. Boston: Houghton Mifflin Company, 1984.

Forcada, Alberto. *Despertar, Reloj de versos*. México,D.F.: CIDCLI, 1992.

Gallego, Margaret A., Rolando Hinojosa-Smith, Clarita Kohen, Hilda Medrano, Juan Solis, and Eleanor Thonis. *Tú y yo, HBJ Estrellas de la literatura*. Orlando: Harcourt Brace Jovanovich, 1993.

Garza, Carmen Lomas. *Cuadros de familia*. San Francisco: Children's Book Press, 1990.

Macías, Elva. *La ronda de la luna, El sueño del dragón*. México, D.F.: Ediciones Corunda, 1994.

Nazoa, Aquiles. *Fábula de la ratoncita presumida*. Caracas: Ediciones Ekaré-Banco del Libro, 1985.

Neruda, Pablo. *El libro de las preguntas*. Vol. Editorial Andrés Bello. Santiago de Chile, 1987.

Parra, Nicanor. *Sinfonía de cuna, En cuento*. México, D.F.: CIDCLI, 1992.

Peña, Luis de la. *Cosecha de versos y refranes, Literatura Infantil*. México, D.F.: CONAFE, 1989.

Ramírez, Elisa. *Adivinazas indígenas, Colección Piñata*. México, D.F.: Editorial Patria, 1984.

Sabines, Jaime. *La luna, Reloj de versos*. México, D.F.: CIDCLI, 1990.

Sempere, Vicky. *ABC*. Caracas, Venezuela: Ediciones Ekaré-Banco del Libro, 1987.

TABLA 7–2: (continuación)

> que soy el campesino
> trabajador,
> cuando sale el sol. (Ada, 1991, p. 41)

Silvio les pide a los estudiantes que tomen nota de los pensamientos o recuerdos que este poema evoca en sus mentes. Los niños comparten sus ideas en parejas y elaboran una lista de ellas. Silvio les entrega una copia del poema a los niños para que la lleven a su casa y lo lean con los padres. Los alienta a discutir el poema con la familia para así conocer las ideas que el mismo despierta en ellos. Silvio también les sugiere a los niños que escriban las impresiones expresadas por la familia y que se dispongan a compartirlas con sus compañeros al día siguiente. Esta información es utilizada para crear una segunda lista la cual es comparada con la primera buscando similitudes y diferencias. En algunos casos los padres dan respuestas bastante contundentes debido a que su experiencia de trabajo es más inmediata, mientras que la información que manejan los niños surge de las conversaciones con sus padres acerca del trabajo en el campo. En otros casos las respuestas son similares porque los niños han trabajado junto con sus padres.

En noviembre durante la cosecha, Silvio selecciona canciones y poemas acerca del cultivo y la cosecha del maíz, producto de gran importancia histórica para el pueblo de México y Centroamérica. La clase memoriza *El maíz* (Ada, 1992), un poema tradicional que describe la forma en que el maíz madura en el tallo, *Día de gracias* (Ada, 1992) y *Día feliz* (Ada, 1991), que describen las comidas tradicionales en los hogares hispanos; también la canción *Pizcamos mazorcas* (Ada, 1991) es cantada por toda la clase.

Durante la clase de inglés los estudiantes disfrutan ampliamente aprendiendo *"Opening Corn"* (El maíz que comienza a abrir)(Ada, et al., 1993), un poema que habla acerca de una mazorca de maíz. Este poema estimula los sentidos con versos como: "suena como cuando se baja una cremallera", "huele como las cebollas", "se siente como un camino con muchos lomos o muchos obstáculos" y "luce como el pelo blanco—amarillento de una bruja" (p. 95). Los estudiantes expresan otras comparaciones que describirían al maíz y tratan de hacer poemas similares acerca de las calabaza y las cebollas.

Silvio pasa de la lectura de poesía a la lectura de adivinanzas comenzando con la siguiente para el maíz:

Allá en el llano
está uno sin sombrero.
Tiene barbas, tiene dientes
y no es un caballero. (Gallego, et al., 1993, p. 29)

Después de leer y resolver varias adivinanzas los estudiantes crean en parejas sus propias adivinanzas y las leen para que el resto de la clase encuentre la respuesta. Esta actividad también se traslada a la clase de inglés y los estudiantes se basan en los mismos temas que utilizaron durante la clase en español.

Para ampliar un poco más el tema de la agricultura, Silvio les lee dos cuentos: *El chivo en la huerta* (Kratky, 1989) y *La marrana dormida* (Seale and Tafolla, 1993). Ambas historias tratan de animales que se encuentran en los campos de cultivo, sitios en donde realmente no deberían estar, y los innumerables intentos realizados por otros animales para expulsarlos de allí.

Al final, un insecto resulta el héroe en cada uno de los cuentos. Estas similitudes ofrecen al maestro la oportunidad de estimular a los estudiantes a comparar y contrastar las dos historias. Debido a que en los cuentos mencionados los animales hacen uso de los sonidos que ellos emiten para poder sacar a los intrusos de los cultivos, Silvio continúa con la lectura de otros cuentos y poemas que tienen que ver con esos sonidos. Entre estos materiales encontramos: *Sonidos y ritmos* (Dubin, 1984), *Pepín y el abuelo* (Perera, 1993), *Alborada* (Barrera, 1993), *El coquí* (Ada, 1992) y *Concierto* (Ada, 1992), los cuales van a ofrecer a los estudiantes oportunidades para jugar con los sonidos del lenguaje, así como para la lectura y la escritura.

Seguidamente, el maestro lee a la clase el libro grande *Granjas* (Madrigal, 1992), el cual fascina a los estudiantes por la descripción que allí se hace de *la granja de hortalizas*, *la granja lechera*, *la granja triguera* y *la granja de naranjas*. El siguiente paso que surge para Silvio en forma natural es la formulación de la tercera pregunta de Hansen: "¿A qué les recuerda lo que leyeron?" Esto hace que los estudiantes compartan emocionadamente sus experiencias y las de sus padres o familiares en los diferentes tipos de granjas; uno de ellos incluso cuenta con orgullo cómo su padre le hace a menudo el mismo comentario que aparece en el libro: "La agricultura es la actividad más importante del mundo" (p. 6).

Después de esta discusión, Silvio le explica a la clase sobre la realización de diversos proyectos de investigación en torno al tema de *La agricultura y su importancia*, y pregunta: "¿Qué más quieren saber ustedes sobre la agricultura?" Los diversos grupos elaboran sus preguntas que luego comparten para que Silvio las copie en un papel grande que coloca en un sitio visible del aula. Algunos quieren indagar sobre las cosas que pueden ayudar a crecer más las plantas en una granja, otros desean saber porqué las piñas y los mangos que crecen en sus países no pueden crecer en esta zona donde viven, otros se preguntan porqué los trabajadores de las granjas ganan tan poco dinero y cuánto cuesta administrar una granja; a otros les interesa conocer sobre la irrigación y también lo que se necesita para manejar en forma debida una granja de animales. La clase se divide en grupos para la investigación de los temas y luego, cada grupo deberá escribir y compartir con el resto de la clase un informe; la combinación de estos informes constituirán el material para la creación de un libro de la clase sobre la agricultura.

Con el fin de poder conseguir toda la información para la exploración de las preguntas, los estudiantes deciden utilizar numerosas fuentes de investigación. Así, planifican entrevistas a varios miembros de su familia y de la comunidad, llaman o escriben a la oficina local de agricultura con el fin de solicitar información o la colaboración de algún especialista para venir a dar una charla, y por último, buscan en los libros de consulta que tienen en el aula. Entre ellos podemos mencionar: *La vida de las plantas* (Costa–Pau, 1993), *Plantas y animales* (Sealey, 1979), *Experimenta con las plantas* (Watts and Parsons, 1993), *Los secretos de las plantas* (Burnie, 1990), *Quiero conocer la vida de las plantas* (Marcus, 1987), y *Quiero conocer la vida de los animales* (Marcus, 1987).

Dos de los estudiantes de la clase que llegaron directamente desde México han tenido muy poca escolaridad. Los limitados textos de los poemas, las adivinanzas y los dos cuentos sobre los animales en el campo resultan accesibles para ellos, especialmente cuando leen con toda la clase o cuando tienen oportunidades de leer con un compañero. Sin embargo, Silvio también desea que estos estudiantes realicen otras lecturas y por esto les facilita libros adicionales sobre las granjas o la agricultura los cuales contienen un texto más limitado, a fin de que puedan utilizarlos para la investigación de las preguntas formuladas por la clase. Estos libros incluyen *El rancho* (Almada, 1994), *Chiles* (Kratky, 1995), *El campo* (Rius y Parramón, 1987), *Mi primera visita a la granja* (Parramón y Seales, 1990), *Las plantas* (Walker, 1995), *De la semilla a la fruta* (Zenzes, 1987).

Para complementar los libros de contenido informativo, Silvio trae a la clase variados libros de literatura que apoyan el tema de la agricultura; les muestra una serie de libros escritos por niños en México en los cuales se encuentran reflejadas sus lenguas y culturas indígenas. Todos los libros, además de ser bilingües, escritos en español y en la lengua indígena de los niños, son ilustrados por los mismos niños. Aunque la mayoría de ellos tratan de la vida rural de los niños, hay dos libros que el maestro muestra en forma particular a los estudiantes. En *La milpa de Don Ricardo* (Mateos, 1992), los niños Nahua cuentan, en su lengua nativa y en español, la historia de cómo Don Ricardo trabaja en su cultivo de maíz; en *Don Juan, su familia y sus plantas* (Mateos, 1991), los niños Otomi también cuentan, en su lengua nativa y en español, acerca de cómo debemos cuidar y usar las plantas y los animales. La lectura de estos libros estimuló a los estudiantes a escribir e ilustrar sus propios libros bilingües en español y en inglés para que los mismos les sirvieran de apoyo en su investigación sobre la agricultura.

Otro estudio de literatura que Silvio lleva a cabo con sus estudiantes comienza con un cuento popular ecuatoriano que enseña el concepto de los *cultivos alternados*. Lo primero que hace es leer *Tón–Tón el gigantón* (Cumpiano, 1992), que trata de un gigante que es engañado por una campesina cuando él le exige que le entregue todo lo producido en el cultivo de la tierra. Ella primero le da a escoger lo que crece por debajo del suelo o por encima de él. Cuando él escoge lo que crece por encima, ella siembra papas. En la siguiente estación, cuando él escoge lo que crece por debajo, entonces ella siembra frijoles. Finalmente, cuando él exige que le entregue la mitad del campo, ella siembra trigo y coloca estacas para impedir que él recoja la cosecha en su mitad del campo. Una de las conclusiones del cuento es que la siembra de diferentes tipos de cultivos en el campo cada año hace que la tierra sea más productiva.

Después de la lectura y discusión del cuento, Silvio les pide a sus estudiantes que lean otra versión del mismo: *El gigantón cabelludo* (Gondard, 1993), para que luego comparen y contrasten las dos versiones. Luego de esto, se realiza la discusión de un pequeño artículo sobre *Cultivos alternados* (Gallego, et al., 1993) el cual va a proporcionar información adicional sobre la rotación de los cultivos.

Otro cuento popular que leen los estudiantes es *La gallinita, el gallo y el frijol* (Kratky, 1989) que presenta una trama acumulativa en donde cada evento depende del anterior; la gallina sale en busca de agua para ayudar al gallo a quien se le atragantó un grano de frijol en la garganta. Cuando pide agua al río éste pide una flor, quien a su vez quiere un hilo para amarrar sus enredaderas. La niña que tiene el hilo no se lo da hasta tanto no le traiga un peine y así continúa la historia con las exigencias de cada uno de los personajes hasta que finalmente la gallina logra conseguir el agua para llevársela al gallo y que éste se pueda salvar. Los estudiantes escuchan el cuento y lo relacionan con una canción tradicional que han aprendido en las clases de inglés "Yo conozco una viejita que se tragó una mosca" y también con el cuento "La casa que Jack construyó" que también tiene un patrón acumulativo similar al de la historia y la canción anteriores.

A medida que continúa la investigación, los diferentes temas estimulan a la realización de nuevas lecturas y ya que el cultivo del algodón es bastante común, un grupo de estudiantes propone investigar sobre cómo el algodón se convierte en ropa. Para ayudarlos a entender el proceso, Silvio lee *Las cosas cambian* (Bourne, 1992) que aborda el tema de cómo el algodón termina convirtiéndose en unos 'jeans' y ya que el libro también está en inglés, *Things Change* (Bourne, 1992) los niños lo leen en el período que corresponde a la enseñanza de ese idioma.

El libro *Working Cotton* (El algodón trabajador)(Williams, 1992) capta la atención de los niños durante la clase de inglés porque puede ser relacionado con la siembra del algodón. Este libro narra la vida de una familia afroamericana que recoge algodón en el valle central de California donde Silvio enseña. Después de la lectura del cuento los niños comentan lo duro que es trabajar en los campos calurosos y los niños que han tenido que mudarse de un sitio a otro de acuerdo con las cosechas, relatan lo difícil y desagradable que esto resulta para ellos.

Esta discusión hace que el maestro lleve dos nuevos libros a la clase de español. Ambos libros: *El camino de Amelia* (Altman, 1993) y *Tomates California* (Seale y Ramírez, 1993) hablan sobre la vida migratoria de familias que tienen que mudarse de un sitio a otro dependiendo de las cosechas. La lectura conduce al tema de los derechos de los trabajadores de las granjas y a su héroe: César Chávez. Uno de los niños busca en el rincón de los libros *César Chávez: Líder laboral* (Morris, 1994) y el maestro sugiere a los estudiantes que lo lean en pequeños grupos si aún no lo han leído y les promete que en los próximos días hablarán sobre él en una clase.

Al siguiente día, en la hora de inglés, Silvio les pide a los niños que copien un poema en inglés "César Chávez, Farm Worker Organizer" (César Chávez, Organizador de los trabajadores de las Granjas); el poema aparece en el libro *Latino Rainbow: Poems About Latino Americans* (Arcoiris Latino: Poemas sobre latinoamericanos) (Cumpián, 1994, p. 29). Los niños comentan que algunos versos como: "Los tractores tienen granero, los animales tienen establo, pero el trabajador migratorio no tiene donde descansar su cabeza" (p. 29), guardan una estrecha relación con los cuentos leídos anteriormente. Después, observan un extraordinario libro con llamativas fotografías y pequeños comentarios de los trabajadores del campo acerca de su dura vida que incluye el problema de los niños trabajadores y los pesticidas. Silvio les muestra a la clase otros libros escritos en inglés, que tienen que ver con los trabajadores y sus hijos y los cuales él piensa que pueden resultar interesantes para los estudiantes; los libros son: *A Migrant Family* (Una familia migratoria) (Brimmer, 1992), *Lights from the River* (Luces del río) (Thomas, 1994) y *Voices from the Fields* (Voces de los campos) (Atkin, 1993).

En las semanas siguientes el salón se presenta muy activo; los estudiantes leen, escriben y comparten lo que aprenden y deciden compartir con otros niños de la escuela lo que han aprendido sobre plantas, animales y agricultura en general. Deciden tomar un día para que los otros grados los visiten y ellos puedan leerles sus cuentos y los reportes que han escrito, además de explicarles todo lo que han aprendido.

Igualmente deciden compartir su aprendizaje y experiencias con sus padres y decirles lo mucho que aprecian el arduo trabajo que ellos realizan. Después de mucha discusión proponen elaborar un libro grande que se titule

La importancia de la agricultura para cuya realización cada grupo tendrá la responsabilidad de crear dos páginas: una página reflejará la información que ellos han obtenidos en su investigación y la otra contendrá poemas que muestren sus sentimientos por el hecho de ellos mismos formar parte de *la agricultura*. Este libro será leído a los padres en la celebración de la fiesta de Navidad. La Tabla 7–3 contiene una lista de los libros usados por Silvio en esta unidad.

El maestro ha alcanzado su objetivo; sus estudiantes están leyendo y escribiendo. Sin embargo, él ha logrado otros objetivos que pueden ser aún más importantes: a través de un currículo ligado a las vidas de los estudiantes ha logrado que éstos aprecien la contribución que ellos mismos y sus respectivas familias aportan a la sociedad. Los niños desarrollan su lectoescritura en español y en inglés por medio de las lecturas tanto literarias como de libros de contenido informativo que realizan. También, las discusiones sobre sus lecturas y la realización de actividades de escritura auténticas y significativas contribuyen a lograr esa proficiencia en la lectoescritura de las dos lenguas. La escritura les permite a los estudiantes demostrar lo que han aprendido y cómo han sido afectados y conmovidos por este enriquecedor currículo.

Conclusión

Nuestro propósito al escribir este libro fue describir los procesos de lectura y escritura en el idioma español y compartir con los maestros ideas con respecto a la mejor forma de ayudar a los estudiantes latinos a desarrollar la lectoescritura en su lengua materna: el español. Pensábamos escribir un libro corto que cubriera los aspectos básicos y sirviera como referencia rápida; sin embargo, el libro se amplió al intentar incluir ideas extraídas de la copiosa investigación que existe en cuanto a la lectura y la escritura en español. También deseábamos compartir la amplia y rica literatura en español para los jóvenes lectores y escritores, que ha sido publicada en años recientes. Nuestro libro creció porque se trata de un tema muy importante y del cual hay mucho que decir.

No pretendemos haber agotado todo lo que se necesita decir el tema. Hemos tratado, sin embargo, de compartir unas ideas claves que creemos que los maestros bilingües de español e inglés deben tomar en cuenta. Es necesario considerar cuáles deben ser las características más efectivas de un programa de lectura y escritura en español y para decidir lo que constituye una característica efectiva es sumamente importante comprender el proceso

Ada, Alma Flor. *Caballito Blanco y otras poesías favoritas, Días y días de poesía*. Carmel: Hampton-Brown Books, 1992.

Ada, Alma Flor. *Cinco pollitos y otras poesías favoritas, Días y días de poesía*. Carmel: Hampton-Brown Books, 1992.

Ada, Alma Flor. *Días y días de poesía*. Carmel: Hampton-Brown Books, 1991.

Ada, Alma Flor, Violet J. Harris, and Lee Bennett Hopkins. *A Chorus of Cultures: Developing Literacy Through Multicultural Poetry*. Carmel: Hampton-Brown Books, 1993.

Almada, Patricia. *El rancho, Literatura 2000*. Crystal Lake, IL: Rigby, 1994.

Altman, Linda Jacobs. *El camino de Amelia*. Translated by Daniel Santacruz. New York: Lee & Low Books, 1993.

Atkin, S. Beth. *Voices From the Fields: Children of Migrant Farmworkers Tell Their Stories*. Boston: Little, Brown and Company, 1993.

Bourne, Phyllis Montenegro. *Las cosas cambian*. Carmel: Hampton-Brown Books, 1992.

Bourne, Phyllis Montenegro. *Things Change*. Carmel: Hampton-Brown Books, 1992.

Brimmer, L.D. *A Migrant Family*. Minneapolis: Lerner Publications Company, 1992.

Buirski, Nancy. *Earth Angels*. San Francisco: Pomegranate Artbooks, 1994.

Burnie, David. *Los secretos de las plantas*. Madrid: ALTEA.

Costa-Pau, Rosa. *La vida de las plantas, Mundo invisible*. Bogotá: Editorial Norma, 1993.

Cumpián, Carlos. *Latino Rainbow: Poems about Latino Americans, Many Voices One Song*. Chicago: Children's Press, 1994.

Cumpiano, I. *Ton-tón el gigantón*. Carmel: Hampton-Brown, 1992.

Dubin, Susana Dultzín. *Sonidos y ritmos*. Boston: Houghton Mifflin Company, 1984.

Gallego, Margaret, Rolando Hinojosa-Smith, Clarita Kohen, Hilda Medrano, Juan Solis, and Eleanor Thonis. *Cultivos alternados, HBJ Estrellas de la literatura*. Orlando: Harcourt Brace Jovanovich, 1993.

Gallego, Margaret A., Rolando Hinojosa-Smith, Clarita Kohen, Hilda Medrano, Juan Solis, and Eleanor Thonis. *Tú y yo, HBJ Estrellas de la literatura*. Orlando: Harcourt Brace Jovanovich, 1993.

Garza, Carmen Lomas. *Cuadros de familia*. San Francisco: Children's Book Press, 1990.

TABLA 7–3: Literatura para la unidad sobre la importancia de la agricultura

Gondard, Pierre. *El gigantón cabelludo, HBJ Estrellas de la literatura.* Orlando: Harcourt Brace Jovanovich, 1993.

Kratky, Lada. *El chivo en la huerta.* Carmel, CA: Hampton-Brown, 1989.

Kratky, Lada Josefa. *Chiles, Pan y canela.* Carmel: Hampton-Brown Books, 1995.

Kratky, Lada Josefa. *La gallinita, el gallo y el frijol.* Carmel, CA: Hampton-Brown, 1989.

Madrigal, S. *Granjas.* Carmel, CA.: Hampton-Brown Books, 1992.

Marcus, Elizabeth. *Quiero conocer la vida de las plantas, Quiero conocer.* México, D.F.: Sistemas Técnicos de Edición, 1987.

Marcus, Elizabeth. *Quiero conocer la vida de los animales, Quiero conocer.* México, D.F.: SITESA, 1987.

Mateos, Rocío López. *Don José, su familia y sus plantas.* México, D.F.: Instituto Nacional Indigenista, 1991.

Mateos, Rocío López. *La milpa de Don Ricardo.* México, D.F.: Instituto Nacional Indigenista, 1992.

Morris, Clara Sánchez de. *César Chávez: Líder laboral.* Cleveland: Modern Curriculm Press, 1994.

Parramón, J. M., y G. Sales. *Mi primera visita a la granja, Mi primera visita.* Woodbury, NY: Barron's, 1990.

Peña, Luis de la. *Cosecha de versos y refranes, Literatura Infantil.* México, D.F.: CONAFE, 1989.

Perera, Hilda. *Pepín y el abuelo.* Boston: Houghton Mifflin Company, 1993.

Ramírez, Elisa. *Adivinazas indígenas, Colección Piñata.* México, D.F.: Editorial Patria, 1984.

Rius, María, and Josep María Parramon. *El campo, Un día en.* Woodbury, NY: Barron's, 1987.

Seale, Jan, and Carmen Tafolla. "La marrana dormida." In *Yo soy yo,* edited by Rosalinda Barrera. Boston: Houghton Mifflin, 1993.

Seale, Jan Epton, and alfonso Ramírez. *Tomates, California.* Boston: Houghton Mifflin Company, 1993.

Sealey, Leonard. *Animales, Colección Nuestro Mundo.* Barcelona: Editorial Juventud, 1979.

TABLA 7–3: (continuación)

Sealey, Leonard. *Plantas*. Edited by Leonard Sealey, *Colección nuestro mundo*. Barcelona: Editorial Juventud, 1979.

Thomas, Jane Resh. *Lights on the River*. New York: Hyperion Books for Children, 1994.

Walker, Colin. *Las plantas, Concept Science en español*. Cleveland: Modern Curriculum Press, 1995.

Watts, Claire, and Alexandra Parsons. *Experimenta con las plantas*. Translated by Rodríguez, Beatriz

Williams, Sherley. *Working Cotton*. Orlando: Harcourt Brace Jovanovich, 1992.

Zenzes, Gertrudias. *De la semilla a la fruta*. México, D.F.: Fernández Editores, 1987.

TABLA 7–3: (continuación)

de la lectura. Cuando entendemos de qué manera los lectores construyen el significado, es posible realizar una selección bien informada de lo que podría considerarse como un programa apropiado de lectura para los lectores principiantes. Esta misma toma de decisiones basada en la información es determinante para los maestros bilingües en el área de la escritura. Sólo después de que los maestros entienden cómo se desarrolla el proceso de la escritura en español y en inglés, es cuando pueden ayudar a sus estudiantes a medida que éstos van de la invención a la escritura convencional.

El hombre desarrolló la lectoescritura con el fin de entender mejor el mundo y compartir ese conocimiento. En nuestro capítulo final hemos ofrecido ejemplos de cómo los maestros han desarrollado programas bilingües de gran calidad, aprovechando la riqueza literaria que actualmente se puede encontrar y organizando el currículo alrededor de temas interesantes para los estudiantes. Los maestros que trabajan en aulas bilingües no sólo deben enseñarles a sus estudiantes a leer y a escribir sino que también deben enseñarle a pensar y actuar de manera consciente para que contribuyan a la construcción de un mundo mejor. Las personas que hablan, leen y escriben más de un idioma se convertirán en los líderes del próximo siglo y sólo si ayudamos a nuestros estudiantes bilingües a comprender cómo hacer del mundo un lugar más agradable para vivir, sólo así, podremos decir que nuestra labor como educadores ha sido realmente exitosa.

Referencias de la literature infantil

Ada, Alma Flor. *Caballito blanco y otras poesías favoritas, Días y días de poesía*. Carmel: Hampton-Brown Books (1992).

Ada, Alma Flor. *Canción de todos los niños del mundo*. Boston: Houghton Mifflin Company (1993).

Ada, Alma Flor. *Cinco pollitos y otras poesías favoritas, Días y días de poesía*. Carmel: Hampton-Brown Books (1992).

Ada, Alma Flor. *Días y días de poesía*. Carmel: Hampton-Brown Books (1991).

Ada, Alma Flor. *El cuento del gato y otras poesías favoritas, Días y días de poesía*. Carmel: Hampton-Brown Books (1992).

Ada, Alma Flor. *Los seis de la jirafa*. Carmel: Hampton-Brown (1989).

Ada, Alma Flor. *Olmo y la mariposa azul, HBJ Estrellas de la Literatura*. Orlando: Harcourt Brace Javanovich (1993).

Ada, Alma Flor. *Una semilla nada más*. Carmel: Hampton-Brown Books (1990).

Ada, Alma Flor, Harris, Violet J., and Hopkins, Lee Bennett. *A Chorus of Cultures: Developing Literacy through Multicultural Poetry*. Carmel: Hampton-Brown Books (1993).

Allen, Marjorie, and Rotner, Shelley. *Cambios*. Carmel: Hampton-Brown Books (1991).

Almada, Patricia. *El rancho, Literatura 2000*. Crystal Lake: Rigby (1994).

Almada, Patricia. *Patas, Literatura 2000*. Crystal Lake: Rigby (1994).

Altman, Linda Jacobs. *El camino de Amelia*. (Santacruz, Daniel, Trans.) New York: Lee & Low Books (1993).

Alvarez, Carmen Espinosa Elenes de. *Mi libro mágico*. México, D.F.: Enrique Sainz Editores (1979).

Aron, Evelyn. *Cántame en español: Sing to Me in Spanish*. Mexico, D.F.: Multidiseño Gráfico (1988).

Atkin, S. Beth. *Voices from the Fields: Children of Migrant Farmworkers Tell Their Stories*. Boston: Little, Brown and Company (1993).

Avalos, Cecilia. *Espejito, ¡mira!*. Cleveland: Modern Curriculum Press (1991).

Barberis. *¿De quién es este rabo?, Colección duende*. Valladolid, Spain: Miñon (1974).

Barrera, Rosalinda, (ed.). Alborada. *Yo soy yo*. Boston: Houghton Mifflin (1993).

Barrett, Norman. *Cocodrilos y caimanes, Biblioteca gráfica*. New York: Franklin Watts (1991).

Barrett, Norman. *Monos y simios, Biblioteca gráfica*. New York: Franklin Watts (1991).

Barrett, Norman. *Serpientes, Biblioteca gráfica*. New York: Franklin Watts (1990).

Bartolomé, Efraín. *Mínima animalia, Reloj de versos*. México, D.F.: CIDCLI (1991).

Beck, Jennifer. *Patas, Literatura 2000, Nivel 3*. Crystal Lake: Ribgy (1994).

Bolton, F., and Snowball, D. *Growing Radishes and Carrots*. New York: Scholastic Inc. (1985).

Bos, Burny, and De Beer, Hans. *Oli, el pequeño elefante*. Barcelona, Spain: Editorial Lumen (1989).

Bourne, Phyllis Montenegro. *Las cosas cambian*. Carmel: Hampton-Brown Books (1992).

Bourne, Phyllis Montenegro. *Things Change*. Carmel: Hampton-Brown Books (1992).

Bracho, Coral. *Jardín del mar, Reloj de versos*. México, D.F.: CIDCLI (1993).

Bragado, Manuel. *Doña Carmen*. Boston: Houghton Mifflin (1993).

Brimmer, L.D. *A Migrant Family*. Minneapolis: Lerner Publications Company (1992).

Broeck, Fabricio Vanden. *ABC animales, Colección piñata*. México, D.F.: Editorial Patria (1983).

Browne, Anthony. *Gorila*. (Esteva, Carmen, Trans., *A la orilla del viento*.) México, D.F.: Fondo de Cultura Económica (1991).

Browne, Anthony. *Zoológico*. (Esteva, Carmen, Trans., *A la orilla del viento*.) Mexcio, D.F.: Fondo de Cultura Económica (1993).

Brusca, María Cristina, and Wilson, Tona. *Tres amigos: Un cuento para contar*. Boston: Houghton Mifflin (1995).

Buirski, Nancy. *Earth Angels*. San Francisco: Pomegranate Artbooks (1994).

Burnie, David. *Los secretos de las plantas*. Madrid: ALTEA (1990).

Cabrera, Miguel. *Chiquilín*. *Caracas*. Venezuela: Conceptos. s.f.

Cappellini, Mary. *¿Quién quiere helado?*, *Literatura 2000*. Crystal Lake: Rigby (1994).

Cappellini, Mary, and Almada, Patricia. *Literatura 2000*. Crystal Lake: Rigby (1994).

Carl, Eric. *La oruga muy hambrienta*. New York: Philomel Books (1989).

Carl, Eric. *The Very Hungry Caterpillar*. Cleveland: The World Publishing Company (1969).

Cervantes, Jesús. *Voy a la escuela*. Carmel: Hampton-Brown Books (1996).

Charpenel, Mauricio. *El ranchito, Pan y canela, Colección A*. Carmel: Hampton-Brown Books (1995).

Cheltenham, Elementary School. *Todos somos iguales . . . todos somos diferentes*. New York: Scholastic (1994).

Cheltenham, Elementary School. *We Are All Alike . . . We Are All Different*. New York: Scholastic (1991).

Cherry, Lynne. *La ceiba majestuosa: Un cuento del bosque lluvioso de las Amazonas*. Boston: Houghton Mifflin (1996).

Clements, Andrew. *Big Al*. New York: Scholastic (1991).

Cole, Joanna. *El autobús mágico: Planta una semilla*. New York: Scholastic (1995).

Comerlati, Mara. *Conoce nuestros mamíferos*. Caracas, Venezuela: Ediciones Ekaré Banco del Libro (1983).

Costa-Pau, Rosa. *La vida de las plantas, Mundo invisible*. Bogotá: Editorial Norma (1993).

Cowcher, Helen. *El bosque tropical*. New York: Scholastic (1992).

Cowley, J. *Los animales de Don Vicencio*. Auckland, New Zealand: Shortland (1987).

Cristini, Ermanno, and Puricelli, Luigi. *En el bosque*. New York: Scholastic (1983).

Cross, Elsa. *El himno de las ranas, Reloj de versos*. México, D.F.: CIDCLI (1992).

Cumpián, Carlos. *Latino Rainbow: Poems about Latino Americans, Many Voices One Song*. Chicago: Children's Press (1994).

Cumpiano, Ina. *Pan, pan, gran pan*. Carmel: Hampton-Brown Books (1990).

Cumpiano, Ina. *Ton-tón el gigantón*. Carmel: Hampton-Brown Books (1992).

Cutting, Brian, and Cutting, Jillian. *Semillas y más semillas*. (Andujar, Gloria, Trans., Pye, Wendy, ed., *Sunshine science series*.) Bothell: Wright Group (1995).

Darlington, Arnold. *Diviértete con una lupa, El niño quiere saber*. Barcelona: Ediciones Toray (1984).

D'Atri, Adriana. *El amigo nuevo, Nuestro barrio*. Orlando: Harcourt Brace Jovanovich (1993).

Del Paso, Fernando. *De la A a la Z por un poeta*. México, D.F.: Grupo Editorial Diana (1990).

Detwiler, Darius, and Rizo-Patrón, Marina. *Libro del ABC*. Boston: Houghton Mifflin (1993).

Dobbs, Siobhan. *El tigre Carlitos*. (Barrera, Rosalinda, Crawford, Alan, Sabrina Mims, Joan, and Dávila de Silva, Aurelia, eds., *Celebremos la literatura*.) Boston: Houghton Mifflin (1993).

Drew, David. *Pistas de animales, Informazing!* Crystal Lake: Rigby (1993).

Dubin, Susana Dultzín. *Sonidos y ritmos*. Boston: Houghton Mifflin (1984).

Ediciones Litexsa Venezolana, (ed.). *Aprender a contar*. Caracas, Venezuela: Cromotip (1987).

Ehlert, Lois. *Growing Vegetable Soup*. San Diego: Harcourt Brace & Company (1987).

Fernández, Laura. *Pío, pío. Yo soy yo*. (Barrera, Rosalinda; Crawford, Alan; Mims, Joan Sabrina; and de Silva, Aurelia Davila, eds.) Boston: Houghton Mifflin (1993).

Ferre, Ela. Yo. *Juegos y sueños: HBJ estrellas de literatura*. Orlando: Harcourt Brace Jovanovich (1993).

Flores, Guillermo Solano. *Pon una semilla a germinar, Niño científico*. México, D.F.: Editorial Trillas (1985).

Forcada, Alberto. *Despertar, Reloj de versos*. México, D.F.: CIDCLI (1992).

Fowler, Allan. *Podría ser un mamífero*. (Marcuse, Aída E., Trans., *Mis primeros libros de ciencia*.) Chicago: Children's Press (1991).

Gallego, Margaret, Hinojosa-Smith, Rolando, Kohen, Clarita, Medrano, Hilda, Solis, Juan, and Thonis, Eleanor. *Cultivos alternados, HBJ Estrellas de la literatura*. Orlando: Harcourt Brace Jovanovich (1993).

Gallego, Margaret, Hinojosa-Smith, Rolando, Kohen, Clarita, Medrano, Hilda, Solis, Juan, and Thonis, Eleanor. *Tú y yo, HBJ Estrellas de la literatura*. Orlando: Harcourt Brace Jovanovich (1993).

Garza, Carmen Lomas. *Cuadros de familia*. San Francisco: Children's Book Press (1990).

Garza-Williams, Liz. *Papi y yo, Pan y canela, Colección A*. Carmel: Hampton-Brown Books (1995).

Ginzo, Courel. (Baker, W., and Haslam, A., eds.) *Make It Work!* Madrid: Ediciones SM (1993).

Gondard, Pierre. *El gigantón cabelludo, HBJ Estrellas de la literatura.* Orlando: Harcourt Brace Jovanovich (1993).

Goodall, Jane. *La familia del chimpancé.* México, D.F.: SITESA (1991).

Granowsky, Alvin. *Los animales del mundo.* (Johnson, C., ed., *Especies del mundo en peligro de extinción.*) Lexington: Schoolhouse Press (1986).

Heller, Ruth. *Chickens Aren't the Only Ones.* New York: Scholastic (1981).

Heller, Ruth. *Las gallinas no son las únicas.* México, D.F.: Grijalbo (1990).

Hofer, Angelika, and Ziesler, Günter. *La familia del león.* México, D.F.: SITESA (1992).

Ingpen, Robert, and Dunkle, Margaret. *Conservación.* México, D.F.: Editorial Origen S.A. (1991).

Jeunesse, Gallimard, and de Bourgoing, Pascale. *The Egg.* First Discovery Books. New York: Scholastic (1992).

Jordan, Helene J. *Cómo crece una semilla.* (Fiol, María A., Trans., *Harper Arco Iris.*) New York: Harper Collins (1996).

Knowles, Rick, and Morse, Kitty. *Lyric Language.* Carlsbad: Penton Overseas, Inc. (1992).

Kratky, Lada Josefa. *Animals and Their Babies.* Carmel: Hampton-Brown Books (1991).

Kratky, Lada Josefa. *Chiles, Pan y canela.* Carmel: Hampton-Brown Books (1995).

Kratky, Lada Josefa. *El chivo en la huerta.* Carmel: Hampton-Brown Books (1989).

Kratky, Lada Josefa. *En mi escuela, Pan y canela, Colección A.* Carmel: Hampton-Brown Books (1995).

Kratky, Lada Josefa. *La gallinita, el gallo y el frijol.* Carmel: Hampton-Brown Books (1989).

Kratky, Lada Josefa. *Los animales y sus crías, ¡Qué maravilla!* Carmel: Hampton-Brown Books (1991).

Kratky, Lada Josefa. *Orejas, Pan y canela, Colección B.* Carmel: Hampton-Brown Books (1995).

Kratky, Lada Josefa. *Pan y Canela, Pan y canela.* Carmel: Hampton-Brown Books (1995).

Kratky, Lada Josefa. *Pinta, pinta, Gregorita.* Carmel: Hampton-Brown Books (1990).

Kratky, Lada Josefa. *Uno, dos, tres y cuatro, Pan y canela, Colección* A. Carmel: Hampton-Brown Books (1995).

Kratky, Lada Josefa. *Veo, Veo Colas, Pan y canela, Colección* A. Carmel: Hampton-Brown Books (1995).

Krauss, R. *The Carrot Seed.* New York: Scholastic, Inc. (1945).

Krauss, R. *La semilla de zanahoria.* (Palacios, A., Trans.) New York: Scholastic, Inc. (1945, 1978 trans.).

Kuchalla, Susan. *¿Cómo son los animales bebés?, ¿Cómo son?* México, D.F.: SITESA (1987).

Lavie, Arlette. *Aprender a contar.* Venezuela: Ediciones Litexsa Venezolana (1987).

Lionni, Leo. *Frederick.* New York: Knopf (1973).

Lionni, Leo. *Swimmy.* New York: Knopf (1963).

Lionni, Leo. *Tili y el muro, Listos ¡Ya!* Orlando: Harcourt Brace Jovanovich (1993).

Long, Sheron. *¿Cuál es el mío?, Pan y canela, Colección* B. Carmel: Hampton-Brown Books (1995).

Macías, Elva. *La ronda de la luna, El sueño del dragón.* México, D.F.: Ediciones Corunda (1994).

Madrigal, S. *Granjas.* Carmel: Hampton-Brown Books (1992).

Marcus, Elizabeth. *Quiero conocer la vida de las plantas, Quiero conocer.* México, D.F.: Sistemas Técnicos de Edición (1987).

Marcus, Elizabeth. *Quiero conocer la vida de los animales, Quiero conocer.* México, D.F.: SITESA (1987).

Martin, Bill Jr., and Archanbault, John. *Here Are My Hands.* New York: Henry Holt and Co. (1985).

Marzollo, Jean. *I'm a Seed.* New York: Scholastic (1996).

Mateos, Rocío López. *Don José, su familia y sus plantas.* México, D.F.: Instituto Nacional Indigenista (1991).

Mateos, Rocío López. *La milpa de Don Ricardo.* México, D.F.: Instituto Nacional Indigenista (1992).

McMillan, Bruce. *Growing Colors.* New York: William Morrow & Co. (1988).

Miller, Margaret. *Mis cinco sentidos.* Carmel: Hampton-Brown Books (1994).

Mirtín, Teresa Clerc. *Imagínate. Yo soy yo.* Boston: Houghton Mifflin Company (1993).

Moore, Jo Ellen, and Evans, Joy. *Las plantas.* (Ficklin, Dora, and Wolfe, Liz, Trans.) Monterey: Evan-moor Corp (1992).

Mora, Pat. *¿Qué dice el desierto?* Boston: Houghton Mifflin (1993).

Morris, Ann. *Con cariño.* Carmel: Hampton-Brown Books (1990).

Morris, Ann. *Hats, Hats, Hats.* New York: Lothrop, Lee & Shepard Books (1989).

Morris, Ann. *Houses and Homes.* New York: Lothrop, Lee & Shepard Books (1992).

Morris, Clara Sánchez de. *César Chávez: Líder laboral.* Cleveland: Modern Curriculm Press (1994).

Murphy, Barnes. *Un jardín en tu dormitorio, El niño quiere saber.* Barcelona: Ediciones Torray (1983).

Nazoa, Aquiles. *Fábula de la ratoncita presumida.* Caracas: Ediciones Ekaré-Banco del Libro (1985).

Neruda, Pablo. *El libro de las preguntas.* Vol. Editorial Andrés Bello. Santiago de Chile (1987).

Paqueforet, Marcus. *A comer, mi bebé, Libros del rincón.* México, D.F.: Hachette Latinoamérica/SEP (1993).

Paqueforet, Marcus. *A dormir, mi bebé, Libros del rincón.* México, D.F.: Hachette Latinoamérica/SEP (1993).

Paqueforet, Marcus. *A pasear, mi bebé, Libros del rincón.* México, D.F.: Hachette Latinoamérica/SEP (1993).

Paqueforet, Marcus. *Un cariñito, mi bebé, Libros del rincón.* México, D.F.: Hachette Latinoamérica/SEP (1993).

Parra, Nicanor. *Sinfonía de cuna, en cuento.* México, D.F.: CIDCLI (1992).

Parkes, Brenda, and Smith, Judith. *El patito feo.* Crystal Lake: Rigby (1989 Spanish trans.).

Parkes, Brenda. *¿Quién está en la choza?* (Flores, Barbara, Trans.) Crystal Lake: Rigby (1990).

Parramón, J.M., and Sales, G. *Mi primera visita a la granja, Mi primera visita.* Woodbury: Barron's (1990).

Peña, Luis de la. *Cosecha de versos y refranes, Literatura infantil.* México, D.F.: CONAFE (1989).

Perera, Hilda. *Pepín y el abuelo.* Boston: Houghton Mifflin (1993).

Pratt, Kristin Joy. *Un paseo por el bosque lluvioso.* Nevada City: Dawn Publications (1993).

Ramírez, Elisa. *Adivinazas indígenas, Colección piñata.* México, D.F.: Editorial Patria (1984).

Rius, María, and Parramon, Josep María. *El campo.* Woodbury: Barron's (1987).

Romero, Olga. *Con mi familia*. Carmel: Hampton-Brown Books (1996).

Sabines, Jaime. *La luna, Reloj de versos*. México, D.F.: CIDCLI (1990).

Sánchez, J.L. García, and Pacheco, M.A. *El niño que tenía dos ojos*. (Azaola, Miguel, ed., *Los derechos del niño*.) Madrid: Altea (1988).

Sanchez, J.L. García, and Pacheco, M.A. *La niña sin nombre*. (Azaola, Miguel, ed., *Los derechos del niño*.) Madrid: Altea (1988).

Saville, Malcolm. *Explorando el bosque, El niño quiere saber*. Barcelona: Ediciones Toray (1982).

Scholastic. *Los panes del mundo*. Supplement to *Scholastic News*. New York: Scholastic (1993).

Seale, Jan, and Tafolla, Carmen. *La marrana dormida. Yo soy yo*. (Barrera, Rosalinda, ed.) Boston: Houghton Mifflin (1993).

Seale, Jan, and Ramírez, Alfonso. *Tomates, California*. Boston: Houghton Mifflin (1993).

Sealey, Leonard. *Animales*. (Sealey, Leonard, ed., *Colección nuestro mundo*.) Barcelona: Editorial Juventud (1979).

Sealey, Leonard. *Plantas*. (Sealey, Leonard, ed., *Colección nuestro mundo*.) Barcelona: Editorial Juventud (1979).

Sempere, Vicky. *ABC*. Caracas, Venezuela: Ediciones Ekaré-Banco del Libro (1987).

Sheldon, Dyan. *El canto de las ballenas*. (Rivera, Nelson, Trans.) Caracas, Venezuela: Ediciones Ekaré-Banco del Libro (1993).

Somme, Lauritz, and Kalas, Sybille. *La familia del pingüino*. México, D.F.: SITESA (1991).

Spier, Peter. *Gente*. Barcelona: Editorial Lumen (1993).

Spier, Peter. *People*. New York: The Trumpet Club (1980).

Tabor, Nancy María Grande. *Somos un arco iris: We Are a Rainbow*. Watertown: Charlesbridge Publishing (1995).

Taylor, Kim, and Burton, Jane. *Frog, See How They Grow!* London: Dorling Kindersley (1991).

Taylor, Kim, and Burton, Jane. *Ranitas, Mira cómo crecen*. México, D.F.: SITESA (1992).

Thomas, Jane Resh. *Lights on the River*. New York: Hyperion Books for Children (1994).

Tokuda, Wendy, and Hall, Richard. *Humphrey the Lost Whale*. Torrance: Heian International (1986).

Torres, Edna. *El desierto*. (Fonseca, Rodolfo, ed., *Educación ambiental*.) México, D.F.: CONAFE (1994).

Urbina, Joaquín. *La culebra verde*. Caracas, Venezuela: Gráficas Armitano.

Walker, Colin. *Las plantas, Concept science en español*. Cleveland: Modern Curriculum Press (1995).

Walker, Colin. *Las semillas crecen*. (Andujar, Gloria, Trans., Pye, Wendy, ed., *Sunshine science series*.) Bothell: Wright Group (1995).

Walker, Colin. *Plantas y semillas*. (Andujar, Gloria, Trans., Pye, Wendy, ed., *Sunshine science series*.) Bothell: Wright Group (1995).

Watts, Claire, and Parsons, Alexandra. *Experimenta con las plantas*. (Rodríguez, Beatriz, Trans.) Madrid: CESMA (1993).

Watts, Barrie. *Duck, See How They Grow!* London: Dorling Kindersley (1991).

Watts, Barrie. *Patitos, Mira cómo crecen*. México, D.F.: SITESA (1992).

Wexo, John Bonnett. *Los animales en extinción*. Zoobooks (1981).

Williams, Sherley. *Working Cotton*. Orlando: Harcourt Brace Jovanovich (1992).

Willow, Diane, and Jacques, Laura. *Dentro de la selva tropical*. Watertown: Charlesbridge Publishing (1993).

Wright, Alexandra. *¿Les echaremos de menos?* Watertown: Charlesbridge Publishing (1993).

Zak, Monica. *Salven mi selva*. México, D.F.: Sistemas Técnicos de Edición (1989).

Zawisza, Tita. *Conoce a nuestros insectos*. Caracas, Venezuela: Ediciones Ekaré-Banco del Libro (1982).

Zenzes, Gertrudias. *De la semilla a la fruta*. México, D.F.: Fernández Editores (1987).

Referencias Profesionales

Ada, Alma Flor. Creative reading: A relevant methodology for language minority children. *NABE '87. Theory, research, and application: Selected papers*. (Malavé, L.M., ed.) Buffalo: State University of New York (1988).

Ada, Alma Flor, and Olave, María del Pilar. *Hagamos Caminos*. Reading: Addison-Wesley (1986).

Adams, Marilyn. *Beginning to Read: Thinking and Learning about Print*. Cambridge: MIT Press (1990).

Alvarez, Carmen Espinosa Elenes de. *Mi libro mágico*. México, D.F.: Enrique Sainz Editores (1979).

Anderson, Richard, Hiebert, Elfrida, Scott, Judith, and Wilkinson, Ian. *Becoming a nation of readers: The Report of the Commission on Reading*. Champaign: Center for the Study of Reading (1985).

Barrera, Rosalinda. Reading in Spanish: Insights from Children's Miscues. *Learning to Read in Different Languages*. (Hudelson, S., ed.) Washington, D.C.: Center for Applied Linguistics (1981).

Barrera, Rosalinda, and Crawford, Alan. *Vamos, Programa de lectura en español de Houghton Mifflin*. Boston: Houghton Mifflin (1987).

Bellenger, Lionel. *Los métodos de lectura*. Barcelona: Oikos-Tau (1979).

Braslavsky, Berta. *La escuela puede*. Buenos Aires: Aique (1992).

Braslavsky, Berta. *La querella de los métodos en la enseñanza de la lectura*. Buenos Aires: Kapelusz (1962).

Brown, Hazel, and Brian Cambourne. *Read and Retell*. Portsmouth: Heinemann (1987).

Buchanan, Ethel. *Spelling for Whole Language Classrooms*. Winnipeg: Whole Language Consultants, Ltd. (1989).

California Reading Task Force. *Every Child a Reader*. Sacramento: California Department of Education (1995).

Calkins, Lucy. *The Art of Teaching Writing*. Portsmouth: Heinemann (1986).

Calkins, Lucy. *Living Between the Lines*. Portsmouth: Heinemann (1991).

Castedo, Mirta Luisa. Construcción de lectores y escritores. *Lectura y vida 16*, (3) 5–25 (1995).

Cervantes, Carolina. The Support of Spanish Language Literature in Reading, Writing, and Second Language Acquisition. Unpublished manuscript (1992).

Chall, Jean. *Learning to Read: The Great Debate*. New York: McGraw Hill (1967).

Chomsky, Carol. Reading, writing, and phonology. *Harvard Education Review 40*, (2) 287–309 (1970).

Clark, Irene. *Zoo-phonics in español*. Groveland: Zoo-phonics. (1994).

Collier, Virgina P. Acquiring a Second Language for School. *Directions in Language and Education*. Washington, D.C.: National Clearninghouse for Bilingual Education NCBE (1995).

Crowell, Caryl G. Documenting the Strengths of Bilingual Readers. *Primary Voices K–6 3*, (4) 32–37 (1995).

Cummings, D.W. *American English Spelling*. Baltimore: Johns Hopkins University Press (1988).

Dubois, Mará Eugenia. Algunos interrogantes sobre comprensión de la lectura. *Lectura y Vida 4*, 14–19 (1984).

Dubois, María Eugenia. Lectura, escritura y formación docente. *Lectura y Vida 16*, (2) 5–12 (1995).

Edelsky, C. Bilingual Children's Writing: Fact and Fiction. *Richness in Writing: Empowering ESL Students*. (Johnson, D., and Roen, D., ed.) New York: Longman, 165–176 (1989).

Edelsky, C. *Writing in a bilingual program: Había una vez*. Norwood: Ablex (1986).

Ferreiro, Emilia. Diversidad y proceso de alfabetización: De la celebración a la toma de conciencia. *Lectura y Vida 15*, (3) 5–14 (1994).

Ferreiro, Emilia, and Teberosky, Ana. *Literacy before Schooling*. (Castro, K.G., Trans.) Portsmouth: Heinemann (1982).

Ferreiro, Emilia, and Teberosky, Ana. *Los sistemas de escritura en el desarrollo del niño*. México: Signi Ventiuno Editores (1979).

Flesch, Rudolph. *Why Johnny Can't Read*. New York: Harper and Row (1955).

Flesch, Rudolph. *Why Johnny Still Can't Read*. New York: Harper and Row (1981).

Freeman, Yvonne S. Celebremos la literatura: Is It Possible with a Spanish Reading Program? In *Report Card on Basal Readers: Part II*. (Shannon, P., and Goodman, K.S., ed.) 115–128. Katonah: Richard C. Owen (1993).

Freeman, Yvonne S. The Contemporary Spanish Basal Reader in the United States. Doctoral dissertation, University of Arizona, Tucson (1987).

Freeman, Yvonne S. The contemporary Spanish basal reader in the United States: How does it reflect current knowledge of the reading process?" *NABE Journal 13*, (1) 59–74 (1988).

Freeman, Yvonne S. Do Spanish methods and materials reflect current understanding of the reading process? *The Reading Teacher 41*, (7) 654–664 (1988).

Freeman, Yvonne S. Métodos de lectura en español: ¿Reflejan nuestro conocimiento actual del proceso de lectura? *Lectura y Vida 9*, (3) 20–28 (1988).

Freeman, Yvonne S., Goodman, Yetta M., and Serra, Marisela B. Revalorización del estudiante bilingüe mediante un programa de lectura basado en literatura auténtica. *Lectura y Vida 16*, (1) 13–24 (1995).

Freeman, Yvonne S., and Whitesell, Lynn. What preschoolers already know about print. *Educational Horizons 64*, (1) 22–25 (1985).

Freire, Paulo. *Pedagoía del oprimido*. México, D.F.: Siglo Veintiuno Editores (1970).

Freire, Paulo, and Macedo, Donaldo. *Literacy: Reading the Word and the World*. South Hadley: Bergin and Garvey (1987).

Goldenberg, Claude, and Gallimore, R. Local knowledge, research knowledge, and educational change: A case study of early Spanish reading improvement. *Educational Researcher 20*, (8) 2–14 (1991).

Goodman, Kenneth. Cues and miscues in reading: A linguistic study. *Elementary English 42*, (6) 635–642 (1965).

Goodman, Kenneth. *El lenguaje integral, Serie de la palabra*. Buenos Aires: Aique (1995).

Goodman, Kenneth. *Lenguaje integral*. (Osuna, Adelina Arellano, Trans.) Mérida: Editorial Venezolana (1989).

Goodman, Kenneth. *On Reading*. Portsmouth: Heinemann (1996).

Goodman, Kenneth. *Phonics Phacts*. Portsmouth: Heinemann (1993).

Goodman, Kenneth. Reading: A psycholinguistic guessing game. *Journal of the Reading Specialist* May 126–135 (1967).

Goodman, Kenneth. Revaluing readers and reading. *Revaluing Troubled Readers*, Tucson: University of Arizona, Office of Language and Literacy, *1-11*. (1986b).

Goodman, Kenneth. Unity in reading. *Becoming Readers in a Complex Society: Eighty-third Yearbook of the National Society for the Study of Education*. (Purves, A., and Niles, O., eds.) Chicago: University of Chicago Press 79–114 (1984).

Goodman, Kenneth. *What's Whole in Whole Language*. Portsmouth: Heinemann (1986a).

Goodman, Kenneth, Goodman, Yetta, and Hood, Wendy, (eds.). *The Whole Language Evaluation Book*. Portsmouth: Heinemann (1989).

Goodman, Kenneth, Smith, E.B., Meredith, R., and Goodman, Yetta. *Language and Thinking in School: A Whole Language Curriculum*. 3rd ed. Katonah: Richard C. Owen (1987).

Goodman, Yetta, (ed.). *How Children Construct Literacy*. Newark: International Reading Association (1990).

Goodman, Yetta, and Goodman, Kenneth. Vygotsky in a whole language perspective. *Vygotsky and education: Instructional implications and applications of sociohistorical psychology*. (Moll, L., ed.) Cambridge: Cambridge University Press 223–250 (1990).

Goodman, Yetta, and Marek, Ann. *Retrospective Miscue Analysis: Revaluing Readers and Reading*. Katonah: Richard C. Owen (1996).

Goodman, Yetta, Watson, Dorothy, and Burke, Carolyn. *Reading strategies: Focus on comprehension*. Katonah: Richard C. Owen (1996).

Goodman, Yetta, and Wilde, Sandra, (eds.). *Literacy Events in a Community of Young Writers*. New York: Teachers College Press (1992).

Graves, Donald. *Writing: Teachers and Children at Work*. Portsmouth: Heinemann (1983).

Halliday, Michael A.K. *Learning How to Mean*. London: Edward Arnold (1975).

Hansen, Jane. Comprehension questions to make reading and writing connections. *Graduate seminar in literacy*. Fresno, CA (1989).

Hansen, Jane. *When writers read*. Portsmouth: Heinemann (1987).

Harste, Jerome. Reflection. Connection. In conference booklet, Whole Language Umbrella Conference. Niagara Falls, NY (1992).

Heldt, Antonio Barbosa. *Cómo han aprendido a leer y a escribir los mexicanos*. México, D.F.: Editorial Pax-Mexico (1971).

Hendrix, Charles. *Cómo enseñar a leer por el método global*. Buenos Aires: Editorial Kapelusz (1952).

Honig, Bill. *How Should We Teach Our Children to Read?* Thousand Oaks: Corwin Press (1996).

Hooked on Phonics. Gateway Educational Products, USA (1984).

Hudelson, Sarah. An Investigation of the Oral Reading Behaviors of Native

Spanish Speakers Reading in Spanish. *Learning to Read in Different Languages.* (Hudelson, S., ed.) Washington, D.C.: Center for Applied Linguistics (1981).

Hudelson, Sarah. *Write On: Children Writing in ESL.* Englewood Cliffs: Prentice Hall Regents (1989).

Juel, Connie. *Learning to Read and Write in One Elementary School.* New York: Springer-Verlag (1994).

Marek, Ann. Using evaluation as an instructional strategy for adult readers. In *The Whole Language Evaluation Book.* (Goodman, K., Goodman, Y., and Hood, W., eds.) Portsmouth: Heinemann, 157–164 (1989).

Moreno, María Stella Serrano. La enseñana-aprendizaje de la lectura. Universidad de los Andes (1982).

Myer, Karen. *Estrellita: Accelerated Beginning Spanish Reading* [videotape]. Oxnard: Estrellita (1995).

Pellicer, Félix. *Didáctica de la lengua española.* Madrid: Magisterio Español (1969).

Pérez, Bertha, and Torres-Guzman, María. *Learning in Two Worlds: An Integrated Spanish-English Biliteracy Approach.* New York: Longman (1992).

Pinker, Steven. *The Language Instinct: How the Mind Creates Language.* New York: William Morrow and Company (1994).

Ramsey, Marathon Montrose, and Spaulding, Robert K. *A Textbook of Modern Spanish.* New York: Holt, Rinehart and Winston (1963).

Read, C. Preschool children's knowledge of English phonology. *Harvard Education Review 41*, (1) 1–34 (1971).

Rigg, Pat, and Enright, D. Scott. *Children and ESL: Integrating Perspectives.* Washington, D.C.: Teachers of English to Speakers of Other Languages (1986).

Rodríguez, María Elena. Hablar . . . en la escuela: ¿Para qué? . . . ¿Cómo? *Lectura y vida 16*, (3) 31–40 (1995).

Roper/Schneider, H. Spelling, Word Recognition, and Phonemic Awareness Among First Grade Children. University of Texas (1984).

Rosenblatt, Louise. *The Reader, the Text, the Poem: The Transactional Theory of the Literary Work.* Carbondale: Southern Illinois University Press (1978).

Sequeida, Julia, and Seymour, Guillermo. El razonamiento estratégico como factor de desarrollo de la expresión escrita y de la comprensión de lectura. *Lectura y Vida 16*, (2) 13–20 (1995).

Silabario Larense. Caracas: Editorial Larense (1994).

Silabario obelisco. Caracas: Editorial Larense (1994).

Simon, T. *Pédagogic expérimentale*. Paris: Armand Colin (1924).

Smith, Frank. *Reading Without Nonsense*, (2). New York: Teachers College Press (1985).

Smith, Frank. *Understanding Reading*. New York: Holt, Rinehart and Winston (1971).

Solé i Gallart, Isabel. El placer de leer. *Lectura y vida 16*, (3) 25–30 (1995).

Thonis, Eleanor. *Literacy for America's Spanish-speaking Children*. Newark, Delaware: International Reading Association (1976).

Watson, Dorothy, (ed.). *Ideas and Insights: Language Arts in the Elementary School*. Urbana: National Council of Teachers of English (1987).

Watson, Dorothy. Whole language: Why bother? *The Reading Teacher 47*, (8) 600–607 (1994).

Weaver, Constance. *Reading Process and Practice: From Socio-psycholinguistics to Whole Language*. 2nd ed. Portsmouth: Heinemann (1994).

Wilde, Sandra. *You Kan Red This! Spelling and Punctuation for Whole Language Classrooms, K–6*. Portsmouth: Heinemann (1992).

INDICE